IO TI ASPETTO

LUCA CASTELLITTO

IO TI ASPETTO

PIEMME

Redazione: *Edistudio, Milano*

I Edizione 2010

20145 Milano - Via Tiziano, 32
info@edizpiemme.it - www.edizpiemme.it

Stampa: Mondadori Printing S.p.A. - Stabilimento NSM - Cles (Trento)

A mia madre,
che ha preso in mano la mia vita
e ne ha fatto molto di più

Natasha

IL SEGRETO DI MARIJA

1

Marija Brovkina era proprio brava. L'insegnante di ginnastica che avevamo prima di lei non era così contenta di stare con noi. Sembrava sempre stanca: ci spiegava gli esercizi che dovevamo fare e poi se ne stava lì, ferma, a guardarci mentre noi eseguivamo quel che ci aveva descritto a parole e con pochi gesti frettolosi. Ci osservava e ci controllava, sì, ma a volte mi accorgevo che, anche se i suoi occhi erano fissi su di noi, lei era da un'altra parte, pensava a qualcosa di lontano.

Marija, invece, sorrideva sempre. E poi era piena di energia, parlava con la voce forte. Lei stessa eseguiva davanti a noi i movimenti e quando poi la imitavamo continuava a esercitarsi insieme a noi, come se fosse anche lei un'allieva. Non stava mai ferma. Era molto agile: la sua schiena poteva curvarsi formando un arco perfetto; sapeva fare la spaccata e poi toccare con la fronte il ginocchio della gamba tesa davanti a lei senza alcuno sforzo apparente. La prima volta che lo fece quasi ci spaventammo. Restammo in silenzio, ferme a guardarla piene di ammirazione.

Eravamo piccole, avevamo nove anni, ma non era comunque facile stupirci. Di solito eravamo distratte, ci guardavamo intorno svagate e gli insegnanti dovevano alzare la voce per avere la nostra attenzione e per farci lavorare. Ma quando Marija fece quella cosa, ci concentrammo tutte su di lei. Rimase così per un lungo momento, poi levò il capo, lentamente. Sembrava un cigno.

Una volta, nell'ora di disegno, avevo cercato di copiare un cigno bellissimo da una fotografia. Non ero riuscita a renderlo elegante, affascinante, com'era nella realtà. Ma non me lo ero dimenticato.

«Vedete?» disse lei dopo aver incrociate le gambe e ripreso fiato, sempre guardandoci con un gran sorriso. «Con gli esercizi giusti, giorno dopo giorno, senza forzare troppo, ma senza arrendersi di fronte alla fatica, presto anche voi riuscirete a fare la stessa cosa.»

Lo disse così, come se fosse la cosa più ovvia del mondo, come se niente potesse smentirla, nemmeno la nostra solita pigrizia. Nemmeno quella palestra grigia e umida con le grandi macchie di muffa in ogni angolo.

L'insegnante che c'era prima non ci aveva mai detto che avremmo potuto fare qualcosa di straordinario. Ammetto che non ci sgridava troppo, che non si arrabbiava, che non ci ha mai picchiato come facevano altri insegnanti e i sorveglianti. Ma non ci disse mai una frase così, e con tanta convinzione.

Marija divenne il nostro idolo. Non vedevamo l'ora di fare ginnastica. Volevamo passare con lei più tempo possibile.

Le volevamo bene.

Così, anche se a ripensarci i miei primi anni in istituto mi sembrano solo una lunga fila di giorni tutti uguali, ricordo bene la mattina in cui scoprii il suo segreto.

Rivedo tutto come se accadesse in questo momento.

L'ora è terminata. Tutte noi ci cambiamo, come sempre, nel piccolo spogliatoio. Ci urtiamo l'un l'altra, ci spingiamo, gridiamo. La maestra che avevamo prima non poteva sopportare la confusione e, soprattutto negli ultimi tempi che aveva passato con noi, in quei momenti perdeva subito la pazienza. «Basta! Silenzio!» gridava. E poi: «Natasha, cosa c'è da ridere tanto? Vuoi finire in punizione?».

Marija invece trovava divertenti anche le nostre grida. Entrava nello spogliatoio e cominciava a tirare di qua e di là i primi vestiti che le capitavano sotto mano. Così, mentre alcune di noi correvano a recuperarli, le altre ridevano, ma intanto continuavano a vestirsi e smettevano di provocarsi tra loro.

Ecco, Marija fa così anche quel giorno: scherza e gioca con noi, sudata ed eccitata come una ragazzina.

Poi ci siamo noi che stiamo salendo in classe, in fila per due. Io sto con Olga in testa a tutte e la sorvegliante cammina davanti a noi.

A un certo punto la mia amica mi stringe forte la mano.

«Ce l'hai il mio regalo?»

Cerco nella tasca. Vuota. Il temperamatite rosso che mi ha regalato Olga non c'è più. Mi blocco, comincio a cercare nell'altra tasca e intanto le altre, dietro di noi, vanno a sbattere contro quelle davanti e cominciano ad agitarsi.

«Non spingere!» gridano. «Perché ti fermi?»

La sorvegliante si volta stupita.

«Che succede? Natasha! Perché vi siete fermate?»

Io me ne sto lì, a testa bassa, tutte e due le mani a frugare inutilmente nelle tasche.

«Hai perso qualcosa?»

Non posso dire che non trovo più il mio nuovo temperamatite perché tutte mi prenderebbero in giro. Olga ne ha uno uguale e le altre bambine sono invidiose perché noi siamo amiche del cuore. Capirebbero che me l'ha regalato lei e riderebbero.

«Allora? Ti muovi?»

«Ho lasciato nello spogliatoio... la mia matita...»

«La tieni in tasca, la matita? Bisogna sempre lasciare tutto sui banchi in classe! È la regola! Perché l'hai presa? A cosa ti serviva nell'ora di ginnastica?»

Sono sempre più confusa. «Era caduta...» balbetto.

Per fortuna la sorvegliante non ha pazienza e l'ora successiva sta per iniziare.

«Va bene, muoviti, corri a cercarla. Ma non stare via troppo tempo, hai capito? Entrerai in ritardo e Elena Aleksandrovna ti sgriderà come si deve. E se hai perso la tua matita ti punirà.»

Elena è la nostra maestra di tutte le materie. Non è troppo severa e di solito non si arrabbia per una piccola cosa. Ma il regolamento è molto rigido: l'istituto ci assegna matite, penne, quaderni e noi non dobbiamo né rovinare né perdere niente.

Mi stacco da Olga e torno indietro, sotto gli occhi di tutte le compagne e tra le loro risatine. Mentre mi allontano sento dietro di me la voce della sorvegliante.

«Avanti, forza. Basta ridere!»

Scendo le scale, corro verso la palestra. È vuota, la nostra ora era l'ultima della mattinata. Vado verso lo spogliatoio: se nessuna delle mie compagne mi ha rubato il temperino, penso, deve essermi caduto a terra mentre mi cambiavo. Spero di trovarlo sul pavimento, in qualche angolo.

Spalanco la porta e mi blocco, spaventata.

Marija è seduta sulla panca, la schiena appoggiata alla parete, gli occhi chiusi. Non si è ancora cambiata e, sotto il corpetto scuro e aderente che indossa per fare lezione, il suo petto è immobile. La vedo sempre respirare a pieni polmoni e vederla così ferma mi colpisce. Sembra profondamente addormentata.

È pallidissima.

Ho fatto rumore, precipitandomi nella stanza, ma lei sembra non essersene accorta.

Mi avvicino lentamente, in silenzio.

«Marija Brovkina» sussurro. E mentre pronuncio il suo nome mi coglie il timore che possa svegliarsi d'improvviso e arrabbiarsi. Ma lei non risponde. Le tocco la mano, abbandonata sulla panca. La pelle è fredda, umida di sudore. La scuoto dolcemente per la spalla, mentre mi assale una sensazione di vuoto allo stomaco.

Finalmente apre gli occhi, guarda davanti a sé con l'aria di non capire dove si trovi. Io resto lì, vicinissima. In piedi sono alta quasi quanto lei seduta e così la osservo con attenzione, mentre si riprende e mi sorride debolmente. Ma è solo un'ombra del suo solito sorriso.

«Natasha...» Si guarda intorno. «Che ci fai qui?»

In quel momento non me lo ricordo nemmeno.

«Ho... cercavo...»

Lei si porta una mano alla gola. E subito si preoccupa.

«Da quanto sei qui?»

«Sono appena entrata.»

Mi fissa attentamente.

«Davvero?»

«Sì, sono appena entrata.»

«Mi hai vista... svenire?»

E mentre le rispondo di no scuotendo la testa, improvvisamente lei si piega in avanti con uno scatto e comincia a vomitare sul pavimento. Una volta, due. Poi una pausa. Poi di nuovo. Ora tiene le mani sullo stomaco, il viso è contratto in una smorfia di dolore che le irrigidisce i lineamenti. Chiude ancora gli occhi e stringe forte. Qualcosa le fa male, dentro. È ancora più pallida di prima.

Mi viene da piangere. Vorrei abbracciarla e nello stesso tempo vorrei essere abbracciata.

«Vai via» dice piano, ma con fermezza.

Faccio un passo indietro.

«Devo... chiamare...»

«No! Torna in classe e basta. Non dire a nessuno che mi hai vista... così. Hai capito?»

Non so cosa dire.

Lei diventa dura, mentre il dolore dentro di lei la assale di nuovo. Mi guarda quasi con ostilità.

«Se dirai che mi hai vista ti punirò, hai capito?»

«Sì, ho capito.»

«Bene. E non preoccuparti per me. Non ho digerito la colazione, mi sono agitata troppo, prima, con voi. Poi pulisco io...»

L'odore acre riempie la stanza. Sto per vomitare anch'io.

«Vai!» ripete. E con una mano mi spinge via.

Mi volto, raggiungo la porta.

Dietro di me la maestra vomita ancora.

Nei mesi successivi il segreto di Marija me lo tenni per me. Non dissi niente a nessuno, nemmeno a Olga. E non per la sua minaccia di punirmi, ma perché temevo che se l'avessi messa in difficoltà lei avrebbe dovuto lasciare l'istituto. E io le volevo bene.

Non che lei per me fosse come una mamma, questo no. Io la mamma non ce l'avevo, e lo sapevo bene. A volte tra noi bambine dicevamo che la maestra Elena Aleksandrovna era la nostra "zia". Marija, invece, non era una zia. Era come una sorella grande, ecco.

Comunque il mio silenzio non servì a niente.

Ogni giorno che passava lei era sempre meno energica ed entusiasta. Ogni tanto non si presentava al lavoro e ci toccava stare in classe a studiare, invece che fare ginnastica.

Finché un giorno scendemmo in palestra e Marija non c'era più. Al suo posto c'era un'altra insegnante. «Marija Brovkina è molto malata» ci informò. «È andata a Minsk. Deve curarsi bene. Poi forse tornerà.»

In quel momento cessò di esistere il segreto che avevo faticosamente custodito, anche se da settimane tutti vedevano benissimo che Marija non ce la faceva più.

Non l'ho mai più rivista.

Ma so una cosa, di lei, che non voglio più tacere.

2

Di Marija mi rimane quello che mi raccontò, un giorno, della causa della sua malattia.

Me lo disse perché aveva capito che poteva fidarsi di me. E forse perché voleva che qualcuno lo sapesse.

Oggi quella storia è la prima che voglio ricordare.

«Torna subito a dormire!»

«Mi avete svegliato voi...»

«Non discutere, Marija! Non è successo niente. Torna a letto e basta.»

La mamma era ferma davanti a me nella stanza in penombra.

Papà si stava vestendo.

«Su, Lisa, non trattarla male...»

Papà mi si avvicinò e mi accarezzò sulla testa e sulla guancia. La sua mano era grande, forte. La pelle ruvida e fresca. Io ero appena uscita dal letto, lui si era gettato dell'acqua sul viso per svegliarsi del tutto e poi uscire.

La sveglia sul comodino diceva che non erano ancora le due di notte. "Dev'esserci un'emergenza" pensai. Papà usciva di casa anche in piena notte, se c'era un'emergenza. Ma questa volta la mamma non era d'accordo, per questo si erano messi a discutere, e mi avevano svegliata.

«Allora, vai a dormire adesso?»

Guardai ancora papà, che si infilava il maglione verde dei pompieri. Mi voltai e uscii dalla stanza.

Mi dispiaceva che la mamma fosse così irritabile. Da quando aspettava un fratellino perdeva la pazienza facilmente. Spesso stava male e una volta mi aveva chiesto scusa perché si era accorta anche lei di avermi trattata male per una sciocchezza. «Aspettare un bambino e farlo crescere dentro di te è una cosa faticosa...» aveva spiegato un po' confusa. Ma io ero contenta che volesse darmi una giustificazione del suo comportamento, e subito le avevo accarezzato la pancia.

«Vuoi già bene al tuo fratellino?» mi aveva chiesto con un sorriso.

«Come sai che è un fratellino? Io voglio una sorellina.»

«Lo so da come si agita» mi aveva assicurato lei.

Io avevo appoggiato tutte e due le mani sulla sua pancia. E non avevo percepito nessun movimento.

«Adesso dorme. La prossima volta che si muove, ti chiamo.»

Così, mentre quella notte mi avviavo verso la mia stanza non pensai che la mamma fosse davvero arrabbiata con me. Pensai al giorno in cui mi aveva spiegato che far crescere il fratellino è faticoso.

Mi infilai di nuovo sotto le coperte. Tenni fuori le braccia, però. Era una tiepida notte di aprile. In quei giorni lo dicevano tutti: «Sembra già estate!».

Chiusi gli occhi, cercai di addormentarmi.

Papà uscì dalla sua camera, percorse il corridoio cercando di non far rumore. "Ora si infila gli stivali" pensai.

Ma la mamma non aveva ancora finito di discutere con lui, anche se adesso teneva la voce bassa. Io sentivo tutto anche così, perché la nostra casa era molto piccola.

«Comunque non va bene, non sei riuscito a convincermi...»

Papà sospirò.

«Lisa...»

«Eri disponibile per le emergenze anche ieri notte. E l'altra notte sei uscito tu, al posto di Aleksej, per l'incendio alla fabbrica... Non ci sono più turni? Tra poco avrai *due* figli!»

Papà aprì la porta. Salutò qualcuno che passava davanti all'ingresso. Non partiva solo lui, dunque: anche dagli altri appartamenti, dove vivevano altre famiglie di pompieri, gli uomini stavano uscendo dopo aver rassicurato le mogli, o dopo aver litigato con loro. Mio padre non volle andarsene senza aver fatto pace con la mamma.

«Lisa, è un incendio alla centrale. Ci stanno chiamando tutti... Dev'essere per forza una cosa grave. Non c'entrano nulla i turni, nemmeno quelli per le emergenze.»

Mamma si inquietò ancora di più.

«Alla centrale? Non sarà pericoloso?»

Le ultime parole che ho udito da mio padre sono queste: «Ma che dici? La centrale è il posto più sorvegliato di tutta la regione. Hanno dei sistemi di sicurezza modernissimi, non possono rischiare che un incendio si sviluppi troppo. C'è anche una squadra di pompieri interna, gente esperta. Vedrai che tra un paio d'ore sono di ritorno».

E così so che papà uscì di casa tranquillo, sinceramente convinto di non correre un pericolo maggiore di tanti altri affrontati prima di quel giorno in vent'anni di lavoro.

Io l'esplosione non l'ho sentita e nemmeno ho visto l'incendio. Ma in seguito mia mamma mi raccontò che, appena uscito papà, aprì la finestra e guardò verso la centrale. Non eravamo vicinissimi, c'erano almeno cinque chilometri tra casa nostra e gli impianti, ma lei vide il bagliore, forte, vivissimo. Il cielo ne era tutto rischiarato.

E nonostante le dimensioni del disastro fossero evidenti, lei mi disse poi che in quel momento si rincuorò, pensò che più grande era l'incendio e più uomini e mezzi sarebbero accorsi per spegnerlo. Così papà non sarebbe stato solo, sarebbero stati in tanti a darsi una mano e a proteggersi a vicenda.

Nelle ore seguenti io dormii tranquilla.

La mamma no.

Passarono le due ore che il papà aveva preventivato. Ne passarono tre, quattro.

Cinque.

Verso le sette squillò il telefono. Mi svegliai anch'io. Era mattina ormai, non mancava molto alla mia solita sveglia.

Mamma parlava al telefono, in corridoio. Era agitata. Faceva domande e la persona all'altro capo del filo dava brevi risposte che non la tranquillizzavano.

«In quale reparto dell'ospedale?... Ma è ustionato?... Ditemi se è ustionato!... E quanti sono?... Tutti?!»

Mi alzai e mi affacciai sul corridoio, dove c'era il telefono. Mamma non mi notò. Mi dava le spalle, parlava e se ne stava lì, curva, come se un peso sempre più grande la stesse lentamente schiacciando.

«Ci vado, certo. Sistemo la bambina e vado subito.»

Un'altra pausa, poi lei si arrabbiò.

«Lo vedrò lì se non mi fanno entrare! Ci mancherebbe altro! Almeno con i medici si potrà parlare, no?»

Infine un saluto, secco.

La telefonata era finita, mamma si voltò e si accorse di me. In quel momento entrambe fummo prese dalla paura. Lei sorpresa di vedermi lì e consapevole che io avevo sentito tutto. Io scioccata dall'orrore che le si leggeva negli occhi. I suoi peggiori incubi si erano materializzati, ma lei ignorava ancora la tragedia che si stava consumando e che avrebbe sconvolto completamente la nostra vita. Nessuno mai, sulla terra, dai tempi di Hiroshima, ne ha potuta avere un'idea.

«Vestiti. Ti porto da Sonja Filina.»

Sonja era un'amica di famiglia, una signora gentile di cui lei si fidava. Non aveva figli ed era sempre molto affettuosa con me. Ogni tanto, quando la mamma aveva qualche impegno, mi affidava a lei senza problemi. Suo marito, Valerj, era un uomo molto simpatico. Lavorava alla centrale, ma non era un tecnico, era uno degli addetti alla mensa. La mamma la chiamò e Sonja si rese subito disponibile ad accogliermi.

«Papà sta male?» domandai.

Avevo capito che era in ospedale e mamma se ne rendeva conto.

«Ha... respirato un po' di gas. Lo tengono là per essere sicuri che non ci siano conseguenze...»

Mentre parlava compresi che non mi stava mentendo. Mi stava dicendo una cosa di cui era convinta davvero. Chi l'aveva avvisata aveva escluso che papà fosse ustionato o che avesse subito le conseguenze di un crollo. E il fumo o un gas tossico erano gli unici altri pericoli cui solitamente è esposto un pompiere.

Ci preparammo in fretta. Pochi minuti dopo eravamo per strada e camminavamo veloci verso la casa dei Filin. Arrivammo al loro palazzo, la mamma suonò al citofono e Sonja ci aprì. Mamma mi diede un bacio.

«Sali. Fai la brava eh?»

«Sì.»

Salii le scale. Ero incerta e spaventata. Dovevo preoccuparmi? Forse no. La mamma sembrava sicura di quel che mi aveva detto. Eppure era tesa, ansiosa, quando l'avevo guardata allontanarsi, a passo veloce, lungo la strada deserta.

Sonja mi accolse con un gran sorriso.

«Marija! Hai già fatto colazione? No? Siediti in cucina, ti preparo il latte e ti do anche i biscotti, quelli che faccio io. Ti piacciono, vero?»

Mi trattava come una bambina più piccola. Mi aveva sempre circondata di attenzioni, ma in quel momento sembrava anche lei agitata, tutta presa a farmi dimenticare il motivo per cui ero lì, nella sua casa, il mattino presto di un giorno in cui tutti avevamo altri programmi.

«Valerj è andato a pescare» mi informò mentre si dava da fare ai fornelli. «Quando arriva possiamo prenderlo in giro. È uscito che era ancora notte con le esche giuste per pescare un luccio. Ma anche questa volta non ce la farà, vedrai!»

Molti uomini di Pripjat, la nostra città, e dei villaggi intorno, andavano a pescare nel laghetto artificiale alimentato dalle acque della centrale nucleare. Erano le acque di raffreddamento dei reattori e quindi erano tiepide anche d'inverno. I pesci proliferavano in quello specchio d'acqua e si facevano prendere in gran quantità. Ma non i lucci, i più furbi. I pescatori si vantavano a lungo, con gli amici, quando riuscivano a catturare un luccio.

Mamma intanto raggiunse l'ospedale. Trovò le altre mogli e madri, bloccate da un cordone di poliziotti che non facevano entrare nessuno. Fece il diavolo a quattro per poter entrare e parlare con qualcuno.

Un'amica infermiera le rivelò qualcosa. E lei, insistendo ancora, riuscì a vedere mio padre, anche se per breve tempo.

Non era ustionato. Era gonfio, con grandi macchie e tumefazioni che gli deturpavano il viso, il collo, le mani. Tutto.

E davanti a lei si spalancò l'abisso.

Anch'io, che dopo aver fatto colazione me ne stavo, ignara, a giocare a carte con Sonja Filina nella sua cucina, ebbi un incontro con il mostro che ci stava portando via la vita.

Verso le nove sentii aprirsi la porta d'ingresso.

Sonja balzò in piedi e mi fece l'occhiolino.

«Ecco il pescatore!»

Andammo insieme nel corridoio e guardammo Valerj che, con uno strano passo incerto, avanzava verso di noi.

La luce ormai viva di una bella giornata di sole entrava da una finestra alle nostre spalle e illuminava il volto dell'uomo che mi faceva sempre ridere con le sue battute e i suoi scherzi.

Ma in quel momento Valerj era irriconoscibile.

«Non mi sento bene» disse piano. «Sono venuto a casa perché avevo una nausea terribile. Tutti avevamo la stessa cosa...»

Sonja gli andò incontro, preoccupata.

«Siediti, siediti…»

Lui mise una mano sulla spalla della moglie. E chiuse gli occhi. La luce che gli batteva in faccia gli dava fastidio.

«Abbiamo vomitato l'anima, tutti quanti…»

Sonja mi guardò. Io la guardai. Ci scambiammo, mute, una domanda che non volevamo esprimere a parole: vedevamo la stessa cosa? Il volto, il collo, le mani di Valerj erano marroni. Come se si fosse abbronzato al sole per giorni e giorni.

L'uomo si sedette sulla prima sedia a portata di mano, lì, in corridoio.

«Chiudi la finestra» implorò.

Si teneva la testa tra le mani. Guardava il pavimento. Sembrava svuotato di ogni energia.

Sonja si affrettò ad accostare le imposte e fece ombra. E in quell'oscurità lui prese a raccontare con una voce stanca, affannata.

«C'era un incendio alla centrale. Le fiamme erano altissime. Pensavamo che fosse scoppiato un deposito di benzina…»

Sonja lo interruppe. Non voleva lasciarlo parlare. Faceva troppa fatica.

«L'incendio, lo so. Marija è qui perché Lisa ha dovuto correre in ospedale. Hanno portato là tutti i pompieri della squadra di suo marito. Hanno respirato del gas tossico, credo…»

Valerj guardò la moglie.

«Gas…» rifletté «… gas.» Poi annuì. «Sì, gas, può darsi. Ma un gas senza odore…»

«L'avete respirato anche voi?»

«Non lo so. Siamo rimasti ore ad ammirare l'incendio. Abbiamo visto arrivare i pompieri. Alcuni di loro sono saliti sul tetto, dove c'erano le fiamme più alte...»

"Papà" pensai. "Papà è salito lassù." Mi pareva di vederlo: alto, forte, coraggioso. Lui solo contro le fiamme. Sapevo che non era di quelli che si tiravano indietro.

«E dopo un po' abbiamo cominciato a star male tutti. Ci girava la testa, avevamo la nausea...»

«Adesso calmati, va bene? Hai respirato anche tu un po' di quel fumo. Stenditi, ti porto una tazza di tè.»

Lui guardò la moglie con una curiosa espressione sul viso. Sembrava un bambino spaventato.

«Il tè più tardi» disse. «Ora bisogna chiudere le finestre, chiudere anche gli spifferi. Se il vento dovesse girare da questa parte...»

Quella fu la prima volta che sentii nominare il vento.

In quei giorni se ne sarebbe parlato spesso. Si cercava di capire dove il vento avesse portato i veleni della centrale in fiamme, chi erano quelli che avevano respirato la morte generata dall'incendio. Si ragionava, comunque, come per una fuga di gas. E così molti credettero che siccome il vento era ormai passato anche sulle zone più sfortunate e poi era corso via, come fa sempre, anche la nube tossica poteva essersene andata altrove. Pochi, in fondo, erano finiti all'ospedale nelle prime ore dopo il disastro, ed erano quelli che ci si erano trovati in mezzo, pompieri e tecnici della centrale. Perciò si pensava che chi aveva respirato il male nelle ore successive ed era sopravvissuto senza danni evidenti, l'avesse ormai scampata.

Ricordo che eravamo così convinti di tutto questo che ci rifiutammo di preoccuparci per gli strani fenomeni che accadevano ad alcuni di noi. Come Sonja, che vedeva la pelle marrone del marito ma non osava allarmarsi, chiamare un medico o un'ambulanza.

E mi ricordo questo: Valerj che, poco dopo averci detto di chiudere tutto per tenere fuori l'aria del mattino, si sente ancora male, va in bagno, passa davanti allo specchio. Si guarda. E non si vede, non ammette di avere un aspetto che niente può spiegare. Poi si volta, guarda me che, imbambolata, come fanno i bambini, continuo a fissarlo preoccupata, e subito chiude la porta.

Sonja, intanto, era in cucina e preparava il tè.

Non aveva più detto una parola. Dalla cucina si sentivano le voci provenienti dalla televisione accesa. Io andai lì e guardai lo schermo. C'era un notiziario: le recenti decisioni prese dal comitato regionale del Partito, i preparativi per l'imminente festa del Primo maggio. Nessun accenno al disastro scoppiato nella notte.

La donna lesse nei miei pensieri.

«Vedi? Non parlano dell'incendio. Probabilmente a noi sembra più grave di quello che è perché è successo qui vicino. Vedrai che presto si sistemerà tutto.»

Io annuivo. Pensavo ancora che gli adulti sanno sempre come vanno le cose e come devono andare.

Intanto dal bagno si sentiva Valerj che vomitava.

«Poverino» commentò Sonja con fare indulgente. E poi a me: «Sai che facciamo? Mettiamo a letto quel brontolone e ce ne andiamo insieme a fare la spesa. Mica possiamo morire di fame, no?».

Non avevo nulla in contrario. Non volevo restare chiusa in casa. Il pensiero della lontananza di mia madre cominciava a pesarmi, anche se non avrei mai ceduto alla tentazione di mettermi a piangere perché la volevo lì. Uscire mi faceva piacere: era come andarle incontro, invece che restare ad aspettarla in una casa con le finestre sbarrate e un uomo grande e grosso che stava male come non avevo mai visto star male nessuno.

Poco dopo Valerj uscì dal bagno. Ora sembrava che la sua carnagione si fosse improvvisamente schiarita. Ma era prostrato. Bevve appena un sorso di tè, si fece accompagnare in camera e si addormentò profondamente.

«Ha solo bisogno di una buona dormita» commentò Sonja. Poi aprì di nuovo la finestra che dava sulla strada e diede un'occhiata fuori. C'era gente che andava e veniva tranquillamente, auto che circolavano come sempre. C'era un bel sole.

«Andiamo» disse senza esitazione. Prese la sua borsa della spesa, si infilò un soprabito leggero, mi mise la giacca con cui ero uscita al mattino presto e mi portò fuori.

Un'ora dopo tornavamo verso casa serene e contente. Nella borsa c'erano pane, dolci, carne, latte fresco, panna acida, una mezza bottiglia di vodka.

«Un bel sorso di vodka metterà a posto lo stomaco di Valerj» mi aveva detto Sonja al negozio mentre pagava, strizzando un occhio in segno di complicità.

Davanti alla porta d'ingresso del palazzo c'era la mamma. Era distrutta. Sembrava avere dieci anni di più. Aveva gli occhi lucidi, come se avesse pianto tutte le sue lacrime.

Appena ci vide ci venne incontro ansiosa.

«Dove siete state?» domandò con una punta di rimprovero nella voce.

Sonja si giustificò.

«Abbiamo fatto la spesa. Ora preparo qualcosa anche per te. Valerj è a casa, non si sente bene. Come sta...»

Mamma la interruppe.

«Avete comprato delle cose?»

«Sì... pane, dolci per la bambina...»

«Non mangiate niente! Mangiate solo cose che avevi in casa da ieri, hai capito?»

Afferrò la borsa della spesa e la strappò dalle mani dell'amica.

«È tutto contaminato, tutto. L'acqua, il latte, la panna...»

Sonja era confusa.

«Contaminato? Che vuol dire?»

«Andiamo in casa» diceva mia madre senza ascoltarla. «Ti spiego, vieni, andiamo in casa...»

Entrammo nel palazzo e salimmo in fretta le scale. L'angoscia di mia madre era contagiosa.

Valerj dormiva ancora. Lei ci disse poche cose, ma anche se non voleva terrorizzarmi non poteva evitare di comunicare a Sonja le istruzioni necessarie per le ore successive.

«Verremo evacuati. Ci portano via...»

«Via!? E dove?»

«Non lo so, daranno degli avvisi. Portano via prima i bambini e le donne... per qualche giorno, dicono...»

«Ma... chi lo dice?»

«Me l'hanno detto all'ospedale. Ci sono dei soldati, là, che tengono lontana la gente dai feriti. Dicono che tutta la città è contaminata dalle radiazioni. Non si vedono e non si sentono, ma ci sono. Le misurano con degli apparecchi e i valori sono altissimi. Siamo tutti in pericolo...»

«Ma possono portare via l'intera città?»

«Possono, devono...»

Sonja adesso era preoccupata. Non sapeva più che dire.

Mamma invece era già consapevole della tragedia. Perché aveva visto papà.

«Sonja, ascolta. Devi aiutarmi. Io devo restare con mio marito. È... grave. Sono tutti gravi, li portano a Mosca già stasera per delle cure urgenti. Io e altre mogli vogliamo andare con loro.»

La nostra amica abbassò il capo.

«Grave? E cos'ha?»

«Non chiedermi i particolari.»

Mamma non li voleva dire perché io ero lì. Così, da quel silenzio, capii che papà era in pericolo. Capii che stava soffrendo moltissimo.

«Ma tu, come farai ad andare a Mosca? Nelle tue condizioni!»

«Ci vado e basta. Devo, lo capisci?»

Sonja annuì.

«Devi tenere con te Marija. D'accordo? Andate dai vostri parenti, a Kiev. Mi farò viva io, appena possibile. Posso affidartela?»

Sonja accettò. Doveva essere per poco tempo, pensava, e la mamma aveva davvero bisogno di aiuto, tanto bisogno che non se ne poteva parlare di più, in mia presenza. E così fu deciso che io stessi con lei.

Io piansi, mi lamentai.

Mamma mi implorò.

«È per pochi giorni!» disse stringendomi forte. Stava per piangere anche lei. «Papà ha detto di fare così» mi assicurò.

E pochi minuti dopo, come nel peggiore incubo, pur vedendo quanto ero spaventata, quanto avevo bisogno che lei mi tenesse vicina, mamma se ne andò. Corse via, verso la morte atroce di papà, tra i mille spaventosi dolori provocati da un livello di radiazioni al quale nessuno aveva mai immaginato che un uomo potesse sopravvivere, come accadde a lui, per qualche settimana. Corse verso la morte del mio fratellino non ancora nato, che stava nella sua pancia, ucciso dalle radiazioni che colpirono chi si ostinò, in quei giorni, ad assistere i pompieri di Chernobyl. Corse verso la sua malattia, la pazzia. E infine verso la morte.

Mi lasciò sola per sempre. Tutti mi lasciarono in quella mattina di sole, portati via dal vento di Chernobyl.

Io invece me ne andai da Pripjat alcuni giorni dopo.

Troppi giorni dopo.

Nella notte successiva alla partenza della mamma per Mosca si seppe che le autorità avevano davvero deciso di evacuare tutti. E dal mattino cominciarono a circolare i soldati con le maschere, mentre noi non avevamo alcuna protezione. Lavavano le strade con una densa schiuma bianca. Dai negozi sparirono frutta e verdura, latte e formaggio.

Ma Valerj, che stava già meglio, disse che era tutta un'esagerazione, che a lui ogni malessere era passato subito. «Eppure sono stato a poca distanza dall'incendio, per ore!» ripeteva. Lo diceva anche ai vicini che, dubbiosi ma rassegnati, sbarravano le porte degli appartamenti e se ne andavano con ogni mezzo.

Mamma era lontana. Dava a Sonja, al telefono, notizie spaventose sulla salute di papà. Le descriveva il corpo che andava decomponendosi sotto i suoi occhi e altri sintomi terribili di cui nessuno mi faceva parola. E Sonja, a sua volta, rassicurava la mamma sulla situazione in città, come se le cose si stessero aggiustando da sole.

Così decidemmo, purtroppo, di restare almeno qualche giorno, per essere lì quando mamma sarebbe tornata a prendermi. Eravamo convinti che non mancasse molto tempo al suo rientro perché papà veniva curato e lei non poteva fare niente.

Ma infine ci arrendemmo alle minacce dei soldati che vennero con le armi a intimarci di andare via subito e finalmente partii anch'io. I miei compagni di scuola se ne erano già andati tutti.

Partii e negli anni successivi rimasi come mi aveva lasciato la mamma: con Sonja e Valerj, che dopo la sua morte divennero i miei genitori adottivi.

Li ebbi tutti e due solo per pochi anni, perché ben presto il buon Valerj, come molti altri, fu colpito da un tumore alle ossa e morì più lentamente della mamma, dopo lunghe e inutili cure. Fu una delle vittime di Chernobyl a distanza dalla tragedia. Quando si cominciava già a dimenticarle, a non parlare di loro perché l'incidente doveva essere taciuto, o almeno minimizzato.

Sonja è stata una brava madre. Ha fatto molti sacrifici, per me. Mi ha fatto studiare e mi ha permesso di coltivare la passione per la ginnastica artistica, quella grazie alla quale sono diventata la vostra insegnante.

E oggi tutto questo sta per finire.

Sono molto malata, Natasha.

Anch'io sono malata di Chernobyl.

3

Ecco, l'ho raccontata.

È la storia di Marija, la mia brava insegnante di ginnastica che aveva sette anni la notte del 26 aprile 1986. La notte del disastro nucleare.

Quando già se n'era andata, quando era ormai morta da tempo anche lei per un tumore e quasi tutte le mie compagne l'avevano dimenticata, un giorno i responsabili dell'orfanotrofio decisero che eravamo abbastanza grandi per raccontarci di quell'inferno.

Un pomeriggio, durante una delle ore di attività integrative, vennero due persone, un uomo e una donna. Erano molto esperti. Ci parlarono dell'incidente usando anche un video e delle fotografie: la temperatura del reattore che cresceva a livelli mai visti, gli errori di valutazione, l'esperimento che si voleva fare e che il responsabile della centrale, colpevolmente, non volle interrompere.

Poi l'esplosione, l'incendio e la gigantesca nube tossica e radioattiva che si espandeva nel cielo e che il vento portava verso di noi, in Bielorussia, e in Svezia, in Polonia, in Germania e nel resto dell'Europa, fino all'Italia e alla Spagna.

Io seguii tutto, registrai tutto, proprio come fecero i miei compagni, che seguirono quella lezione con grande attenzione. Non sempre le attività integrative del pomeriggio erano così interessanti. Questa cosa era più forte di un film.

Ma niente di ciò che ci vollero raccontare quel giorno, neppure le immagini degli animali nati deformi, dei villaggi abbandonati, dell'erba che nessuno tagliava ed era ormai alta due metri, mi poteva impressionare più del racconto, a me riservato come un segreto, che Marija mi aveva fatto della sua notte di Chernobyl prima di abbandonare la scuola.

E io, da allora, non ho mai smesso di chiedermi com'è possibile che una cosa così terribile, dalla quale per molti è venuta solo morte e paura, sia stata per me l'inizio di una nuova vita.

Infatti io, che sono nata cinque anni dopo il disastro, sono poi diventata una "bambina di Chernobyl" e al vento di Chernobyl devo tutto.

UNA BAMBINA DI CHERNOBYL

1

Tutto è cominciato in una notte di luglio in cui dormivo come un sasso perché ero rimasta sveglia fino a tardi, rigirandomi nel letto e interrogando l'oscurità. Vivevo già da un anno in orfanotrofio, a Oshmiany, a centotrentacinque chilometri da Minsk, in Bielorussia.

Ero piccola, avevo sei anni e mezzo.

La sera prima avevano detto a me e alla mia amica Olga, che dormivamo nella stessa stanza con altre due bambine, Katja e Larissa, di preparare i nostri bagagli. Non ci avevano detto nient'altro e noi eravamo rimaste a lungo a fare ipotesi sul motivo di quell'ordine.

Nella mia piccola borsa avevo messo la mia seconda felpa, le calze e le mutande di lana che mi avevano dato per il cambio di fine settimana, quando di solito facevamo la doccia, e lo spazzolino da denti. Era tutto quello che avevo.

Mentre io e Olga infilavamo quelle poche cose nelle borse, continuavamo a riflettere preoccupate.

«Ci mandano in un'altra stanza» disse lei seria. Era di poco più esperta di me sulla vita in istituto.

Io non sapevo cosa dire.

«Un'altra stanza...» sussurrai. Sì, era evidente. Dovevamo preparare le nostre cose per spostarci di stanza. L'idea di quel trasferimento, improvviso e ingiustificato, mi inquietava. Spesso si dice che i bambini a quell'età si abituano in fretta a qualsiasi cambiamento. Ma chi parla così non si ricorda nulla di quand'era bambino. Per me, quella sera, dopo tutto quel tempo, era ancora difficile arrendermi all'idea che dovevo restare in istituto per sempre, che quella era ormai la mia casa, che non sarei mai più tornata a stare con papà e mamma e con i miei fratelli più grandi. Non accettavo ancora di annullarmi nella massa di cinquecento bambini ospitati lì, di considerarmi in tutto uguale a loro e di ricevere gli stessi ordini, lo stesso cibo, gli stessi giochi. La stessa dose limitata di attenzione e di affetto anche da parte degli adulti più sensibili.

Le poche cose che sentivo mie, i vestiti, il posto di sopra nel letto a castello, i volti noti delle compagne di stanza, cominciavano appena a darmi sicurezza. Perciò l'idea che mi volessero cambiare di stanza era una tortura.

Fortuna che sembrava volessero spostare anche Olga, l'unica con cui avevo fatto amicizia da quando ero lì.

Ma ci avrebbero messe ancora insieme? Non lo sapevamo. E non c'era nessuno a cui chiedere, nessuno che volesse rassicurarci. Avevamo solo ricevuto un ordine: «Natasha! Olga! Preparate i vostri bagagli». Poi più nulla, solo le nostre incerte previsioni e poi il buio della notte.

Alle nove e mezzo, come sempre, le sorveglianti avevano spento la luce e il silenzio aveva avvolto i nostri tristi pensieri.

Ero restata sveglia a lungo, come ho detto, poi finalmente mi ero addormentata, esausta per tutta quella tensione.

Da pochi mesi avevo smesso di fare la pipì a letto, cosa che faceva molto arrabbiare le nostre sorveglianti. Non sapevo perché lo facevo, prima, e non sapevo perché ormai avevo smesso di farlo. Oggi mi rendo conto che il mio corpo si andava abituando a quell'ambiente prima della mia anima. Di giorno, infatti, ero ancora inquieta, sempre in attesa di qualcosa, sempre timorosa di tutto.

Forse, preoccupata com'ero, quella notte avrei finito per farmela addosso di nuovo. Ma non accadde, perché non ce ne fu il tempo.

Dormivo da poco quando nella stanza si accese la luce.

In mezzo a noi c'era la sorvegliante. Mi si avvicinò e vide che ero già sveglia. Sbattevo gli occhi e, sfregandomeli con le manine paffute, intravidi la donna che mi fissava, seria.

«Alzati» sussurrò. «Anche tu, Olga» aggiunse rivolta alla mia amica, che dormiva sotto di me.

L'ansia che mi aveva tenuta sveglia tanto a lungo ora mi rendeva attentissima. Dopo l'ordine di fare i bagagli, essere chiamate nel cuore della notte era la seconda sorpresa inquietante.

Fissammo la donna, timorose per quanto ci stava capitando. Lei ci parlò con il solito tono che non ammetteva repliche.

«Alzatevi, vestitevi come per uscire, con la giacca e il cappello, poi prendete la vostra borsa e aspettate in corridoio, insieme alle bambine che stanno uscendo dalle altre stanze. Voi due, invece...» aggiunse rivolta a Larissa e Katja «continuate a dormire. Non voglio rumori inutili, chiaro?»

Ecco, aveva parlato. Si girò e si avviò verso la porta. L'aprì, si fermò sulla soglia, si voltò di nuovo verso di noi e concluse: «Natasha e Olga, quando uscite spegnete la luce».

Poi se ne andò. Balzai giù. Io e Olga ci guardammo in faccia, spaventate. Vestirci per andare fuori, di notte. Cosa stava succedendo?

Larissa si rigirò nel letto e si girò verso la parete, per evitare la luce e cercare di riaddormentarsi, felice di non essere coinvolta in quella che, a questo punto, aveva tutta l'aria di essere una specie di punizione.

Katja, invece, era troppo curiosa. «Cosa avete fatto?» chiese a bruciapelo.

Era quello che ci stavamo domandando.

Sentimmo delle voci, in corridoio. Poi quella di una sorvegliante, che ordinava di fare silenzio.

«Usciamo dall'istituto...» sussurrò Olga. Stava riflettendo, cercava di darsi una spiegazione. «Forse ci portano in un altro orfanotrofio...»

Non era impossibile. Niente era impossibile. Quella non era casa nostra. Altri decidevano quale luogo lo fosse e quale no.

"Non voglio andare da nessuna parte!" pensai. Ma una voce dentro di me mi ricordò che non volevo neppure stare lì. Non volevo niente, da quando avevo smesso di sperare che papà e mamma tornassero a prendermi.

Visto che non avevamo risposte, Katja non fece altre domande, anche perché la sorvegliante entrò di nuovo e ci trovò lì, incerte sul da farsi.

«Allora? Siete sorde? Vestitevi, su!»

Diceva di vestirsi, non di lavarsi. Evidentemente non era previsto. Capivamo al volo questi sottintesi.

Mi infilai la maglietta, i pantaloni, la felpa. Poi la giacca. Afferrai il cappello e sollevai la piccola borsa che conteneva tutto quello che possedevo.

Anche Olga fece altrettanto, in silenzio, rassegnata a tenersi per sé le sue preoccupazioni.

In due minuti eravamo pronte.

Afferrai la maniglia della porta.

«Ciao» dissi a Katja spegnendo la luce. Lei rispose: «Ciao». Larissa si era già riaddormentata.

Nel corridoio c'erano altre bambine, almeno una ventina, allineate contro la parete. Tutte in silenzio, con le piccole borse ai piedi, spettinate, i visi assonnati, gli occhi spaventati.

Mi unii alla fila, con la schiena contro il muro. Cominciai a battere con il sedere contro la parete. Non riuscivo a stare ferma. Mi veniva da piangere.

Fuori era buio pesto.

Intanto il gruppo si andava ingrossando. Da ogni stanza uscivano due o tre bambine.

Due sorveglianti si incontrarono davanti a me. Non ci guardavano, avevano un lavoro da portare a termine.

«Ecco,» disse una che teneva in mano un foglio con una lista di nomi «ci sono tutte.»

«Sicura?»

«Contale anche tu.»

La sorvegliante ci contò, percorrendo la fila di sguardi incollati al suo.

«...quarantotto, quarantanove, cinquanta» concluse. «Bene, andiamo.»

«Seguiteci!» ordinarono.

E noi ci muovemmo, in fila, al loro passo. Olga camminava davanti a me.

Avevo paura, ma non c'era proprio nessun posto dove potessi scappare.

Scendemmo al piano di sotto, raggiungemmo l'atrio, uscimmo nel cortile e marciammo verso l'uscita principale.

L'aria era fredda.

Ormai era chiaro che non ci volevano solo cambiare di stanza. Stavamo andando via. Un pensiero improvviso mi attraversò la mente come un lampo: "E Sasha?".

Sasha era mio fratello, di cinque anni più grande di me. Lo avevano messo nel mio stesso istituto, anche se lo vedevo poco. Ogni tanto ci incrociavamo e ci salutavamo. Da tanto tempo, però, non veniva più, al momento di andare a dormire, a rimboccarmi le coperte e a regalarmi una caramella. Forse pensava che ormai ero grande per quelle cose. Forse si era indurito abituandosi alla vita dell'istituto. O forse gli avevano proibito, sorella o non sorella, di andare la sera nel dormitorio delle femmine. E io, rattristata per quest'ultimo frammento di vita familiare che così andava perduto, avevo imparato a rinunciare alle sue attenzioni.

E adesso me ne andavo. E non lo avevo avvisato, non lo avevo neppure salutato!

Tutta immersa nei miei pensieri, fui comunque stupita da ciò che ci attendeva fuori.

Davanti all'ingresso c'erano due autobus con il motore acceso. Un gruppo di maschi numeroso come il nostro stava salendo su uno dei mezzi. Le sorveglianti ci condussero al secondo.

L'odore del gas di scarico ci avvolse completamente. L'autista ci guardò tutte, nella debole luce che rischiarava appena l'ingresso dell'istituto e in quella dei fanali del pullman, puntati sulla strada deserta.

Le porte erano aperte. Una delle due sorveglianti disse qualcosa all'uomo, che annuì e fece segno di salire. E noi montammo a bordo, stringendo nelle mani le nostre piccole borse e stando ben attente a sederci con le nostre amiche. Tutto avvenne nel più assoluto silenzio. Una volta sistemate, la sorvegliante ci contò di nuovo, poi disse che potevamo andare. Le porte si chiusero e il mezzo si avviò.

Una nostra compagna, di un paio d'anni più grande di noi, ebbe il coraggio di fare la domanda che ci tormentava tutte.

«Signora...»

«Sì?»

«Dove andiamo?»

La donna sorrise. Ora era più rilassata.

«È una sorpresa» disse. «Una bella sorpresa. Cercate di dormire, se potete. Andiamo a Minsk... e poi si vedrà.»

Minsk.

Era il nome di una grande città. Solo questo sapevo.

Mi volsi verso Olga. Mi guardava con la stessa domanda che avevo dipinta sul volto.

«È lontana, vero?» le domandai, giusto per dire qualcosa.

«Penso di sì.»

Poi il nodo che mi stringeva la gola si sciolse. «Sasha... non sa che stiamo andando via...» E cominciai a piangere.

Olga mi guardava in silenzio e mi accarezzava la testa.

Uscimmo da Oshmiany e prendemmo una strada diritta. Il buio dei boschi sfilava veloce a destra e a sinistra.

Ecco, ci portavano via. Non c'era nient'altro da domandare. Non c'era nulla da fare.

Mezz'ora dopo, esausta, mi ero assopita.

2

Due ore dopo eravamo all'aeroporto di Minsk.

La vasta sala d'aspetto aveva una parete di vetro che dava sulla pista. E là, nel buio che ancora dominava su tutto, si intuiva, grazie ai pochi fari che li illuminavano solo in parte, la presenza di aerei, enormi, bianchi e rossi.

Mai visto un luogo simile, nemmeno in fotografia. Restammo con i visi appiccicati alla vetrata per lunghi minuti, senza parole per commentare quella novità. E a poco a poco arrivarono altri bambini. Venivano da altri istituti, all'inizio ci guardavano con timidezza poi si univano a noi nella sorpresa e guardavano fuori anche loro.

Le sorveglianti del nostro orfanotrofio se ne andarono quasi subito. Al loro posto vennero delle altre signore. Sorridevano, scherzavano tra loro. Avevano valigie più grandi delle nostre. Sembravano a proprio agio.

Si avvicinarono e ciascuna cominciò a chiamare i bambini leggendo da una lista. Una di loro disse: «Natasha Rytzko!» e io mi feci avanti, imitando le altre. In questo modo radunò intorno a sé dieci bambine e si presentò.

«Sono Elena, la vostra accompagnatrice. Guardatemi bene perché da questo momento dovete stare sempre con me e fare quello che dico io, capito?»

Dicemmo di sì.

«Tenete sempre con voi la vostra borsa. Non lasciatela in giro. Ora guardate pure fuori e muovetevi un po' in questa grande sala, perché poi dovrete stare ferme a lungo. Ma non correte troppo, non fate confusione e soprattutto tenetemi sempre d'occhio. Quando vi chiamerò di nuovo dovete venire subito qui, vicino a me...»

Ci dava ordini, ma non era come in istituto. Lei era rilassata. Fu la prima, in quella notte di ansia, a darci l'impressione che non stesse accadendo nulla di male. E così una delle mie compagne domandò: «Signora, perché siamo qui?».

Lei spalancò gli occhi, un po' sorpresa.

«Come, cara, non sai niente?»

La bambina fece segno di no. Elena si guardò intorno. Dieci visi muti la fissavano in attesa.

«Andiamo in vacanza» disse. Poi capì che doveva spiegarsi meglio. «Ora faremo un viaggio, in aereo. E andremo in un paese lontano. È un posto bello, con il sole, il mare. È l'Italia. Non l'avete mai sentita nominare?»

Nessuna di noi ne sapeva nulla. Le nostre menti elaboravano rapidissime quelle informazioni. Ciascuna di noi alle parole "viaggio", "aereo", "mare" associava immagini incomplete.

«Vedrete» tagliò corto lei. «Tutti i bambini bielorussi sono contenti di andare in Italia e gli italiani vi accoglieranno benissimo. Ora fate un giro, su. Si parte tra un'ora.»

Non avevamo capito molto, ma la cosa cominciava a sapere di buono. Un minuto dopo eravamo confuse in mezzo agli altri bambini, anche a quelli nuovi, e ci scambiavamo le informazioni raccolte.

Nessuno sapeva dove fosse l'Italia. E mentre l'alba, lenta, sorgeva all'orizzonte svelandoci l'ampiezza della pista e la mole degli aerei, noi, eccitati, ci indicavamo a vicenda l'uno o l'altro di quegli apparecchi. «Quello, quello è il nostro aereo!», «No, la maestra ha detto che il nostro non è ancora arrivato...»

Le accompagnatrici erano già diventate le nostre nuove "maestre". Qualcosa di usuale, in quel giorno di sorprese, doveva esserci per forza.

Tre ore più tardi, dopo una lunga attesa di rincorse, di giochi improvvisati, di un timido aprirci a un curioso senso di libertà, di aerei che guardavamo decollare verso chissà dove, ero nel sole e nell'azzurro, a diecimila metri d'altezza.

Volavo sopra un mare di nuvole bianche. La luce che entrava dal finestrino mi abbagliava. Non avevo mai visto un chiarore così intenso.

Olga era al mio fianco, stretta, come me, nella cintura di sicurezza.

Elena sedeva nella fila davanti a noi e parlava con una nostra compagna.

«Passiamo sulla Polonia, sulla Germania, sulla Svizzera e infine sull'Italia.»

"Dunque," pensai "l'Italia è lontana."

«E in Italia dove scendiamo?» domandò la ragazzina.

«A Cagliari» rispose la donna. «È su un'isola che si chiama Sardegna.»

Anche Olga stava ascoltando.

Ci guardammo. Un'isola. Quel nome era magico. Era il nome di un posto da fiaba. Poche ore prima ci eravamo svegliate nella nostra fredda e buia stanza di orfanotrofio e ci eravamo chieste, angosciate, perché trasferirci a quell'ora. Ora, in un chiarore abbagliante, volavamo verso un'isola con un nome stranissimo che stava dopo tre grandi paesi.

Quando le nubi cominciarono a diradarsi, scoprii che sotto di noi potevo vedere i campi coltivati, i paesi, le strade, i boschi e gli specchi d'acqua. Olga, per guardare anche lei dal finestrino, mi stava addosso. Restammo così per quasi due ore, finché vedemmo alte montagne con le vette cariche di neve. Una cima dopo l'altra, a perdita d'occhio.

«Tra poco voleremo sull'Italia» spiegò l'accompagnatrice.

Il viaggio durò ancora più di un'ora. Dopo le montagne ci furono di nuovo pianura e colline. E poi, con nostra sorpresa, il sole cominciò a brillare sul mare.

L'atterraggio fu emozionante, perché mentre ci avvicinavamo al suolo sembravamo andare sempre più veloci. Poi improvvisamente toccammo l'asfalto e in un attimo eravamo a terra e l'aereo avanzava sulla pista come fossimo in autobus.

Ogni particolare ci colpiva. Poco dopo, appena uscite dal portellone, ci furono la pista, il gran caldo, l'ultimo sguardo al gigantesco aereo, un altro aeroporto. Attraversammo la città su un pullman, con gli occhi spalancati sulle auto, la gente in abiti estivi, i grandi manifesti scritti in caratteri mai visti, i sorrisi delle pubblicità.

A un certo punto percorremmo un lungo viale che costeggiava il mare da una parte e ampie distese d'acqua ferma dall'altra, e lì in mezzo, immobili, solenni ed eleganti, c'erano decine di grandi uccelli rosa.

E infine sostammo davanti a un grande edificio che, appena visto, scambiammo subito per il nostro nuovo istituto.

Ma appena scesi nessuno ci disse che era quella la nostra nuova casa. Non c'erano stanze, lì, dove dividerci e sistemarci. Non c'erano aule di scuola.

Ci fecero entrare in un salone, dove c'erano già molte persone: donne, uomini, giovani, anziani e bambini. Mentre facevamo il nostro ingresso, guardandoci intorno spaesati, quelle persone ci osservavano sorridenti. Erano come in attesa di un evento.

3

I due gruppi si fronteggiavano senza sapere che fare. Da una parte c'eravamo noi, i bambini bielorussi, tutti accaldati perché eravamo vestiti con abiti pesanti. Sul pullman, che pure aveva l'aria condizionata, anch'io avevo tolto la felpa e l'avevo infilata nella borsa. La giacca invece la tenevo in mano, e così, visto che stringevo anche i manici della borsa, ero impacciata. Nel salone faceva un caldo terribile. L'ultima volta che avevo fatto la doccia era stato quattro giorni prima e ora, sotto i pantaloni pesanti e le mutande di lana, la mia pelle era irritata e sentivo un prurito terribile.

Stavo davanti, perché ero una delle più piccole e, come tutti noi, guardavo intimorita il folto gruppo di stranieri che continuava a fissarci sorridendo.

Davanti a noi gli italiani erano emozionati. Davano un'impressione vivace e festosa, con le magliette e i pantaloncini colorati, le scarpe leggere, qualche cappellino con la visiera. Si scambiavano battute a bassa voce e facevano commenti. Su di noi, da quel che potevo intuire.

Dopo qualche momento in cui si mostrarono esitanti e intimiditi, alcuni di loro cominciarono a lanciare cenni di saluto rivolti un po' a tutti noi. Ma noi non rispondevamo, se non muovendo appena il capo. Nessuno dei miei compagni sapeva bene cosa stava per accadere. Cosa volevano quelle persone? Perché erano così allegre?

Quando fummo entrati tutti, un signore si fece avanti, si piazzò in mezzo ai due gruppi e chiese che si facesse silenzio. Poi parlò a lungo nella sua strana lingua, rivolgendosi agli italiani. Loro lo ascoltarono attenti. E anche noi, nonostante non capissimo nulla.

A un tratto mi colpì una parola che aveva un suono familiare. Il signore disse «Chernobyl» e poco dopo lo ripeté. Ascoltai ancora alcune frasi senza senso, poi finalmente afferrai l'intera espressione che l'uomo collegava a quel nome. Parlava di noi e ci definiva "bambini di Chernobyl". Queste parole le avrei sentite molte volte, nelle settimane successive.

A un certo punto il discorso finì. L'uomo si fece passare una lista da una sua collaboratrice. Tutti lo fissavano.

Lui disse a gran voce: «Signori Sotgiu, Rita e Luigi».

Una coppia di italiani, molto impacciati, si fecero avanti sotto gli occhi di tutti e si fecero riconoscere.

«Viktor Iosifovič» aggiunse il signore con la lista.

Un bambino, poco lontano da me, avanzò, timido e incerto. La donna gli fece un cenno d'incoraggiamento. Lo invitava ad andare da lei.

Lui si avvicinò.

«Ciao» dissero i due. Lui piegò il capo come accennando a un inchino, ma non rispose nulla.

Io ero rapita da quella scena inattesa. "Una mamma e un papà!" pensai. "Ci danno una mamma e un papà!"

Il signore con la lista si avvicinò e fece le presentazioni in modo che tutti potessimo sentire bene. Alla coppia disse «Viktor», indicando il bambino. Al bambino, sorridendo e indicandogli la donna e poi l'uomo, disse: «Mami e papà».

Poi i due strinsero la mano al signore che li aveva chiamati, presero per mano il piccolo bielorusso, raccolsero la sua borsa e si avviarono sotto gli sguardi di tutti.

E così accadde per altri bambini e bambine.

Anche Olga fu chiamata. E in quel momento mollò subito la mia mano sudata e fece un piccolo passo avanti. Due genitori, accompagnati da un bambino della nostra età, la portarono via.

Man mano che i miei compagni se ne andavano, il mio cuore batteva sempre più veloce. Partita anche Olga mi sentii sola, ma al contempo bruciavo di impazienza nell'attesa. Non toglievo gli occhi dai genitori che restavano. Li passavo in rassegna uno a uno. "Quelli lì, sono quelli lì" pensavo ogni volta che una nuova coppia si faceva avanti appena chiamata. Poi dopo di loro pronunciavano un nome che non era il mio e quelli se ne andavano senza di me. Allora subito mi concentravo sulla coppia successiva. E non era mai quella giusta!

Il signore a un certo punto disse: «Annalisa Dessalvi». Non disse «Signori Dessalvi». Solo il nome femminile. E una giovane donna avanzò verso di noi. Con lei c'era una coppia di signori più anziani, con l'aria più affettuosa del mondo. Ma stavano alle sue spalle, intimiditi e trepidanti. Spiavano, da quella posizione, il resto dei bielorussi che dovevano ancora essere associati a degli italiani.

E in quel momento, forte come un campanello, risuonò il mio nome.

«Natasha Rytzko!»

Camminai spedita verso il piccolo gruppetto. E mentre percorrevo quei pochi metri, nei loro sguardi vidi quanto facevo loro tenerezza: ero piccola, paffutella, con i capelli cortissimi e il viso tondo. E poi ero seria, quasi severa, mentre li scrutavo per capire se ero stata fortunata. E intanto dentro, invisibile, il mio cuore impazziva per il desiderio di gettarmi su di loro per sentire se era vero che c'erano degli adulti che volevano me, solo me.

Mi guardavano come nessuno mi aveva mai guardata. Come nessuno, in istituto, neppure l'adulto più buono, poteva permettersi di guardarmi.

Mi aggrappai alla donna più giovane. Poi, non sapendo che fare, diedi la mano all'altra donna. Era lei la mamma, no? Quella con il marito.

Le due donne si fissarono, commosse. Si dissero qualcosa e accennarono a una piccola risata.

Chissà come, capii. Avevo fatto confusione: la "Mami" era la donna giovane e sola, quella che si chiamava Annalisa. L'altra, insieme all'uomo, era la sua mamma. E infatti, appena ebbi stretto la mano di Annalisa, la donna più anziana indicando se stessa mi disse: «*Babuška* Angela, nonna Angela!».

Brava. Quella parola in russo per me fu meglio di mille "ciao" e di tanti sorrisi. Il nonno, invece, non si era preparato così bene. Disse: «Gianni», mi accarezzò la testa con mano leggera, quasi avesse paura di farmi male, poi prese la borsa e si guardò intorno, schiarendosi la voce per nascondere l'emozione.

Intanto l'appello continuava.

Salutammo e ci avviamo, insieme. Io tenevo la mano di Annalisa stretta stretta. Era grande, e calda, ma non mi dava fastidio. Lei non mi aveva ancora detto niente. Oltre al suo nome e a un rapido saluto non aveva fatto niente per me, ma io sentivo che quel che stava succedendo era meraviglioso. Da lei e dai suoi mi sarei lasciata portare dovunque.

Fuori c'era una macchina e noi ci salimmo sopra, proprio come una famiglia. Il nonno si mise alla guida e la nonna sedette al suo fianco. Annalisa dietro, con me.

Le tenevo ancora la mano.

Lei indicò alla madre i miei pantaloni e fece un commento su com'ero vestita. Poi aprì la mia borsa e considerò un po' delusa quel che c'era dentro.

I tre si consultarono velocemente e poco dopo facemmo sosta a un supermercato. Anche questo era un ambiente mai visto. Ricordo la luce, la musica diffusa, i mille colori e le forme dei prodotti esposti sugli scaffali. Mi sembrava un posto grandissimo, eppure Annalisa e i nonni si muovevano lì dentro a proprio agio.

E mentre i tre adulti, allegri, eccitati come fossero a una festa, acquistavano mutandine, pantaloncini e magliette colorate, io vidi, sul piano di uno scaffale che era alla mia altezza, dei flaconi con etichette che mostravano soffici asciugamani.

Allora richiamai l'attenzione di Annalisa, indicai quei flaconi e le dissi le mie prime parole: «Mami, shampoo! shampoo!».

Lei rise e chiamò gli altri due. Scherzarono un po', dissero "ammorbidente". Ma avevano capito: il prurito era ormai insopportabile e io volevo farmi la doccia. Subito, se possibile.

E lavarmi e cambiarmi, tra commenti divertiti e storcere di nasi alla vista della mia pelle irritata e delle mie terribili mutande, fu la loro prima preoccupazione.

Il primo gesto di madre di Annalisa.

Impossibile da dimenticare.

4

Fin dalle prime ore trascorse insieme pensai che i nonni erano uno spasso. Insieme ad Annalisa formavano un trio di adulti al mio servizio che non si sarebbe dato tanta pena se avesse avuto a che fare con una regina.

Quel primo giorno, dopo avermi lavata, asciugata, pettinata, Annalisa e Angela fecero una cosa sorprendente: mi infilarono un paio di mutandine leggere rosa e dei pantaloncini corti di cotone blu, appena comprati. Poi, lasciandomi di stucco, mi mostrarono tre magliette colorate, una verde con un delfino sul davanti, una rossa con una stella marina, una gialla con una barchetta, e mi fecero capire che potevo scegliere quale mettermi.

Erano belle tutte e tre e io non sapevo decidermi. Non ero abituata a fare delle scelte. Nessuno mi aveva mai domandato: "Vuoi questo? Vuoi quello?". E subito dopo mi venne in mente che, scelta una, quella sarebbe stata la mia maglietta per sempre e avrei perso le altre due. Perciò restai lì, interdetta, mentre loro continuavano a guardarmi. Allora afferrai la maglietta gialla, ma anche quella rossa e quella verde e le strinsi a me per dire che le volevo tutte.

Quando mi videro fare così si commossero. Annalisa mi rivolse un altro dei suoi splendidi sorrisi, poi, con calma, mi prese per mano lasciando che con l'altro braccio stringessi a me le magliette e mi portò nella camera dove avrei dormito. Lì c'era un armadio che aveva alla base degli ampi cassetti. Ne aprì uno e me lo mostrò vuoto, prese le magliette, le posò nel cassetto ben piegate e, aprendo e chiudendo il cassetto più volte, disse: «Natasha. Cassetto di Natasha. Vestiti di Natasha».

Allora sorrisi anch'io, presi la maglietta rossa e guardai le altre due che restavano lì, chiuse nel mio cassetto.

«Domani» disse lei, e indicando la maglietta che avevo in mano e ancora il cassetto aggiunse: «Oggi questa, domani queste. Tutte di Natasha, okay?».

Andava bene, sì, andava come non mi sarei mai aspettata.

Ed entro sera mi arresi all'evidenza: stavo vivendo un sogno, ero diventata la principessa di quella casa.

Ovviamente c'era il problema della lingua, ma l'attenzione reciproca ci fece fare rapidi progressi fin da quel primo giorno. Annalisa e i due nonni comunicavano con me a gesti e intanto ripetevano le parole, così che io ne imparai subito qualcuna: mangiare, dormire, maglietta, giocare, televisione, acqua, aranciata.

In questo campo nonno Gianni era uno spasso. Per dirmi la cosa più semplice la ripeteva alzando la voce come se io fossi sorda e intanto la mimava. Era molto divertente vederglielo fare con tanto impegno. Quasi sempre io mi mettevo a ridere e lui era contento, ma nello stesso tempo si preoccupava perché non era stato chiaro e allora insisteva di più, con nuovi e ampi gesti, oppure chiamava in aiuto le donne, che si facevano capire con calma e poi lo prendevano in giro.

Dopo avermi lavato e vestito per bene, Annalisa preparò da mangiare, mentre la nonna apparecchiava la tavola. Appena pronto ci sedemmo e Mami portò in tavola dei piatti di spaghetti con tanto sugo rosso. E prima che uno di loro potesse dirmi di cosa si trattava, io esclamai: «Maccaroni!», e tutti fecero una gran risata.

Il primo giorno restammo sempre insieme, tutti e quattro. Dopo pranzo tentarono di farmi fare un sonnellino, ma io non capivo cosa volessero da me: dovevo stare chiusa in camera, in penombra, mentre loro se ne andavano? Cosa avrei fatto da sola? La cosa mi inquietava. Dopo qualche tentativo, decisero che non avevo quell'abitudine da bambina piccola. Tanto valeva uscire.

Allora passeggiammo, comprammo un gelato, arrivammo in riva al mare. Loro parlavano, parlavano, un rumore di sottofondo che non smetteva mai. Io guardavo tutto e afferravo ogni cosa, ogni colore, senza paura di nulla, aspettandomi solo cose buone. Un bambino si abitua subito al bene, perché è fatto per questo. E tutto in quel momento era buono: il gelato, la brezza calda sulla mia pelle pallidissima, il sole, l'acqua, gli uccelli rosa e i gabbiani. E le altre famiglie, che camminavano intorno a noi, genitori e bambini, come se stare insieme fosse la cosa più naturale del mondo.

Tra le parole sconosciute che i miei tre accompagnatori pronunciavano in fretta sentivo ogni tanto risuonare di nuovo il nome di Chernobyl. Mi convinsi che era questa la parola che usavano per indicare da dove venivo, anche se non era vero.

La sera, dopo cena, i nonni se ne andarono e io e Analisa restammo sole nell'appartamento che pensavo fosse la casa di tutti e tre.

Quando Gianni e Angela mi salutarono, con baci e carezze, io mi rabbuiai. Appena qualcuno si allontanava pensavo fosse per sempre. Ma loro intuirono i miei pensieri e ripeterono più volte «domani! domani!», e io in qualche modo capii che non li stavo perdendo dopo averli appena trovati.

Così restammo sole, io e Mami. Ricordo che, appena usciti i nonni, che non avevano smesso fino all'ultimo di rassicurarmi, darmi carezze e baci e imitare nuove parole, ci fu un momento di silenzio. Ci guardammo negli occhi, studiandoci a vicenda come se tutto cominciasse proprio in quel momento. Annalisa appariva intimorita, come me, che improvvisamente capivo che la mia presenza interrompeva la sua abituale solitudine.

Poi lei disse: «Giochiamo?».

E subito si diede da fare.

Tirò fuori una grossa risma di fogli bianchi e una scatola di pennarelli nuovissimi e si mise al tavolo per prima. Disegnò un grande pesce, me lo mostrò e disse «balena»; poi un buffo animale un po' sgraziato e disse «elefante». Era divertente, così disegnai anch'io: un aereo, una nuvola con il sole che le brillava sopra, un pullman, il mare, un gelato. Per ciascun soggetto io dicevo il nome in bielorusso e lei me lo diceva in italiano.

Andammo avanti così per un po'. Il suono delle nostre voci era l'unico che si udiva nella casa. Non c'erano, com'ero abituata, centinaia di altri bambini a contendersi spazi, giochi e misere attenzioni. C'ero io e questa donna bellissima e gentilissima, seduta lì, con me, come se non ci fosse al mondo cosa più importante da fare. Era strano: mi sembrava di abitare lì da sempre, eppure, come mostravano i miei disegni, non potevo dimenticare che al mattino di quello stesso giorno me ne stavo a Minsk a guardare l'alba sorgere sull'immensa pista di un aeroporto.

Dopo un'ora o più di quel gioco, finalmente crollai. E fu un bene che fossi così stanca, altrimenti, stimolata com'ero da tutte quelle novità, non mi sarei fatta mettere a letto facilmente.

Anche quello, comunque, fu nuovo e sorprendente. In istituto ero abituata a fare tutto da sola: spogliarmi, sistemare le cose, sgomitare in fila davanti al lavandino per lavarmi i denti. Annalisa invece voleva aiutarmi, come fossi più piccola di quel che ero. E io accettai le sue attenzioni, le sue premure. Cose mai viste.

Dormii come un sasso, quella notte.

E forse anche lei.

Ma non sono sicura.

5

Era il mese di luglio e così scoprii com'è bello abitare in una città che ha il mare a portata di mano.

Fin dai primi giorni della mia permanenza, quando Annalisa voleva farmi un bel regalo saltavamo in macchina in un giorno feriale e in meno di un'ora eravamo su una spiaggia meravigliosa con l'acqua trasparente, il sole sulla pelle e una bellissima e verde isoletta a cinquanta metri da noi.

Ero ancora piccola e Mami non si fidava certo a incitarmi a chissà quali imprese da nuotatrice. Lei stessa non si arrischiava troppo.

Ma trovarsi in quell'ambiente, poter giocare quanto volevo con la sabbia, con acqua in abbondanza, con le formine colorate, le palette, un retino per i pesci, tutte le cose che Annalisa mi procurava ogni giorno indovinando i miei desideri o sorprendendomi con novità che non avevo mai nemmeno immaginato, era una festa continua.

La Sardegna è bellissima, lo sanno tutti. Per me era il paradiso. Eppure so, e confusamente sapevo anche allora, che erano la compagnia, le attenzioni, le premure di una mamma a rendere ogni posto speciale.

L'altra grande scoperta avvenne in città: il parchetto del quartiere con le sue magiche giostre. A pensarci ora mi rendo conto che si trattava di una normale area giochi urbana, circondata da una modesta estensione di verde, con un vialetto che permetteva ai bambini in bicicletta di percorrere in tondo qualche centinaio di metri e pochi alberi a fare ombra. Ma per me, da bambina, era un piccolo mondo in movimento, un angolo di emozioni che volevo tutto mio, come se il comune l'avesse costruito proprio per me. C'erano anche altri bambini, è ovvio, ma non era come in istituto, dove tutti ci affollavamo in code più o meno ordinate, a svolgere nello stesso tempo le stesse attività. Lì ciascun piccolo si muoveva in base ai suoi desideri e se faceva una cosa che facevano anche gli altri, come salire e scendere dallo scivolo, era convinto di farlo a modo suo e provava un'emozione unica, a sua misura.

Appena entrati mi staccavo subito da Annalisa e cominciavo a saltare da un gioco all'altro come fossi un animale selvatico che ha ritrovato il suo ambiente naturale. Non mi fermavo un momento. Correvo, salivo, scendevo veloce, roteavo, cavalcavo un buffo animale di legno fissato al terreno con una grande molla, mi arrampicavo su una rete di corde a un'altezza che mi pareva vertiginosa e poi penzolavo attaccata a una sbarra senza toccare più terra e con la leggera, elettrizzante paura di farmi male se mi fossi lasciata andare giù.

Sudavo tanto che Annalisa portava sempre con sé una maglietta di ricambio. Dopo pochi giorni era diventato normale anche per me che ci fossero indumenti a disposizione per ogni evenienza.

Gli altri bambini si divertivano come me, ma non poevano capire l'intensità del mio impegno. E io, robusta, con i capelli corti, appassionata e abituata a sopravvivere in orfanotrofio, apparivo a tutti un maschiaccio da rispettare. Ogni tanto litigavo con qualcuno di loro e la cosa avveniva in un misto di italiano, bielorusso, occhiatacce, spinte e manate: argomenti, questi, che appartengono al linguaggio internazionale dei bambini.

Annalisa vigilava sui miei eccessi di prepotenza, causati da quella fame di possesso e di sicurezza che la mia condizione di orfana mi aveva inculcato. A volte capitava che si dovesse giustificare con le altre mamme, un po' spiazzate dalla mia energia, e in quei momenti, passando dalle rapide scuse a una chiacchierata, riaffioravano le parole a me note: "Chernobyl", "Bielorussia" e "bambini di Chernobyl". Sapevo che quelle parole indicavano in qualche modo il mio essere speciale: una bambina che poteva permettersi qualche piccolo eccesso. Garantivano persino, o almeno così pensavo, il mio diritto ad avere qualcosa in più degli altri bambini.

Comunque, dopo la prima settimana tutti mi conoscevano e io avevo anche abbozzato qualche rapporto d'amicizia. Gli altri bambini o impararono come prendermi o decisero di stare alla larga da me. Per alcuni, però, divenne un onore godere della compagnia e del favore della bambina straniera.

Quando veniva la sera, e per me e per i miei compagni era il momento si smettere con i giochi, le sfide e le rincorse, Annalisa faceva l'esperienza spiazzante che fanno tutti i genitori: il tempo per i piccoli non esiste, soprattutto se stanno facendo cose piacevoli. Quando veniva il momento di tornare a casa, per lei erano passate due ore, per me eravamo appena arrivati e non c'era argomento che potesse farmi ragionare.

Lei, che non voleva mai forzarmi o amareggiarmi in nessun modo, finiva per implorarmi.

«Ascoltami. Adesso chiudono. Fai la brava, su. Torniamo domani!»

Inutile. Io mi piantavo davanti a lei con le braccia incrociate e le gambe aperte e ben piantate, arrabbiata come se mi stessero portando via la casa. Non mi importava neanche del fatto che a uno a uno gli altri bambini se ne andavano salutando obbedienti, mentre le mamme ripetevano: «Saluta. Dì: "Ciao, Natasha, ci vediamo domani"».

Insomma, ero la più testarda e capricciosa. Ma il fatto era che lì, in quella che consideravo la mia nuova casa, la mia principale conquista era proprio che non dovevo fare le cose che facevano tutti e soprattutto non nel momento in cui lo facevano tutti.

Così restavamo solo noi e Annalisa mi trascinava via o mi prometteva qualche altra grande sorpresa: altri giochi, le scarpe, una maglietta o un cappello nuovo. O un nuovo film in cassetta acquistato apposta per me.

Il film, appunto, era l'appuntamento fisso della serata, cioè dopo le dieci, quando Annalisa smetteva di giocare con me, cosa che mi piaceva troppo, e sperava che io fossi abbastanza stanca – non per dormire, questo mai! – almeno per cominciare a rilassarmi e stare un po' più tranquilla. Nella sua casa c'erano diversi film in cassetta, ma nessuno mi conquistò come *Cenerentola*.

Mi piaceva tutto, di quella storia. Lei, la ragazza, era sola, ma mai del tutto: i simpatici topini le volevano bene e tifavano per lei. Aveva dei nemici, la matrigna, le sorellastre, il gattone, ma poi vinceva: il suo fascino, la sua bontà, i poteri della buona fata, l'amore del principe trasformavano la sua vita di fatiche e dispetti in un trionfo sicuro e definitivo.

Vidi per la prima volta quel film a cartoni animati il secondo giorno dopo il mio arrivo. In seguito Annalisa e i nonni me ne proposero altri, che erano divertenti e altrettanto ricchi di sorprese e di personaggi simpatici. Ma io chiedevo sempre di vedere *Cenerentola* e l'avrò visto tutto almeno venti volte nel giro di poche settimane.

Anche grazie a quella visione ripetuta il mio italiano progredì rapidamente. Ma a crescere con quella storia fu soprattutto l'intensità dei miei sogni, insieme a quella dei colori delle magliette che andavamo insieme a comprare al mercato e allo scintillare delle mie scarpe e delle pantofole con i brillantini, pensate apposta da chissà quale geniale produttore di calzature per bambini speciali come me.

E un giorno, a proposito di acquisti e regali, ricordo un'emozione davvero forte.

Era mattina presto. Prima che uscissimo per andare ai giardini si presentò il nonno, con un sorriso più caldo del solito. Era fiero di sé e in qualche modo impaziente. Per la prima volta aveva più fretta di me di scendere per strada. Mami Annalisa scambiava con il padre sguardi di intesa e questo aumentava la mia curiosità. Insomma, era evidente che mi attendeva una sorpresa, ma non riuscivo a immaginare quale.

Io ero già pronta e appena Annalisa ebbe preso le sue cose per uscire mi precipitai giù per le scale.

Dopo l'ultimo gradino, nel bel mezzo dell'ingresso, c'era una bicicletta, nuova, lucida, scintillante al sole. Rosa!

L'urto della felicità fu così forte che urlai. Afferrai il manubrio, salii.

E mi feci la pipì addosso, tanto ero eccitata.

Fui cambiata in tutta fretta dai due adulti emozionati. La mia gioia li aveva toccati e confusi.

Poi fummo subito per strada e nonno Gianni mi insegnò, con pazienza infinita, a raggiungere la magia di quell'equilibrio che poi non ti scordi per tutta la vita.

Già dal giorno dopo, il circuito dei giardini e il percorso sul marciapiede da quel luogo a casa furono miei. E Annalisa, il nonno e la nonna impararono a corrermi dietro.

Un giorno che ero andata al parchetto solo con i nonni, Annalisa mi vide rientrare in casa tutta sporca di nero: le mani, la maglietta, i pantaloncini.

«Ho... aggiustato catena di Andrea» spiegai.

Il maschiaccio bielorusso dei giardini pubblici aveva colpito ancora.

6

Nella vita di Annalisa c'era un segreto.

Un giorno mi accorsi che era come sempre paziente, attenta e disponibile. Ma era stanca, molto stanca. Mentre io giocavo con gli altri bambini lei se ne stava seduta, l'aria seria, incupita. Spesso portava una mano alla testa. La luce le dava fastidio. Scambiava solo poche parole con le altre mamme, tra le quali aveva acquistato una certa notorietà. Le altre la salutavano, lei rispondeva appena. Qualcuna allora le rivolgeva delle domande preoccupate e lei dava brevi risposte che sembravano turbare ancora di più le sue compagne. La sera, colpita da quell'inattesa stanchezza, nonostante continuassi a pensare solo al mio divertimento, feci meno capricci del solito al momento di andare a casa. E mi comportai bene proprio perché avevo capito che Annalisa avrebbe avuto meno energie per contrastarmi e per convincermi.

Quando ci avviammo, io in bicicletta davanti a lei, mi accorsi anche che i suoi «vai piano!» erano meno energici. Se avessi voluto avrei potuto scappare avanti, come tentavo spesso di fare, facendola arrabbiare un po'. Ma anche questa sfida, quella sera, non mi sembrava divertente.

Annalisa era improvvisamente invecchiata.

La sera, mentre mi metteva la maglietta che usavo come pigiamino per la notte, mi sussurrò piano: «Domani mattina vengono nonno Gianni e nonna Angela a prenderti. Starai tutto il giorno con loro, mi sa».

Non era una brutta notizia, pensavo, ma me lo diceva come se parlasse di una sua piccola sconfitta. Come una resa a un nemico che ci voleva separare.

Lei comprese la mia muta domanda.

«Non sto bene» disse con un sorriso fragile e bello. Un sorriso con dentro una nuova verità. «Tu vai a giocare e io vado dal dottore, che mi dà una medicina. Così domani sera torno casa che sto bene di nuovo.»

Sembrava convinta di quel che diceva e in parte mi tranquillizzò. Poi restò vicino a me, tenendomi stretta per tutta la durata di *Cenerentola*, e non approfittò di quel momento, come faceva di solito, per sistemare la casa.

Appena nella mia mente di bambina si fece strada la preoccupazione per qualcosa che non capivo, per fuggirla mi consegnai alla stanchezza. Fortuna che arrivavo sempre alla sera esausta di gioia, di sole e di giochi.

Il giorno dopo, come previsto, vennero i nonni, allegri e un po' agitati.

Annalisa stava ancora peggio del giorno prima. Aveva la faccia di chi non ha chiuso occhio. Il padre la portò via e io e la nonna restammo ad aspettarlo almeno per un'ora, prima di uscire a giocare.

Mi mostrai paziente e non feci disperare Angela. Ma al momento buono le domandai: «Dov'è Mami?».

Ottenni la stessa spiegazione della sera prima, evidentemente concordata con Annalisa.

«Dal dottore,» disse «che le dà una medicina. Vedrai che poi starà bene.»

Ai giardini pubblici mi divertii come al solito, e intanto tenevo le orecchie tese a captare ogni frammento di conversazione tra i nonni. Ma il mio italiano non era ancora abbastanza buono da consentirmi di comprendere, quando la sentivo, la parola "dialisi" associata alla mia nuova mamma.

E mentre le ore di quel giorno diverso passavano e ci portavano alla sera senza di lei, un'ansia sottile e crescente si insinuava dentro di me. Volli tornare a casa prima del solito orario.

La sera, come promesso, il nonno riaccompagnò Annalisa a casa e subito la nonna le rivolse domande affettuose su come si sentiva e su com'era andata la cura.

Io la strinsi forte e mi calmai solo quando ebbi la conferma che le erano tornate le forze, la risata, l'energia.

Avevo bisogno della sua salute come della mia. E per fortuna, qualunque cosa fosse questa famosa "dialisi", me l'aveva restituita in forma.

Così, per essere sicura che tutto fosse tornato come prima, quella stessa sera, appena fummo di nuovo sole, feci un capriccio peggiore del solito, e lei mostrò con la sua eroica pazienza di essere davvero in forma.

7

Nel corso della vacanza erano previsti diversi incontri tra tutte le famiglie ospitanti. I responsabili volevano che gli adulti italiani si scambiassero le impressioni sull'esperienza che stavano vivendo e che noi bambini bielorussi tornassimo per un pomeriggio con i nostri compagni. Gli incontri si tenevano nella sede dell'associazione che curava l'accoglienza dei bambini di Chernobyl.

A me interessava ritrovare Olga e la prima volta che ci fu una di quelle riunioni corsi subito a cercarla. Ero impaziente di raccontarle delle attenzioni di Annalisa e dei nonni, della mia cameretta, dei regali che avevo ricevuto e di quanto mi divertivo alle giostre dei giardini pubblici, dove ormai mi stavo facendo degli amici.

Olga era arrivata prima di me. Era là, in un angolo del grande salone affollato. Sembrava triste e spaesata. Vidi che, quando si accorse che stavo andando da lei, tirò un gran sospiro di sollievo. Forse temeva di avermi perduto per sempre e per questo era così abbattuta.

Ci abbracciammo. Avevamo tutte e due vestiti e scarpe nuove. Annalisa però mi aveva proibito di portare con me la Barbie che mi aveva regalato quel mattino: non voleva che tra noi bambine cominciassimo a fare confronti.

Ma Olga, anche adesso che ero di nuovo con lei, sembrava comunque dispiaciuta. Allora pensai che pure a lei avessero proibito di portare con sé l'ultimo regalo.

«Sei contenta?» le domandai raggiante.

Lei alzò le spalle, il viso imbronciato.

«Un po'» rispose.

«Non ti trattano bene?»

Lei si volse a guardare la coppia di genitori che l'avevano ricevuta quando eravamo arrivate. Stavano chiacchierando con il signore che quel giorno leggeva i nostri nomi dalla lista. Erano seri. Ogni tanto la mamma cercava Olga con lo sguardo e le rivolgeva da lontano un timido sorriso che voleva essere rassicurante.

«Hai fatto qualcosa che non va?» dissi alla mia amica che sembrava non avere niente da aggiungere.

«No. Io sono buona. Ma non riesco a parlare. Loro cercano di fare tante cose. I loro bambini sono bravi... ma io non gioco tanto.»

I due figli della coppia, due maschi, correvano per il salone inseguendo altri bambini. Non avevano pensato di invitare Olga a unirsi a quel gioco.

Pensai che ero fortunata a essere capitata in una famiglia che non aveva bambini. Però Olga aveva un papà e io no. Questo mi sembrava ancora un vantaggio per lei.

«Il tuo papà è bravo?» dissi indicando con un cenno del capo la coppia che continuava a parlare con il presidente dell'associazione.

Olga fece un sorriso un po' triste.

«È bravo, ma non c'è quasi mai. Lavora fino a tardi. Ci sono dei giorni che non lo vedo nemmeno. Torna dopo che siamo andati a dormire.»

In quel momento Annalisa venne da noi. Era radiosa.

Il tempo di salutare rapidamente gli altri genitori e poi si era subito messa a cercarmi.

«Natasha, presentami la tua amica!»

«Si chiama Olga» dissi in buon italiano.

«Ciao, Olga, come stai?»

La mia compagna reagì a quell'entusiasmo come faceva sempre, con timidezza e sulla difensiva. Non rispose alla domanda, si mise a guardare per terra e tese la mano verso Annalisa come fanno i grandi. Di fronte a quell'atteggiamento così serio Mami rimase un po' interdetta. Tentò di fare conversazione. Ma non conosceva Olga.

«Bella la tua maglietta» proseguì.

Olga diede un'occhiata al disegno che aveva sulla maglietta. C'era una nave con un pirata che guardava verso la Sardegna con il suo cannocchiale. Il disegno era ricamato. Era davvero una maglietta bellissima. Ma Olga non fece nessun commento.

«E dove sono la tua mami e il tuo papà?» domandò Annalisa.

Olga li indicò, Annalisa vide che il confronto con il presidente dell'associazione continuava e capì che c'era qualche problema.

«Bene» disse, anche se non andava bene per niente.

«Allora, Natasha. Io faccio un giro a salutare gli altri genitori. Tu resta nel salone e se uscite fuori nel giardino avvisami, capito?»

Dissi di sì, lei salutò Olga e si allontanò.

Ci mettemmo in un angolo, a guardare gli altri bambini che si divertivano. Olga restava in silenzio e io avevo perso la voglia di raccontarle delle cose che facevo e dei regali che avevo ricevuto. Non potevo credere che lei non stesse bene come me e non sapevo cosa dirle.

Poi lei mi spiazzò.

«Certe volte mi manca l'istituto» disse. «Almeno lì siamo tutti uguali...»

"Poverina" pensai. "Rimpiange l'istituto e noi non ci torneremo mai."

«Ti portano ai giardini?» mi informai.

«Sì.»

«Li guardate i cartoni animati?»

«Sì.»

Non osai menzionare la bicicletta. Quella era troppo, me ne rendevo conto da me.

«E al mare? Siete andati al mare?»

«Una volta» disse come se non le fosse piaciuto.

Restammo di nuovo in silenzio.

Fu lei a interromperlo.

«Ma l'italiano lo hai imparato?» mi domandò preoccupata.

«So tante parole» risposi un po' troppo fiera. «E poi i genitori ti capiscono anche con i gesti, no?»

Con un'altra occhiata al pavimento Olga mandò in frantumi anche quella certezza.

Il colloquio dei suoi genitori era finito. I due la videro insieme a me e si avvicinarono. Erano due persone timide, gentili e con l'aria più buona del mondo. Ma non erano contenti come Annalisa.

Mi domandarono come mi chiamavo e con chi ero. Risposi con fiducia e allegria e la cosa parve colpirli molto.

Venne Annalisa e salutò anche lei la coppia. E tutti e tre cominciarono una fitta conversazione. Parlavano di noi, era ovvio. Io capivo poco, solo che Mami era contenta più di quanto si era aspettata e loro invece no.

Alla fine si rivolsero a noi due, che ce ne stavamo lì a cercare di ascoltarli.

«Volete restare insieme ancora un po'?» domandò Annalisa. Io tradussi la sua domanda a Olga e a lei si inumidirono gli occhi. Capii che non avrebbe voluto separarsi di nuovo da me. Avrei potuto proporre ad Annalisa di farla venire con noi, ma i genitori di Olga dissero che ora dovevano andare.

«La settimana prossima veniamo qui ancora» dissi alla mia amica prima che si allontanasse. Lei non disse niente, ma vidi che mentre si avviavano la sua Mami le teneva la mano e le rivolgeva la parola con calore.

Sperai che dopo il nostro incontro le cose tra loro andassero meglio. E mezz'ora più tardi, mentre io e Annalisa andavamo in macchina verso casa cantando a squarciagola la mia canzone preferita da *Cenerentola*, non pensavo più alla mia amica timida e ai suoi genitori impacciati.

Con Olga avevo accennato all'italiano. Dopo tre settimane io facevo continui progressi. I cartoni animati, come ho detto, aiutavano molto. Ma soprattutto imparavo da Annalisa, che mi parlava lentamente, ripeteva le parole e correggeva quelle che avevo imparato male e che storpiavo o confondevo tra loro.

Ricordo anche la filastrocca di Ciccio Pasticcio, inventata dalla nonna. La cantavamo insieme mettendoci faccia a faccia e ritmandola con il battere veloce delle mani, la mia destra contro la sua sinistra e così via. Era in rima e così, anche se al principio non capivo quasi nulla di quel che dicevamo, a poco a poco mi rimase in mente, ogni parola al posto giusto.

Diceva:

Ciccio Pasticcio mangia un pasticcino,
poi se ne va a fare un pisolino,
poi va al parco cittadino
e ci va col passeggino,
poi va in montagna
a mangiare la castagna,
poi va in collina
a mangiare la pappina,
poi va al mare
a mostrar le chiappe chiare,
poi va al lago a fare il bagno,
prende freddo al pancino
e va subito dall'ottorino
che gli dice «stai calmino!».
Lui va a casa a fare un pisolino,
quando si sveglia mangia un altro pasticcino.

È un bel ricordo. Come per ogni regina che si rispetti, anche io avevo il mio poeta di corte, la nonna, e il mio giullare, il nonno, che quand'era insieme a me continuava a non stare fermo, come il primo giorno.

Ero proprio fortunata. La sera mi stringevo ad Analisa sempre più forte e quando era il momento di dormire andavo e venivo sicura in quella che consideravo casa mia: dal bagno, dove c'era il mio spazzolino nuovo, rosso, con sopra disegnato Winnie The Pooh, alla cucina, dove sapevo di trovare, quando volevo, un biscotto o un bicchiere d'acqua, al mio letto, sempre fresco e pulito, nel quale mi addormentavo sotto gli occhi soddisfatti di una Cenerentola che mi guardava, vestita a festa dalla fata buona, da un immenso poster che Annalisa era andata a comprare chissà in quale negozio.

In una di quelle sere, quasi allo scadere di un mese da quando ero arrivata, stringendo forte la mia Mami le dissi per la prima volta: «Io, con te, per sempre».

Lei smise per un attimo di respirare, mi strinse ancora più forte e disse: «Cara, cara cara!».

Ma non disse "sì", anche se a me sembrava che quel "cara" avesse lo stesso significato.

8

Venne la settimana di Ferragosto. A Cagliari c'era più gente che mai. Erano soprattutto turisti: famiglie intere, grandi e bambini, che arrivavano con auto cariche di bagagli e poi affollavano le spiagge.

In quei giorni non andavamo al mare, proprio perché c'era così tanta gente.

Anche in televisione facevano vedere spesso persone allegre in costume, sotto il sole, che giocavano nell'acqua, costruivano castelli di sabbia, mangiavano gelati e fette di anguria. Pareva che tutto il mondo fosse in festa come me. La vista di tante famiglie unite e felici mi faceva pensare con gioia che anch'io ne avevo trovata una.

Ogni tanto pensavo a Sasha, che era rimasto in Bielorussia, e un poco anche a Yuri, il mio fratello ancora più grande. Avrei voluto parlare di loro ad Annalisa, pensai addirittura di proporle di prendere anche loro nella nostra casa. Ma qualcosa mi tratteneva.

Certamente era perché non sapevo ancora esprimermi bene per affrontare un discorso così complicato. Ma non era solo questo. Sentivo che Annalisa aveva fatto venire da lontano solo me e vedevo che stavamo benissimo insieme. E quando pensavo ai miei fratelli era come se sentissi che solo a me dispiaceva così tanto essere sola, non avere una famiglia. Loro erano grandi. Loro se la cavavano già molto bene da soli. E forse Annalisa lo sapeva.

In quei giorni girammo tutta la città e Annalisa e i nonni mi viziarono più che mai. Io pensavo che facessero così per consolarmi del fatto che non si andava al mare. Mi comprarono altri vestiti, giochi e poi gelati e bibite. A un certo punto il nonno decise di regalarmi un ventaglio colorato, esposto in una bancarella per turisti, solo perché mi ero fermata a guardarlo. Era bellissimo e mi sembrava indispensabile per una vera principessa.

Andammo anche a mangiare al ristorante.

Quando il cameriere mi guardò, io dissi che volevo "maccaroni". Ma poi non mi servì un piatto di spaghetti e io mi immusonii come se mi avesse offesa a morte. Mami e i nonni risero molto, facendomi arrabbiare ancora di più. Poi dovettero chiedere al cameriere di sostituire il mio piatto. Insomma vinsi ancora. E più tardi, nell'aria dolce della sera con le tenebre che calavano lentamente sul mare, passeggiavamo tutti e quattro cantando canzoncine.

Io ero troppo contenta e serena per accorgermi che l'allegria degli adulti non era la solita. I nonni, al ritorno, davanti alla casa di Annalisa, prima di proseguire mi abbracciarono e mi diedero molti baci. Era davvero una giornata speciale e quando salimmo di sopra pensai che Annalisa tirasse fuori una borsa da viaggio nuova e cominciasse a riempirla con le mie magliette solo per farmi l'ennesima sorpresa.

«Dove andiamo?» le domandai senza timori.

«Domani lo scoprirai» rispose lei con aria misteriosa.

«Andiamo al mare?» insistetti.

«Al mare? No. C'è troppa gente. Non pensarci, ora guardiamo *Cenerentola* insieme, poi dormi bene e domani usciamo solo io e te. I nonni devono fare delle cose...»

C'è una scena, in *Cenerentola*, in cui lei, il mattino dopo la magica serata del ballo e della fuga, ricorda l'emozione e la gioia che ha provato incontrando il principe, vestita di seta e bellissima, e ballando a lungo con lui in mezzo a tutti gli invitati pieni di ammirazione. In quel momento Cenerentola pensa che sia stato solo un bel sogno, che tutto sia finito, che niente di così bello si ripeterà. Ai topini, i suoi amici, che la stanno ad ascoltare, dispiace molto che lei pensi così.

Quella sera, mentre io guardavo la scena del film rassicurata dal conoscere il seguito a memoria, Annalisa si commosse e a un certo punto si alzò per andare in cucina a bere. Poi tornò con me, tranquilla come sempre. E si godette il trionfo finale della nostra eroina.

Più tardi mi portò a letto e io mi addormentai subito con la mia solita soddisfatta stanchezza di bambina.

Il mattino dopo, la borsa da viaggio si riempì ancor di più. Annalisa ci stava mettendo quasi tutte le mie cose.

Io continuavo a giocare con una bambola e le lanciavo ogni tanto un'occhiata distratta. Non le feci nemmeno una domanda. Una sorpresa è una sorpresa.

Ma intanto pensavo che borsa piena voleva dire grande viaggio. Chissà dove eravamo dirette.

Uscimmo abbastanza presto. Fuori era una bellissima giornata di sole, ma non faceva ancora molto caldo.

Salimmo in macchina e attraversammo la città.

Annalisa taceva, mentre io mi guardavo intorno e scoprivo nuovi posti dove presto sarei andata con lei, la mia nuova mamma.

Rivedevo il mare, le colline, gli ampi stagni con gli uccelli rosa che, avevo imparato, si chiamano fenicotteri. Poi, con mia grande sorpresa, vidi che entravamo nel cortile della sede dell'associazione.

C'erano due pullman, circondati da una piccola folla. Erano le famiglie che ospitavano i bambini della Bielorussia. E c'erano anche loro, tutti. Ebbi una stretta al cuore. Un'angoscia invincibile mi tolse il fiato.

Annalisa mi fece scendere, senza dire una parola. Capii che aveva deciso che fossero i fatti a parlare per lei.

Un attimo dopo, lì, accanto a me, c'era Olga, che mi guardava sorridendo. Aveva un'aria timida, come sempre, ma anche stranamente sollevata. Aveva già capito che tornavamo indietro e si era già arresa all'evidenza. Volentieri, avrei detto.

Per un attimo la odiai.

«Aspettami qui» disse Annalisa sorridendomi e appoggiando al mio fianco la grande borsa. Poi andò verso un gruppo di adulti, dove c'era il presidente.

Ma io ero furiosa e non aspettai. Afferrai la borsa, che pure pesava molto, e mi diressi a passo deciso verso l'autobus sul quale erano già salite alcune bambine.

Passai davanti a Olga.

«Dove vai?» mi domandò.

«Vieni!» le ordinai. E lei mi seguì.

Salimmo sul pullman così, senza chiedere il permesso a nessuno.

«Non saluti la tua Mami?» Nella voce della mia amica c'era già il timore di fare qualcosa di sbagliato. La nostra solita paura da orfane in istituto. A quel punto avrei voluto urlare. Raggiunsi un sedile, ficcai la borsa nello spazio davanti e mi sistemai con le braccia incrociate. La rabbia mi faceva impazzire, ma non avrei pianto. No, per nessuna ragione.

«Ti cerca» disse Olga.

Annalisa era tornata da me per salutarmi e non mi aveva trovata. Ora mi cercava, prima tra le famiglie e i bambini che ancora dovevano salire sui mezzi, poi tra i bambini già a bordo.

Sentii la sua voce, quasi implorante.

«Natasha! Natasha!»

Quando fui certa che mi vedeva dal grande finestrino le voltai la schiena. Sapevo come punirla per il suo tradimento.

E lei rimase lì, interdetta e tristissima, pentita per non aver trovato il modo di prepararmi a quella delusione, per non aver voluto amareggiare le mie ultime ore.

Il motore borbottò. Le porte si chiusero. L'autobus si avviò lentamente. Intorno a me le bambine salutavano. Senza entusiasmo, ma salutavano.

«Piange» mi avvisò Olga.

Allora scattai in piedi. Mi feci largo a spintoni, facendo quasi cadere una delle accompagnatrici. Raggiunsi i posti dietro, mi infilai tra due ragazzine più grandi che tentarono di respingermi pensando che volessi rubare loro il posto, mi affacciai sul piazzale che stavamo abbandonando e mi sbracciai a salutare. E sentii che non volevo che Annalisa soffrisse, non volevo che piangesse, la mia mamma per un mese. La mia mamma delle illusioni.

Lei mi vide e, in lacrime, con il fazzoletto in mano, rispose al mio saluto tentando inutilmente di sorridere ancora.

I bambini intorno a me chiacchieravano. Qualcuno persino rideva. Mentre io tornavo nel grigio. Mentre soffrivo un distacco che pensavo definitivo, un distacco che mi ricordava il giorno in cui mi avevano strappata per sempre dalla mia famiglia.

Ecco, improvvisamente ero una dei tanti bambini e bambine di Chernobyl alla fine della vacanza, con dentro una solitudine immensa. La solitudine alla quale tornavo senza che nessuno mi chiedesse se volevo così.

Senza una fata abbastanza potente da aggiustare le cose. Nemmeno Annalisa, che mi voleva un bene profondo.

La seconda donna, da quando ero nata, a piangere per me inutilmente.

ORFANA DI STATO

1

Annalisa aveva deciso così, per la mia vacanza da bambina di Chernobyl: mi aveva accolta con entusiasmo, coccolata e un po' viziata. Non aveva avuto il coraggio di dirmi o farmi capire che si trattava di una parentesi. Mi si era affezionata, sì, e presto avrei capito quanto. Ma intanto quel giorno di agosto io mi allontanai da lei piena di delusione e di rabbia, e persino con la paura che a quel punto non sarei più riuscita a sopportare l'istituto.

Per molti miei compagni il ritorno non fu così difficile. Alcuni, pochi, non erano stati bene come me. Altri erano talmente abituati alla loro vera vita che avevano accolto quella parentesi come veniva e ora tornavano indietro rassegnati. In questo erano aiutati coloro che erano stati accolti in famiglie con figli: per quanto coccolati, avevano misurato la distanza che rimaneva tra loro e i bambini delle coppie che li ospitavano.

Io avevo solo Annalisa e lei in qualche modo mi aveva fatto capire che aveva solo me, e che mi avrebbe voluta, nella sua bella casa vuota. E poi il mio abbandono era cosa recente. E la mia storia era unica.

Annalisa non sapeva quasi nulla di me. Pensava, come gli altri genitori italiani, all'incidente alla centrale, alle radiazioni, ai motivi ufficiali di quell'accoglienza: un periodo da vivere in un ambiente sano, in modo che i nostri corpi si purificassero da pericolose tossine.

Ma io dalla centrale avevo avuto pochissimi danni e per spiegare alla mia Mami la rabbia di quel giorno di agosto avrei dovuto raccontarle già allora, se fosse stato possibile, di come, meno di un anno prima, fossi diventata orfana senza esserlo affatto.

Lo faccio ora. È il momento. Così si capisce a quale grigiore tornavo quel giorno, dal sole e dagli affetti della Sardegna.

Quando indico su un atlante il luogo dove mia madre mi ha partorita, la gente rimane sempre impressionata. Vengo da molto lontano, sono figlia del gelo e della solitudine: sono nata a Masanovo, in Siberia. Era il 27 gennaio del 1991.

Mio fratello Yuri aveva sette anni, Alexander, detto Sasha, ne aveva cinque. Tutti e due si ricordano di avermi coccolata e fatta giocare, nei miei primi anni, nella nostra piccola e povera casa. Papà e mamma non c'erano per tutta la giornata. Evidentemente lavoravano sodo e non ho mai saputo cosa facessero allora. Certo un russo e una bielorussa che, sposati da poco e con un figlio, Yuri, erano partiti per cercare lavoro in Siberia fanno pensare a due persone senza molte prospettive.

Di quel periodo ho i ricordi che può conservare una bambina piccolissima. Noi tre fratelli, come dicevo, eravamo quasi sempre soli, in casa, perciò Yuri comandava su me e Sasha. Giocavamo insieme, qualche volta, ma lui ci faceva anche fare dei lavoretti. Mamma, diceva, si aspettava che mettessimo in ordine e noi pulivamo i pavimenti, lavavamo i piatti, portavamo dentro la legna per la stufa, sistemavamo i letti. Fuori c'era un piccolo orto e quando non era gelato, tra aprile e agosto, si poteva zappare e potevamo piantarci qualcosa. C'erano anche un paio di galline, che io inseguivo ridendo. Yuri mi sgridava, per questo. Diceva che le galline spaventate non facevano più le uova.

Nel quartiere periferico dove vivevamo tutti i genitori lavoravano e così noi bambini eravamo lasciati a noi stessi. Giocavamo per strada, scavavamo buche negli alti cumuli di neve, che a me sembravano enormi caverne. Da quei cumuli scivolavamo giù con qualsiasi mezzo: sacchetti di plastica per la spazzatura, assi di legno levigate.

D'estate, invece, c'era caldo e il vento sollevava lunghe nuvole di polvere. Correvamo, mi ricordo, nei boschi di betulle, e il vento faceva frusciare forte le migliaia di piccole foglie in cima ai rami bianchi.

Era una terra di forti contrasti e noi bambini la abitavamo con le nostre fantasie. Almeno così facevamo io e Sasha.

Yuri no. Lui si comportava già come uno grande. Era sempre serio, direi. Ma oggi forse capisco che era triste, preoccupato. Capiva cose che io nemmeno sospettavo.

Ricordo la mamma che tornava dal lavoro la sera. Arrivava sempre prima del papà, perciò penso che non lavorassero insieme. Del resto lei rientrava sempre pulita, mentre lui spesso aveva le mani e il viso sporchi di fango e di olio nero, che poi lavava via a fatica con l'acqua e il sapone bianco.

A volte litigavano. Lui arrivava sempre più tardi e lei si lamentava. Il ricordo più netto che ho di loro è proprio una sera in cui gridavano tutti e due perché lui era rientrato in casa che ormai era notte.

Mia mamma è furibonda.

«Puoi restare fuori tutta la notte, ormai! Che differenza fa? Ti fa schifo stare con i tuoi figli?»

Papà non risponde, ha il respiro affannoso. Guarda la mamma socchiudendo gli occhi ed è come se lei fosse un'estranea, come se la vedesse per la prima volta. È ancora sporco per il lavoro della giornata, ma non va a lavarsi come al solito. Se ne sta lì, immobile, ad ascoltare la moglie che lo sgrida. Non si toglie nemmeno la giacca. Nell'aria si diffonde un odore sgradevole e nauseante.

Lei gli si pianta davanti e lo fissa negli occhi.

«Ne hai bevuta proprio tanta questa volta, eh? Se ti do una spinta cadi per terra! Sei una bestia!»

"Ora lo fa" penso io. E immagino la mamma che spinge papà e lo fa crollare a terra.

Lui balbetta qualcosa. Si passa una mano sulla testa. Fa un passo avanti e sembra costargli una grande fatica. Poi si volta e vede che lo sto fissando. In una mano stringe il pesante cappello con i paraorecchi e me lo lancia contro.

«Vai a letto!» grida. «Subito!»

Non vuole che io lo veda così. Non vuole che io veda che la mamma lo sta sgridando come fosse uno di noi bambini.

Una mano afferra la mia. È Yuri, che mi porta via dalla stanza.

Poi io e Sasha siamo in camera, sotto le coperte, stretti stretti. Di là, mamma e papà gridano sempre più forte. A un certo punto la mamma smette improvvisamente e sentiamo un tonfo. E poi si alza ancora la voce di lei, che urla più forte che mai, che diventa isterica: «Stronzo! Stronzo! Non toccarmi! Non toccaarmii!!».

Papà si muove nella stanza. «Vaffanculo» dice.

«Esci, vattene, via!» ordina la mamma. E lo ripete, una, due volte.

Nessuna risposta.

La porta sbatte. Papà è uscito.

Ho paura. Penso che non tornerà più.

Nel buio della stanza sussurro a Sasha: «Papà... è andato via. La mamma lo ha cacciato via...».

E dall'oscurità mi arriva in risposta la voce di Yuri, tagliente, dura come quella di un adulto: «È meglio così. Quando poi si calma torna, torna sempre».

Non riesco a capire se vuole rassicurarmi. In quel "torna sempre" c'è una nota di dispiacere.

E poi ricordo il giorno in cui io ho messo tutti in pericolo. Non avevo ancora cinque anni, ma ero così arrabbiata che ho fatto un disastro.

Era giorno e come al solito mamma e papà non c'erano. Ma anche Yuri, chissà perché, non era in casa.

Giocavo con Sasha a nascondino già da un po'. Per me era divertente, per lui un po' meno. A un certo punto vennero a chiamarlo certi suoi amici, ragazzi della sua età. Dalla strada fischiavano, gridavano il suo nome.

«Non puoi andare» gli dissi subito.

«Perché?»

«Perché io non posso restare a casa da sola. Yuri non vuole, e neanche la mamma...»

«Ma io torno subito» mi rispose. E già si preparava.

E mentre io piangevo e protestavo inutilmente, lui, ignorandomi, fu pronto in un attimo.

«Non fare disastri» mi disse mentre usciva.

E furono quelle parole a farmi venire in mente il modo più efficace di attirare l'attenzione su di me. Sapevo dov'era l'alcol per le pulizie, sapevo che bruciava e poi si spegneva subito. E mi rivedo, furente, che prendo uno straccio, lo bagno tutto di quel liquido e poi lo butto nella lavatrice e gli do fuoco con l'accendino che vedevo sempre usare per la cucina. Lo straccio si incendiò e presero fuoco anche altri vestiti che erano là dentro.

Dall'apertura uscivano le fiamme, e anche fumo.

Mi spaventai e corsi fuori. Mi precipitai a casa dei miei vicini e feci venire un ragazzo più grande, che chiamò altra gente e insieme spensero il fuoco. Tutti gridavano e si agitavano. Qualcuno mi guardava e scuoteva la testa.

Ora la lavatrice era tutta annerita. Quando Sasha tornò e vide cosa avevo fatto ebbe paura perché tutti avrebbero pensato che era stato lui o che se fosse stato in casa lo avrebbe evitato. Cercammo di pulire via la grande macchia nera. Cercammo anche di chiudere il portello, ma ormai si era deformato e non combaciava più con l'apertura.

Fu Yuri il primo ad arrivare a casa e a trovarci tutti intenti a cercare di nascondere il disastro. Sgridò me e mi fece piangere. Ma picchiò Sasha come non avevo mai visto picchiare un ragazzo prima di allora. Gli diede anche dei calci nella schiena, con rabbia, mentre lui stava a terra e gridava di dolore.

Alla fine Sasha scappò fuori. Ma rimase nei paraggi. Lo vedevo dalla finestra. Non sapeva che fare. Sicuramente pensava che al ritorno della mamma le avrebbe prese ancora. E poi anche dal papà.

Ed era tutta colpa mia.

Per quella mia protesta fui punita e Sasha picchiato di nuovo, come si era aspettato. Ma il nostro comportamento era solo l'ultima delle cose che non stava andando bene.

In realtà ormai non andava bene niente. Mamma e papà litigavano ogni sera, ormai. E litigarono anche quella volta, rinfacciandosi a vicenda quel che era accaduto.

«Non ci sei quasi mai!» gridava lei. «E per quel poco che appari vedono che ti abbruttisci giorno per giorno e sono terrorizzati! Si ammazzeranno, prima o poi, perché hanno paura di te!»

«E tu? Non li sgridi mai! Non ti considerano! Non sei neanche capace di fare la madre!» era la risposta. E poi si urlarono a vicenda altre parolacce e offese.

Dopo l'episodio della lavatrice non restammo ancora a lungo in Siberia. Lo so perché quando ce ne andammo io pensai che dovevamo partire proprio perché io avevo fatto quella cosa: il danno, ne ero sicura, era stato così grave che avevamo perduto la casa. Non smettevo di ripetermelo.

In realtà, senza che io lo sapessi, per qualche motivo che riguardava i miei genitori e il loro lavoro, la casa era già perduta da un pezzo.

Tornammo in Bielorussia, da dove i miei erano partiti per la Siberia solo pochi anni prima. Andammo a vivere in un piccolo paese in campagna.

Erano passati quasi dieci anni dal disastro di Chernobyl e nel nostro paese molta gente si spostava dalle campagne perché ancora si pensava che fossero quasi tutte contaminate. Su questo argomento giravano voci senza alcun controllo e i timori erano ingigantiti dall'incertezza e dalla sfiducia. Tutti erano pieni di sospetti, dopo anni di menzogne, di malattie e morti inspiegabili, di scandali per i prodotti agricoli provenienti da zone effettivamente contaminate e messi comunque sul mercato.

La casa che si era resa disponibile per noi era di una famiglia, gli Yalunovič, di cui ci dissero che se ne erano andati perché non se la sentivano di giocarsi la pelle sulle verità ufficiali. Si erano trasferiti più a nord, ci spiegarono, il più lontano possibile da Chernobyl.

«Esagerati!» commentò papà leggendo il loro nome ancora ben visibile sulla cassetta della posta. Non li conosceva, si era accordato per un modesto affitto con un intermediario ed era contento di aver risolto, almeno per il momento, il nostro problema più urgente a spese di quelle persone piene di paure.

Forse gli Yalunovič avevano esagerato, forse no. Comunque il vento di Chernobyl aveva spinto loro lontano da lì proprio quando il vento delle nostre disgrazie familiari ci aveva riportato in Bielorussia.

Ma per quelle combinazioni che il caso ama costruire in continuazione, i nostri padroni di casa avevano una figlia della mia età che io presto avrei conosciuto bene. Il suo nome era Larissa ed era una delle bambine che un anno dopo dormiva nella mia stessa stanza, in orfanotrofio. C'era anche lei la notte in cui svegliarono me e Olga per partire per l'Italia.

Ed è per questa combinazione che voglio raccontarvi ora la storia della sua famiglia.

2

Sergej e Svetlana, mamma e papà Yalunovič, all'epoca del disastro della centrale erano una giovane coppia sposata da poco.

Lui faceva l'operaio edile, lei la commessa in un centro commerciale. Si erano sposati alla fine del 1984. Era stato bello poter unire le loro vite dopo anni di fidanzamento. Guadagnavano poco e le loro famiglie erano povere, ma quando finalmente le autorità della cittadina di Grodno avevano assegnato loro un piccolo appartamento di due stanze, ai due quel buco era sembrato una piccola reggia. I bagni erano in comune con altre sei famiglie e bisognava concordare i turni per farsi la doccia; nello stabile c'erano vecchi e bambini, mai un attimo di pace. Ma una volta chiusa la porta erano soli, a casa loro.

Si amarono teneramente, lavorarono senza troppo lamentarsi e cominciarono a risparmiare qualcosa per potersi sistemare meglio. Lui aveva perso padre e madre quand'era solo un adolescente. Lei aveva ancora entrambi i genitori: una coppia di contadini che vivevano nelle campagne a venti chilometri da Pripjat, proprio come una volta: con la casa di legno, la stufa, le icone, l'orto e le capre.

Nelle loro scrupolose economie, Sergej e Svetlana contavano sull'aiuto dei due anziani, che ancora coltivavano il loro piccolo appezzamento di terra. Da quel suolo venivano patate, cipolle, carote, cavoli e un po' di frutta. Dai contadini dei dintorni, inoltre, era conveniente acquistare il latte, i formaggi e la panna acida. Era piacevole andare nel fine settimana dai due anziani per vedere la natura, i prati, i campi, i boschi e le dolci colline... e poi fare una "razzia", come diceva scherzando Sergej, e arricchire la propria dispensa.

Già pochi mesi dopo il matrimonio, Elena, la madre di Svetlana, domandava apertamente agli sposini se non c'erano novità sul fronte dei figli.

«Prendete tutti gli ortaggi che volete» diceva. «Ma in cambio dateci un nipotino! Che aspettate? Non dovete neanche curarlo voi. Svezzatelo e lasciatelo qui, poi venite e trovarlo ogni volta che potete e noi lo tiriamo grande come si deve, qui, nell'aria pulita...»

Davanti a questi discorsi i due giovani abbozzavano. Stavano bene così com'erano, era questa la loro convinzione. E poi avevano un accordo: niente figli prima di aver trovato una casa decente e aver migliorato un po' le entrate. Sergej si impegnava molto e il suo capomastro lo aveva notato più volte. Al lavoro non si tirava mai indietro, faceva spesso degli straordinari, accettava anche le mansioni più dure e pericolose. Tra i suoi colleghi c'era persino chi ne approfittava, soprattutto i più giovani, quelli non ancora sposati, che non vedevano l'ora, ogni sera, di staccare dal cantiere lasciando che lui terminasse qualche incombenza per andare a bere e a fischiare alle operaie che uscivano da una delle fabbriche della zona.

Elena, l'aspirante nonna, come figlia aveva avuto solo Svetlana e questo era stato il suo cruccio per tutta la vita: quella povertà nel generare aveva pesato su di lei ben più delle modeste condizioni della vita trascorsa con il marito contadino.

Svetlana capiva quell'ansia, ma era d'accordo con Sergej, e senza riserve. Si amavano quasi ogni notte: non potevano stendersi nello stesso letto, anche se stanchi morti, senza che il contatto dei corpi o anche i loro respiri non li spingessero l'uno nelle braccia dell'altro. Ma lei usava ogni mezzo utile per evitare di rimanere incinta e così, invece di far crescere la pancia, pian piano cresceva il loro piccolo gruzzolo di onesti risparmiatori.

Passarono così un anno e mezzo di fatiche e di attese condivise, di tenerezza e speranze. La sera del 28 aprile 1986, mentre cenavano insieme con i cavoli e la panna acida della campagna, la loro attenzione, concentrata come al solito nella conversazione reciproca, fu attratta da una notizia che stavano dando al telegiornale.

«Ascolta!» disse lui a un tratto, indicando lo schermo.

Il notiziario della sera era il programma più noioso del noioso canale televisivo di stato. Svetlana fu sorpresa da quell'improvviso interesse e si voltò a guardare. Vide immagini di repertorio della centrale di Chernobyl intatta, mentre la voce che le commentava diceva senza troppi allarmismi che due giorni prima nel complesso c'era stato un incendio, ora quasi completamente domato. Le autorità, sempre attente al benessere dei cittadini, per precauzione avevano disposto lo sgombero provvisorio delle popolazioni dei territori nell'area. Il provvedimento stava per essere eseguito con efficienza. Le immagini, infatti, ora mostravano una lenta e ordinata colonna di autobus pieni di vecchi e bambini.

Quel nome, Chernobyl, aveva attirato l'attenzione di Sergej perché, quando andavano dai suoceri, i segnali stradali che indicavano la centrale erano molto frequenti. Si capiva che l'impianto costituiva il centro produttivo più importante della zona e attirava camion di fornitori.

Nulla, tra quelle notizie, faceva pensare che i genitori di Svetlana fossero coinvolti in quanto stava accadendo, ma per esserne sicuri lei telefonò in campagna alla famiglia dei loro vicini, visto che loro non avevano il telefono e consideravano l'insistenza di Sergej perché lo mettessero un'ingerenza nelle loro abitudini («Prima che tu me la portassi via da casa, la mia Svetlana era qui, ed era lei l'unica con cui avevo bisogno di parlare!» protestava sempre Elena).

I vicini risposero che non c'erano state comunicazioni a proposito di uno sgombero. «Chernobyl è lontana» assicurarono. «Fanno partire solo i bambini di città e qualche mamma» dissero. «Si vede che i gas della centrale nelle città si fermano e fanno male, mentre in campagna il vento corre e spazza via tutto.» Chissà da dove ricavavano quelle informazioni sbagliate. Comunque Sergej e Svetlana ringraziarono e andarono a letto rassicurati. Ripensandoci, anche a loro sembrava impossibile che un incidente nella centrale potesse coinvolgere campagne così lontane.

All'alba squillò il telefono. Saltarono su, tutti e due, e si guardarono stupiti. Non erano ancora le sei.

«Pronto?» disse lui preoccupato.

«Sergej? Sei tu?» Era la voce della suocera, lamentosa e tremante di paura.

«Elena! Cosa succede?»
La donna si mise subito a piangere.
«Ci mandano via! Con le armi, come in guerra!»
«Cosa? Chi vi manda via?»
«I soldati! Venite! Non sappiamo dove andare!»

Con quella telefonata la loro vita cambiò improvvisamente.

Sergej prese una giornata di permesso, anche se il suo capo se ne lamentò parecchio. Lo stesso fece Svetlana. Si precipitarono in campagna e lungo la strada incrociarono file di autobus e camion che portavano via la gente e seguirono colonne di mezzi militari carichi di soldati. Elicotteri sorvolavano la zona. Non facevano niente, solo andavano avanti e indietro, ma spaventavano tutti e davano un'opprimente sensazione di emergenza.

Portare via i due vecchi fu un'impresa. Volevano caricare in macchina vestiti, attrezzi, piatti, cuscini e icone. Sergej si impose, mostrò il poco spazio che c'era nel piccolo bagagliaio dell'auto e accettò soltanto che si portassero dietro qualche abito in una borsa e tre cassette di ortaggi, che riempirono in gran fretta dandosi da fare tutti e quattro nell'orto.

«Sarà per pochi giorni» ripetevano i due giovani per incoraggiare i contadini.

Era quello che dicevano alla radio, perché non crederci? Non c'erano nubi gialle nel cielo, l'aria era respirabile come sempre, il sole brillava.

Partirono dopo aver chiuso tutto con cura e aver lasciato agli animali una scorta abbondante di cibo. Sulla porta principale fissarono anche un asse con dei chiodi.

Cominciarono a vivere in quattro nel piccolo appartamento in città. Nei primi giorni, quando ancora erano convinti che tutto sarebbe finito presto, c'era solo da rassicurare i genitori, preoccupati per il destino delle galline e delle oche e terrorizzati all'idea che qualcuno potesse approfittare della casa incustodita.

Poi si cominciò a comprendere che la cosa era seria. E dopo tre mesi di inutili richieste alle autorità, i due anziani dovettero rassegnarsi alla consapevolezza che il loro ritorno sarebbe stato molto difficile e comunque lontano nel tempo.

La convivenza, intanto, si faceva sempre più faticosa. Per Elena e il marito non c'era più vita all'aria aperta e lavoro manuale. Tra le pareti della città si sentivano soffocare. Per Sergej e Svetlana, invece, addio intimità. La sera non era più la parentesi di paradiso di due innamorati stanchi ma felici, ma la condivisione delle ansie insistenti dei due anziani.

Presto i risparmi accumulati per l'acquisto di una casa migliore finirono nell'acquisto di un appartamento con una stanza in più, ma in uno stabile più vecchio e lontano dal posto di lavoro di Svetlana.

Sergej non poteva sopportare la rinuncia a tutti i loro sogni, e così accadde il peggio.

Un giorno il capomastro radunò i muratori e disse che gli era stato proposto un lavoro semplice e ben pagato.

«Chernobyl, avete presente?»

Sergej conosceva quel nome fin troppo bene.

«Le autorità hanno deciso di bonificare il territorio per un raggio di cinquanta chilometri circa dalla centrale» proseguì il capo. «Si tratta di andare laggiù, scavare dappertutto per trenta, quaranta centimetri di profondità e trasportare tutto in apposite buche profonde e isolate dal terreno circostante. Ci vorranno sei, sette mesi. Lo stato cerca volontari. La paga è alta, si parla di migliaia di rubli al mese.»

Qualcuno fece domande sui rischi di quel lavoro.

«È passato tanto tempo» fu la risposta. «Ormai la radioattività è imprigionata nel terreno. Avrete maschere, guanti, tute protettive. E sarete sempre accompagnati da tecnici con i misuratori, in modo da procedere con particolare cautela nelle aree più pericolose.»

Quella sera Sergej usò ogni argomento per convincere Svetlana a lasciarlo partire. Lei aveva paura, si cominciava a sentire ogni genere di voci sulle conseguenze delle radiazioni.

«Ma saremo protetti!» insisteva lui. «E in sei mesi posso guadagnare quanto risparmiamo in tre anni!»

I due anziani genitori osavano appena intervenire nella discussione, ma appena avevano capito che Sergej e i suoi compagni avrebbero operato nell'area in cui si trovava il loro sfortunato villaggio e che forse si sarebbero trovati a bonificare e a rendere di nuovo abitabile proprio la loro vecchia zona, il sogno di morire nella propria casa si era impadronito di loro e guardavano Svetlana con occhi pieni di speranza. Come se la sua cocciutaggine fosse un'offesa, un ingiustificabile ostacolo ai loro legittimi desideri. Così Sergej la spuntò.

Partirono in sedici, su venti ai quali era stata fatta la proposta. Tutti speravano di fare un piccolo balzo avanti nella loro povera vita. Qualcuno aveva anche sentito parlare di onorificenze e di avanzamenti nelle liste di chi aveva fatto richiesta per una casa migliore o per un posto in una buona scuola per i figli.

Il resto è storia: la loro e quella di altre migliaia di volontari. Non lavorarono così al sicuro come si era detto. Vennero l'estate e il caldo, perciò rinunciarono ai guanti, alle maschere e alle tute, che già comunque non bastavano a proteggerli.

Anni dopo si scoprì che i famosi tecnici con i misuratori delle radiazioni fornivano loro dati falsi e minimizzavano i rischi. Infine, per tutti quei mesi non fecero mai ritorno a casa, in aree più sane dove avrebbero potuto abbattere il tasso di elementi contaminanti presente nel corpo. Così assorbirono una quantità davvero pericolosa di radiazioni.

Ma nessuno si sentì male, fintanto che erano laggiù. Molti, a sera, si ubriacavano perché era stato detto loro che l'alcol era un buon antidoto contro i veleni e le polveri che respiravano tutto il giorno.

Sergej non beveva. Telefonava a casa, rassicurava Svetlana, mentiva ai suoceri sull'avanzamento dei lavori e sul fatto che presto avrebbero potuto tornare in campagna. E quando tutto fu finito, cioè quando le autorità ritennero di averci seriamente provato e fissarono un'area preclusa a qualsiasi visitatore per quaranta chilometri intorno alla centrale che comprendeva, purtroppo, anche il villaggio dei due anziani genitori di Svetlana, Sergej tornò a casa con un gruzzolo che gli pareva una ricchezza. E il sangue avvelenato.

Cambiarono casa. Il padre di Svetlana morì per il dispiacere e per l'impossibilità di adattarsi di nuovo a un cambiamento al quale continuava a ribellarsi.

Passarono due anni prima che Sergej avesse i primi sintomi: nausee, vertigini, gonfiori e macchie sulla pelle che gli davano prurito.

Quando la diagnosi di un tumore al sistema linfatico sembrò togliergli ogni speranza, Svetlana si aggrappò al marito come un naufrago all'albero spezzato della nave che galleggia su onde alte e minacciose.

Mentre cominciavano le cure e le sofferenze, condivisero un unico pensiero: un figlio, subito, la prova del loro amore che doveva sopravvivere alla sfida lanciata contro di loro dalla malattia mortale.

Non fu facile: Svetlana non riusciva a rimanere incinta. Con ogni probabilità le radiazioni avevano provocato seri danni alla capacità riproduttiva di Sergej. Così Larissa fu concepita dopo mille tentativi, in amplessi disperati, un misto di amore, rabbia, gioia intravista e perduta nel momento stesso in cui i due sposi la intuivano, la assaporavano per un breve, amarissimo momento.

Lui cedette alla vita la sua ultima scintilla di energia. Svetlana la accolse in sé e le diede sangue, nutrimento, respiro e calore: le cose che avrebbe tanto voluto dare al corpo avvelenato del marito il quale, mentre la bambina cresceva nell'utero della madre, si riduceva a un feto dolorante, incompleto, menomato e infine ridotto a pura materia. Il corpo, martoriato dal tumore e dalle sue metastasi, di quella che era stato un'anima piena di sogni, di forza e di dolcezza.

Larissa nacque due settimane dopo la morte del padre. Alla mamma era rimasta per la piccola una grande riserva d'amore. Ma la morte del suo amato marito, quella morte assurda, aveva scavato in lei una voragine infinita, dove la sua salute mentale precipitò in pochi mesi come la terra che i bonificatori avevano asportato nei dintorni di Chernobyl e poi ficcato nelle grandi e inutili fosse scavate per nascondere la vergogna degli uomini.

Svetlana ed Elena, la nonna sempre più debole e triste, ma impegnata a sostenere la figlia nel suo difficile compito, cambiarono casa più volte. E una di queste abitazioni era appunto quella dove entrammo noi appena arrivati dalla Siberia.

Sulla cassetta delle lettere, come ho detto, c'era scritto Yalunovič. Quelli che secondo il frettoloso giudizio di mio padre avevano esagerato la loro paura di Chernobyl e dei suoi effetti. Non sapeva, mio padre, che quello non era più il nome di una famiglia, ma di ciò che ne rimaneva dopo il passaggio del vento generato dalla centrale maledetta. All'età di cinque anni le autorità sottrassero alle due donne, la più giovane ormai in preda all'esaurimento nervoso e la più anziana sconfitta dal tempo, la piccola Larissa, che entrò in orfanotrofio pochi mesi prima di me.

3

Nella casa che era stata una delle abitazioni degli Yalunovič abitammo per meno di un anno.

Non fu un buon periodo. Le tensioni che la mia famiglia aveva accumulato negli anni in Siberia si aggravarono. Noi bambini eravamo di nuovo quasi sempre soli. Ora i miei fratelli andavano a scuola e io giravo da una casa all'altra dei vicini. Poi, quando loro erano a casa, stavamo tra di noi e con gli amici che ci venivano a trovare.

Non ricordo, però, un senso di libertà, ma di minaccia. Non eravamo sereni e contenti perché decidevamo di noi stessi, senza rispondere a nessuno, senza nessuno che ci dicesse cosa dovevamo fare. Eravamo come sospesi. Sempre in attesa di qualcosa in giorni tutti uguali, senza scopo.

Pur di avere un lavoro, mamma si era adeguata a un impiego che la costringeva a restare fuori casa ancora più tempo di prima. Papà, invece, non aveva una vita regolare. Non so cosa facesse, in quel periodo, per guadagnare qualche soldo. So che spesso non tornava più a casa, la sera. Anzi, a un certo punto non lo vedevamo più tornare anche per parecchi giorni. Io non osavo chiedere di lui alla mamma e nemmeno Sasha. Yuri, invece, con i suoi dodici anni, sentiva tutto il peso di quella situazione.

Ricordo una sera, tardi. Yuri aveva dato a me e a Sasha qualcosa da mangiare perché, come al solito, dopo un'intera giornata passata in completo abbandono, avevamo fame e nessuno si occupava di noi. Poi ci aveva ordinato di prepararci per andare a dormire. Ormai prendevamo ordini da lui come fosse diventato nostro padre e se non gli obbedivamo non aveva pazienza: ci picchiava e lo faceva con rabbia. Quella sera, poi, era arrabbiato con Sasha, lo aveva sgridato e picchiato. Lo aveva minacciato con violenza.

«Ti ammazzo!» gridava. «Bastardo!»

Così, poco più tardi, Sasha si addormentò quasi subito, mentre io non avevo sonno. Nella nostra stanza, immersa nel buio, mi sentivo sola e ripensavo alle storie di paura che Sasha mi raccontava in quel periodo divertendosi a spaventarmi. C'era un suo amico, un ragazzo pieno di fantasia, che teneva sulle spine i compagni con storie del genere e mio fratello, quando eravamo insieme, godeva dell'effetto di quei racconti su di me. Come ogni notte, la casa si raffreddava in fretta e nel buio risuonavano continuamente gli scricchiolii che si levavano dai mobili di legno intorno a noi. L'oscurità si popolava di fantasmi, un rumore mi sembrava il passo furtivo di una vecchia armata di un'ascia che voleva tagliarmi una mano. Ecco, in un angolo della stanza mi sembrava di aver intravisto un rapidissimo lampo di luce. Udivo un respiro affannoso, diverso dal leggero russare di Sasha. Avrei voluto svegliarlo, ma nella nuova casa io e lui non dormivamo più nello stesso letto, come in Siberia. Qui perché si accorgesse di me dovevo chiamarlo. Ma così, pensavo, avrei rivelato la mia presenza all'essere minaccioso che annusava l'aria a pochi passi da me.

E mentre mi dibattevo nelle mie paure di bambina, ecco la voce di Yuri provenire dalla sala. Con lui c'era la mamma, finalmente. Del papà, ancora una volta, nessuna traccia.

Yuri era arrabbiatissimo.

«Papà non viene più! Perché? Dimmelo!»

«Abbassa la voce! Cosa vuoi da me? Quando lo vedi chiedilo a lui. E poi magari vieni a riferirmelo...»

«Lo hai cacciato tu!»

Ora la voce di Yuri tremava di rabbia e di paura.

«Ma cosa dici? Cosa dici?»

«Ti ho vista! Oggi ti ho vista! Ero davanti al negozio, dopo mezzogiorno. Sei uscita e sei salita in macchina con un signore. Non era papà. Ridevate! Ti ho vista! Chi è? Dimmi chi è!»

Un attimo di smarrimento.

«Ma... Yuri! Cosa vai a pensare? E perché non eri a scuola?»

«Che cosa te ne frega che io non ero a scuola, eh? Che cosa te ne frega? Dimmi invece perché papà non torna! E dimmi perché *tu* torni sempre più tardi!»

«Yuri...»

«Non vi importa di noi! Fate fare tutto a me! Natasha è una bambina piccola, Sasha cerca sempre di scappare e io dovrei curarli! Li faccio vestire, do loro da mangiare... Ma io non sono il loro papà, hai capito? Non sono la loro mamma! Lo sai cosa ha fatto Yuri, oggi? Lui, Ivan e gli altri amici suoi sono andati a rubare nel capanno di quel vecchio che abita in fondo alla strada e, quando lui è arrivato e si è messo a sgridarli, gli hanno tirato addosso le patate che si stavano portando via. E quel signore è venuto da me, a lamentarsi, da me!»

Ormai lo sfogo di Yuri era un grido fortissimo nella notte. E questo era peggio del respiro di una vecchia cattiva nel buio della mia stanza.

«Sasha...» sussurrai. Di là la discussione continuava. Per farsi ascoltare mio fratello ora tirava degli oggetti contro una parete. Sentivo i colpi. Era come se un nemico stesse cercando di abbattere la casa.

«Smettila!» gridava la mamma impotente e disperata. «Smettila!»

Alzai la voce. «Sasha!»

«Sono qui» mi rispose. Capii che anche lui stava ascoltando. Anche lui aveva paura. Ma nel suo animo c'era anche qualcos'altro.

Ora Yuri era un fiume in piena.

«Sasha scappa continuamente, non mi ascolta, mi prende in giro! Sa che a te e a papà non interessa niente di noi. Lo sa! E fa apposta a uscire quando io gli dico di fare i compiti, lo fa apposta!»

Sasha rimaneva immobile, in silenzio. Ascoltava quelle accuse e pensava, pensava.

Io non resistetti. Balzai fuori dal letto e seguii la luce che filtrava da sotto la porta. Aprii e il chiarore della sala mi colpì gli occhi, già pieni di lacrime.

«Natasha!»

Mia madre venne verso di me. Era preoccupata, ma anche sollevata per quell'interruzione.

«Non piangere, su. C'è la mamma...»

Yuri era in un angolo, teneva in mano un bicchiere, vuoto. Mi guardava ancora arrabbiato, stravolto. "Ora me lo tira contro" pensai.

Allora scoppiai a piangere davvero, cominciai a singhiozzare. Tutto mi faceva paura, non c'era niente che mi rassicurasse. Anche la mamma, che mi consolava e intanto lanciava sguardi carichi di rimprovero a Yuri, come a dirgli "Ecco cos'hai fatto. Sei contento?", anche lei mi sembrava cattiva. Non capiva che poi Yuri si sarebbe arrabbiato con me. Era *già* arrabbiato. E il giorno dopo saremmo rimasti soli tutto il tempo e lui avrebbe potuto vendicarsi.

Cercai di sottrarmi all'abbraccio di mia madre. Ce l'avevo con lei, ce l'avevo con Yuri, con Sasha, con il papà, con i fantasmi del buio, con il mondo intero!

Mamma cercò di abbracciarmi, di stringermi.

Tremava.

«Natasha, Natasha... vieni qui, stai qui, con la tua mamma...»

Nella sua voce c'era il panico. La mia reazione alle sue attenzioni, che non comprendeva, l'aveva spaventata.

Yuri mi stava ancora fissando, minaccioso. E io, per fargli capire che gli davo ragione, tra le lacrime domandai: «Dov'è papà?».

Mamma si rattristò, ma cercò di reagire.

«È al lavoro, piccola. Presto torna da noi. Ora è al lavoro...»

«Al lavoro un cazzo!» tuonò mio fratello. «È a bere, ecco dov'è! E tu lo sai! Beve, beve e nemmeno si ricorda la via di casa, dopo. Evgenij mi ha detto che suo padre parlava di lui con sua madre, ieri, e diceva che papà non lavora, che l'hanno cacciato via dal lavoro perché era sempre ubriaco. Ecco perché non ritorna, perché si vergogna! E mi ha detto che la gente parla male anche di te!»

Yuri si stava di nuovo infuriando.

Io e mamma lo guardavamo a bocca aperta. Non sembrava più un ragazzo di dodici anni. Sembrava un uomo. E sulle sue spalle c'era tutto il peso della famiglia, io, mamma, Sasha. Ora anche papà. E quel peso lo stava schiacciando.

Con un'esplosione fortissima il bicchiere si infranse contro la porta da cui mio padre era uscito l'ultima volta, circa una settimana prima. Se quella sera fosse rientrato, Yuri quel bicchiere lo avrebbe lanciato contro di lui. E poi sarebbe fuggito via, per quella stessa porta, nel buio della notte che ci circondava e ci costringeva lì, nella casa dove abitavamo insieme alla nostra miseria.

E così fece, infatti, subito dopo, precipitandosi fuori senza più aggiungere una parola.

Appena uscito si fece silenzio.

Mamma si sedette, esausta. Non sapeva cosa dire.

Restammo ferme per un lungo momento.

Poi lei si riscosse.

«Torna a dormire, ce la fai?»

Scossi il capo per dire di no.

Lei mi accompagnò nella stanza dei bambini, mi mise a letto, mi diede una carezza e promise che avrebbe lasciato un po' aperta la porta, in modo che mi arrivasse la luce dalla sala.

E così rimasi lì, per un certo tempo, a fissare quella luce e a cercare di capire cosa stesse facendo la mamma dai rumori che arrivavano alle mie orecchie tese.

A un certo punto accese la televisione. Sentii le note di un'allegra canzone d'amore.

Mamma stava mangiando qualcosa preso dal frigo. Non cucinò. Forse non cucinava mai, quando tornava così tardi. Per stanchezza. Per non darci fastidio, visto che già dormivamo. Per terminare il più in fretta possibile un altro giorno di quella vita incerta.

4

Non ricordo con esattezza quando Sasha scappò di casa. Potrebbe essere accaduto proprio il giorno dopo quella terribile sfuriata di Yuri. Oppure passò qualche tempo. Però Yuri c'entrava sicuramente, perché tra lui e mio fratello era ormai guerra aperta. Sasha non accettava che Yuri facesse la parte di papà. E poi si sentiva sempre in colpa: sembrava che tutto andasse male, in casa nostra, proprio a causa sua. Così un giorno se ne andò via.

Uscirono insieme, per andare a scuola, ma Sasha non ci arrivò. Gli insegnanti non si preoccuparono per quell'assenza, capitava spesso, a quanto sembra, senza che la mamma ne sapesse niente: lei non andava mai a parlare con loro e loro si erano fatti l'idea che il ragazzo fosse completamente abbandonato a se stesso.

Yuri capì che c'era qualcosa che non andava solo nel pomeriggio, mi ordinò di non muovermi e cominciò a cercare Sasha tra gli amici e i conoscenti. Nessuno lo aveva visto.

Allora mio fratello andò nel negozio dove la mamma lavorava. Lei se lo trovò davanti e non riuscì a convincerlo che non c'era nulla di cui preoccuparsi.

«Sei stato da Ivan? Se ne vanno dappertutto insieme, quei due. La mamma di Ivan si lamenta sempre che lui sparisce per ore e...»

«Ivan non l'ha visto, mamma. Ivan oggi era a scuola e Sasha no!»

Mamma fece un paio di telefonate, dal lavoro, a famiglie che conoscevamo appena. Poi, visto che di Sasha nessuno sapeva niente, dovette chiedere un permesso urgente. Disse che io, la piccola, stavo poco bene. Ma le sue colleghe avevano visto Yuri venirla a cercare e avevano sentito il vero motivo per cui la mamma era in agitazione. La sua bugia non fece una bella impressione.

Cominciarono a girare per le strade del quartiere. Si spinsero verso i campi, domandarono di Sasha a commercianti e poi a contadini.

Niente. Si chiusero in casa e si misero ad aspettare.

«Quando farà buio dovrà tornare per forza» si ripeteva la mamma. Yuri, invece, non diceva niente. Nessuno propose di chiamare papà.

Venne sera e calarono le tenebre. Di Sasha nessuna traccia.

Mamma uscì di nuovo, percorse le strade intorno alla via in cui abitavamo, forse pensava che Sasha fosse nei paraggi, ma che avesse paura di farsi vedere. Per questo ordinò a Yuri di non accompagnarla. Sapeva che Yuri picchiava Sasha ogni volta che faceva qualcosa che non andava.

Passò un'ora, prima che rientrasse. Yuri la guardò, speranzoso. Non era arrabbiato, come al solito, era preoccupato anche lui. In quel momento capii che forse Sasha se ne era andato proprio per questo, per mettere in ansia la mamma e per punire Yuri.

Era tardi, ormai, era notte. Cominciarono a cercare papà, ma senza alcun risultato.

Allora mamma telefonò alla polizia.

Vennero quasi subito due agenti. Ci guardavano come se fossimo dei banditi. Interrogarono la mamma con molta severità.

«A chi sono affidati i ragazzi tutto il giorno? Perché lei non sapeva che suo figlio non è andato a scuola? Dov'è suo marito?»

Mamma rispondeva con imbarazzo, frasi brevi che non convincevano i due uomini. Alla fine i poliziotti si guardarono e si scambiarono un cenno di intesa. Io li fissavo come fossero due giganti che stavano decidendo il nostro destino. Certamente non erano contenti della mamma e del papà.

«Signora, adesso lei e i suoi figli restate qui» dissero. «Ci mettiamo alla ricerca di suo figlio e avviseremo anche altri agenti. Voi non muovetevi, intesi? Chiami alla stazione di polizia solo se le viene in mente qualcosa che potrebbe aiutarci...»

Restammo in attesa tutta la notte. Io ogni tanto mi addormentavo per un'ora o due, ma al mio risveglio nella stanza c'ero solo io. Mamma e Yuri erano in sala, seduti, senza parlare.

Al mattino la disperazione si impadronì di mia madre. Piangeva e si lamentava. Yuri la consolava, non voleva più accusarla.

Pensai che Sasha questa volta l'aveva fatta grossa.

Gli agenti tornarono verso mezzogiorno. Con loro c'era una signora in abiti civili. Si presentò come una delle operatrici dell'assistenza sociale, si sedette al tavolo senza chiedere il permesso, prese dalla sua borsa un blocco di carta e una penna e cominciò a fare domande alla mamma. Ma non le chiedeva di Sasha e di cosa aveva fatto negli ultimi giorni. Le domandava di lei, della sua famiglia di origine, di papà, di come andavano le cose tra loro.

Mamma raccontò del suo matrimonio, del trasferimento in Siberia, del nostro ritorno in Bielorussia. Alla fine, dopo molte insistenze, ammise che papà non stava bene, che aveva qualche problema e che ogni tanto spariva. A un certo punto abbassò la voce e disse: «Beve». La donna annuì come se mamma avesse detto una cosa normalissima e scrisse qualcosa sui suoi fogli.

«E da quanto manca da casa suo marito? Quando lo ha visto l'ultima volta?»

La voce era fredda, autoritaria. La donna sembrava disprezzare la mamma per tutto ciò che aveva fatto fino a quel giorno.

Mamma ammise che non vedeva papà da una settimana.

«Ma suo marito ha o non ha un impiego?»

Mamma non lo sapeva.

«Chi paga le spese? Con quali soldi acquistate il cibo, i vestiti per i bambini?»

«Con i miei» disse lei. Poi spiegò che lavoro faceva, i suoi orari e tutto quanto. Disse quanto guadagnava.

La donna fece una smorfia, scrisse la cifra sul foglio e passò a interrogare Yuri. Gli domandò se era vero che i due fratelli più piccoli erano sempre affidati a lui.

Yuri negò, poi minimizzò. Quindi guardò la mamma, che non sapeva cosa suggerirgli. E infine si chiuse in un silenzio ostinato che fece arrabbiare la donna come se quel rifiuto a rispondere la offendesse personalmente.

A me domandò: «Dove sei stata ieri, piccola?».

Ero terrorizzata.

«In giro» risposi. Solo questo, «in giro». Non mi veniva in mente altro.

Mamma si mise a piangere e la donna la guardò con severità, come se piangere fosse proibito.

«Avrebbe dovuto chiederci aiuto da tempo» sentenziò.

Le domande erano finite. La donna si alzò e si preparò a uscire.

«Noi continuiamo a cercare il bambino» disse. «Ma voi trovate il padre. È indispensabile che io parli con lui al più presto. Lo capisce?»

Mamma disse di sì.

Il resto della giornata mia madre cercò papà e alla fine lo trovò. Se ne stava molto lontano da noi. Tempo dopo Yuri mi disse che viveva come un barbone. Io non capivo cosa volesse dire vivere così e pensai che fosse la stessa cosa che vivere come un ladro, un delinquente.

Così quella sera papà tornò a casa e mamma lo costrinse a lavarsi e gli diede abiti puliti.

Era quasi notte di nuovo quando Sasha comparve sulla porta, muto e rassegnato a prenderle da tutti, visto che c'era anche papà. Aveva vagabondato per quasi due giorni e chissà dove aveva dormito.

Ma nessuno gli fece domande, nessuno lo sgridò.

Mamma lo abbracciava.

«Sasha, Sasha! Stai bene? Stai bene?»

Yuri si teneva in disparte, ma non accennò a colpirlo. E neppure lo guardò male, promettendogli in silenzio, come faceva sempre, di picchiarlo il giorno dopo.

Papà guardava il figlio, impacciato. Accarezzava la testa di Sasha, lentamente. Non sapeva che dire.

Avvisammo la polizia: Sasha era tornato da solo, tutto a posto, disse la mamma. Ma quelli vennero e vollero vederlo. Gli fecero qualche domanda, anche se non insistettero troppo per avere una risposta. Si comportarono come se ormai la cosa non fosse più importante. Salutarono, accettarono con distacco i ringraziamenti dei miei genitori e se ne andarono.

Più tardi squillò il telefono. Mamma non voleva rispondere. Papà non si mosse. Fu Yuri a sollevare la cornetta. Disse «sì» un paio di volte, poi guardò la mamma.

«È la signora che è venuta oggi» disse. «Dice che deve parlare con un genitore...»

Mamma appoggiò il ricevitore all'orecchio e ascoltò a malincuore. Non capivamo cosa le stesse dicendo, ma il suo volto impallidì e una lacrima prese a scorrerle lungo la guancia. Quando ebbe sentito tutto non riuscì neppure a rispondere con un sì. Annuì con il capo, come se la persona che le parlava fosse nella stanza.

Il mattino dopo eravamo tutti in casa. Non era domenica e non capivo perché la mamma non fosse andata a lavorare. Continuava a camminare da una stanza all'altra ripetendo più volte gli stessi gesti: sistemava i letti, piegava e ripiegava i nostri vestiti e li metteva in ordine nei cassetti, poi li tirava fuori, li spostava e li risistemava. Anche papà era in casa e se ne stava seduto in cucina, a fissare il pavimento. Yuri e Sasha non andarono a scuola, ma nessuno dei due uscì, anche se era una bella giornata di sole.

Aspettavano tutti qualcosa.

A un certo punto, davanti a casa, si fermò di nuovo la macchina della polizia. Gli agenti entrarono, si sedettero e mostrarono a mamma e papà delle carte che avevano portato con sé.

Mamma scoppiò subito a piangere. Papà fece domande.

«Ma davvero fate così in fretta? Non ci date nessuna possibilità?»

«È la legge» rispose il poliziotto più anziano. «Qualcuno deve occuparsi dei bambini nel modo migliore.»

«Potrebbe essere solo per un periodo...» suggerì, conciliante, l'altro uomo.

Mamma continuava a piangere. Io la guardavo e non sapevo cosa pensare.

Yuri mi si avvicinò e mi mise una mano sulla spalla, come a proteggermi da una minaccia.

«Io non firmo!» disse papà. «Dovete essere voi a portarceli via, ma io non firmo!»

«Se fate così sarà peggio. Perderete i bambini e verrete anche accusati per aver fatto resistenza» rispose l'agente. «Non le conviene. Nella sua posizione non le conviene che il giudice decida di aprire un'indagine su di lei...»

«Vuole avere dei guai? Perdere anche il figlio più grande?» disse il più anziano.

Quelle parole, «perderete i bambini», mi colpirono come uno schiaffo. Guardai Yuri, che continuava a fissare gli adulti con un'espressione dura dipinta sul volto. "Che significa?" pensai.

Mamma si lasciò cadere su una sedia e piangeva coprendosi il volto con le mani. Poi parlò con la voce rotta, sembrava una bambina.

«Lascia stare, Vladimir… è tutto un disastro…» diceva.

Mio padre alzò la voce e picchiò un pugno sul tavolo. Si stava arrabbiando, era tutto rosso in viso.

«Io non firmo niente!»

«Signor Rytzko, l'affidamento dei suoi bambini allo stato è già stato deciso e lei non può impedirlo. Li preleveremo oggi stesso.»

La voce della mamma.

«Ah, Vladimir! Dovevi pensarci prima, dovevi pensarci prima…»

Mio padre si arrabbiò con lei.

«Cosa!? È colpa mia? È solo colpa mia? Che cazzo dici!»

Mamma fissò papà, il volto stravolto dal dolore e dal pianto. Ma non gli rispose. «Dia a me» disse invece al poliziotto. L'uomo le passò le carte e la penna e lei firmò.

Io, Sasha e Yuri guardavamo la scena senza dire niente.

Il poliziotto si fece restituire i fogli e si rivolse a papà. Ora era impaziente.

«Allora?»

Papà si alzò con uno scatto, raggiunse la porta e uscì fuori. Nessuno cercò di trattenerlo.

«Non fa niente» commentò l'agente con un'alzata di spalle.

E se ne andarono.

Papà non tornò indietro.

Da quel giorno non l'ho mai più visto.

«Natasha e Sasha. Voi due partite, insieme. Andate in un posto dove ci sono altri bambini…» ci disse mamma appena i poliziotti furono usciti. Lo disse cercando di calmarsi e riuscì persino a sorridere.

«Yuri no?» domandò mio fratello.

«No, Yuri resterà qui... ad aspettarvi.»

Io non osavo aprire bocca. Un nodo stretto stretto mi bloccava la gola. Mamma ci fece fare il bagno, ci diede vestiti puliti, preparò le borse con le nostre cose.

«Dove andiamo?» chiese ancora Sasha.

«In una bella scuola, piena di bambini come voi...» Mamma cercava di non piangere di nuovo.

«Verrai a trovarci?»

«...»

«Verrai?»

«...Tra un po'. Quando vi sarete abituati e vi sarete fatti degli amici verrò a trovarvi. Ma prima deve passare del tempo, altrimenti vorreste subito venire a casa e perdereste il posto nella scuola.»

Sasha non era convinto, ma non sapeva più cosa ribattere.

«Tu,» disse la mamma ancora rivolta a lui «proteggi la tua sorellina, hai capito? Aiutala, stalle vicino...»

Yuri, in un angolo, osservava tutto e ascoltava. Era serio, accigliato. Non diceva una parola.

Passarono due ore, che sembrarono un secolo. Poi arrivò un'altra auto e questa volta a bordo c'era un poliziotto e la signora che aveva parlato con la mamma il giorno prima.

Mamma non li fece entrare in casa. Prese la mia borsa, mi diede la mano e mi accompagnò fuori. Sasha ci seguiva, con lo sguardo rivolto a terra.

«Ecco...» cominciò a dire la mamma. Ma poi non riuscì a dire più nulla.

Nemmeno la signora le disse niente.

«Bene, bambini. Salite in macchina. Faremo un bel

viaggio!» Voleva essere allegra, ma riuscì solo a spaventarci.

Il poliziotto caricò le borse nel bagagliaio, ci fece salire dietro e si sistemò al posto di guida. Salì anche la signora.

«Oshmiany, giusto?» disse lui.

«Oshmiany» fu la risposta.

Mi voltai. Attraverso il finestrino sporco la mamma sembrava già in un altro mondo. Era lì, ferma, le braccia abbandonate lungo i fianchi. Sembrava stanchissima.

La salutai con la mano. Mi girava la testa.

Lei rispose con un cenno.

L'auto partì e la mamma divenne in fretta una figura piccolina. Poco prima di perderla di vista vidi che Yuri usciva dalla casa e andava verso di lei.

Forse l'abbracciava.

Forse me lo sono solo immaginato.

5

«Ecco, tu dormirai qui. È la stanza 36, hai capito?»

Io non andavo ancora a scuola e non conoscevo i numeri. La donna mi mostrava una piccola targhetta sulla porta. Io la fissai e cercai di memorizzare i due segni che vi erano incisi.

La sorvegliante non sorrideva. Quando mi avevano affidato a lei mi aveva rivolto solo un breve sguardo di intesa, poi aveva detto «seguimi» e mi aveva guidato lungo i corridoi e su per le scale.

Entrammo nella stanza. Era piccola, tra i due letti a castello lo spazio libero era molto poco.

«Sei sopra» mi disse indicandomi un letto vuoto, con lenzuola bianche e una ruvida coperta grigia.

«E Sasha?» domandai.

Eravamo arrivati pochi minuti prima, dopo due ore di viaggio. Ci avevano consegnato all'ingresso, qualcuno aveva firmato delle carte, poi ci avevano separato. Ma io pensavo ancora che ci avrebbero messo insieme, visto che eravamo venuti insieme, visto che eravamo fratelli.

«Non chiedere più di Sasha» mi ordinò la donna. «Lui è un maschio, è in un'altra sezione dell'istituto. Ogni tanto lo vedrai. Ma i maschi e le femmine non possono dormire insieme.»

Parlava senza alcuna esitazione. Io non le chiesi più niente.

«La borsa mettila nell'angolo, ma prima fammi vedere cosa c'è dentro.»

Gliela diedi. Lei la aprì e la ispezionò. Due felpe, calze di lana, un piccolo asciugamano, lo spazzolino da denti. Un vecchio pupazzo di peluche.

«Questo potrebbero rubartelo» disse, mostrandomi il giocattolo come se avessi sbagliato a portarmelo.

Io non sapevo cosa risponderle. Chi me lo voleva rubare?

«Sta' attenta» mi raccomandò, e lo ficcò di nuovo nella borsa. Poi, dopo aver preso visione di tutto, mi disse ancora «seguimi».

E io dietro.

Percorremmo lunghi corridoi. C'era un grande silenzio. Non avevo ancora visto nemmeno un bambino. Solo quando giungemmo in un'altra ala dell'edificio sentii delle voci, di adulti e di bambini.

La donna bussò a una porta.

«Avanti!» disse qualcuno, ed entrammo in un'aula. Era grande, piena di luce e di bambine che mi guardavano. Alcune stavano sedute ai banchi di scuola messi in cerchio intorno alla maestra che ci aveva risposto. Altre, più piccole, occupavano un angolo della stanza ed erano disposte su un grande tappeto a colori vivacissimi, la prima cosa veramente colorata che avessi visto in tutto l'istituto. Stavano giocando, avevano delle forme di legno, bambole di pezza, dei pastelli e fogli di carta.

«Natasha» disse la mia accompagnatrice indicandomi, sempre seria.

La maestra mi accolse con un bel sorriso.

«Bambine, questa è Natasha, la vostra nuova compagna. Salutate.»

Le bambine dissero «ciao».

«Quanti anni hai, Natasha?»

«Cinque» risposi. Non li avevo ancora compiuti, ma mi venne spontaneo cercare di essere più grande.

«Bene» disse la maestra. «Siediti, lì, sul tappeto, e gioca con le tue compagne senza disturbare. Noi intanto facciamo lezione.»

Mi sedetti in un angolo del tappeto.

Le altre bambine mi guardavano.

La più vicina mi offrì un triangolo di legno giallo. Lo stava usando come tetto per completare una costruzione di cilindri verdi.

«Giochi?» mi disse.

«No» risposi. E abbassai lo sguardo sul tappeto.

E per tutto quel pomeriggio rimasi in disparte. Per timidezza, credo, ma anche per protesta, come se volessi ancora distinguermi, finché potevo. Per dire che non ero lì, che presto me ne sarei andata via.

Sollevai poco lo sguardo. Fissai a lungo il tappeto. Vi era disegnato un bellissimo paesaggio: il mare, il sole, colline verdi, bambini in costume da bagno che giocavano felici sulle spiagge.

Verso sera suonò una campanella. Ci mettemmo in fila per due e raggiungemmo un ampio salone, con tanti tavoli da sei e da otto bambini. E senza aver fame, anche se non mangiavo dal mattino, cenai con le mie compagne che si muovevano a loro agio in quell'ambiente, parlavano, scherzavano, si facevano sgridare dalle sorveglianti quando alzavano troppo la voce o accennavano a litigare.

E io sola, muta. Ero così seria e chiusa in me stessa che scoraggiavo qualsiasi tentativo delle altre bambine di rivolgermi la parola.

Feci tutto in silenzio, quella sera. Restai a guardare le altre che giocavano in un salone e poi le seguii quando venne il momento di andare a letto. Mi ricordai che la mia stanza era la 36 e lì mi trovai con le altre tre bambine che la occupavano.

Erano Larissa, Katja e Olga. Loro mi salutarono, senza gioia e senza ostilità. Presero atto che ora c'ero anch'io, tutto qui.

Ci cambiammo senza più parlare e poi uscimmo insieme per lavarci i denti nei bagni del piano. Io tornai in camera dopo tutte le altre, perché non osavo farmi avanti nella coda che si formava davanti a ogni lavandino.

Ci stendemmo. Larissa e Katja si scambiarono qualche frase a bassa voce. Avevano piccoli segreti che non volevano condividere con me e Olga. A un certo punto capii che prendevano in giro un'altra bambina, che quel mattino, in classe, aveva fatto una brutta figura.

«Hai visto? La maestra le ha dato una sberla in faccia. Si vedeva il segno rosso, dopo, sul viso... e piangeva, poverina, piangeva senza vergogna.»

«Ormai ce l'ha con lei.»

«Certo, è così stupida!»

Alle nove e mezzo vennero a spegnere tutte le luci. E nell'oscurità fui finalmente sola con i miei pensieri, con il ricordo della mia incredibile giornata, dalla visita dei poliziotti in casa mia alla firma della mamma, dal viaggio con Sasha a quelle prime ore in istituto che mi avevano frastornata e spaventata.

Nessuno mi aveva vista piangere. Non volevo che mi vedessero così. Ma al buio piansi, piano, senza fare rumore. Piansi a lungo e senza speranza, perché mi rendevo conto per la prima volta che né Sasha, né Yuri e neppure la mamma potevano venire da me a chiedermi cosa avevo e a consolarmi.

Piansi ripetendomi che presto sarebbe tutto finito, che presto la mamma sarebbe tornata a prenderci. Ma intanto una voce, dentro, mi diceva che la mamma non sarebbe venuta molto presto e mi costringeva a ricordare quel che avevo visto dell'istituto fino a quel momento: tutti quei bambini, intorno a me, tristi ma evidentemente abituati a stare lì. Rassegnati.

Piansi e così esaurii del tutto le mie forze. E mi addormentai per la prima di centinaia di sere che mi aspettavano in orfanotrofio.

6

Olga era la più timida. Parlava pochissimo e le altre bambine la ignoravano. Non era ancora ben inserita nell'istituto e continuava a far fatica ad adattarsi. Per questo divenne quasi subito la mia amica del cuore. Sentivo che con lei potevo continuare a sperare di non far parte del tutto di quel mondo, di essere lì per poco.

Fui io ad avvicinarmi.

«Ciao.»

«Ciao.»

«Ho visto che possiamo uscire, nell'intervallo. Oggi c'è il sole, vieni con me?»

Uno sguardo sospettoso, la tentazione di dire subito di no. Poi qualcosa scattò anche in lei.

«Sì, usciamo.»

Eravamo piccole, perciò il giardino che circondava l'istituto ci sembrava grandissimo. L'ora che seguiva il pranzo era libera per tutti e fuori c'erano soprattutto ragazzi e ragazze più grandi, maschi e femmine. Erano passati due giorni dal mio arrivo e lì rividi Sasha per la prima volta. Anche lui mi vide e mi corse incontro.

«Stai bene?» Era contento di vedermi, forse aveva pensato, in quei giorni, alla promessa di aiutarmi fatta alla mamma. Sembrava accaduto un secolo prima. E non era una bella sensazione.

«Lei è tua amica?» domandò speranzoso.

Guardai Olga. Era la nostra prima uscita insieme, non potevo definirla una mia amica. Ma Sasha ci teneva e volevo tranquillizzarlo.

«Sì,» risposi «si chiama Olga.»

«Anch'io ho degli amici» mi annunciò lui trionfante. Appollaiati su due panchine, un gruppo di ragazzini ci osservava annoiato. Erano quasi tutti dell'età di mio fratello, qualcuno sembrava ancora più grande. A me e a Olga apparivano grandissimi e minacciosi, con le loro facce serie e con l'aria così sicura di sé. Tra loro ce n'era addirittura uno che fumava e questo sottolineava la distanza tra i nostri due mondi.

«Sasha!» chiamò uno dei ragazzi. Il tono della sua voce diceva: "Che ci fai con quelle bambine?".

Lui si girò. «È mia sorella!» gridò indicandomi.

Gli altri annuirono pigri. La notizia non li sconvolgeva di sicuro.

Più in là, molto distanti dall'edificio, c'erano ragazzi ancora più grandi. Lì fumavano quasi tutti e li sentivamo scherzare e ridere. Facevano finta di litigare e si davano degli spintoni.

«Vado» disse lui.

Lo guardai allontanarsi e mi sentii molto triste. Capivo che in un certo senso lui stava bene. Si era già fatto degli amici, ragazzi esperti, sicuri di sé.

Mi veniva da piangere. Volevo che anche lui fosse come me, spaesato, ancora legato a casa. Vederlo così, con quel sorriso, con l'impazienza di tornare dai suoi compagni, fu per me un secondo addio alla mia famiglia.

Ci pensai tutto il giorno, sentendomi morire di solitudine. Olga non poteva farci niente. Non si staccò da me neppure un minuto, fino a sera, anche se dopo l'incontro con Sasha mi era diventata improvvisamente antipatica. Le feci dei dispetti, cercai di allontanarmi da lei senza dirle nulla. Lei, caparbia, mi teneva d'occhio. Sapeva come ritrovarmi, mi tornava vicino e taceva. Aspettava. Non potevo condividere con lei il mio smarrimento e intanto il suo muto invito a lasciarmi andare, a cominciare davvero la mia vita da orfana, mi faceva impazzire.

Da che mi ricordavo, quella notte feci la pipì a letto per la prima volta in vita mia. Fu impossibile nasconderlo e fu umiliante chiedere aiuto alla sorvegliante del turno del mattino.

«Ho bagnato il letto» le dissi. Mi sembrava una cosa strana, un incidente imprevedibile che avevo subito, mentre invece ne ero la causa. Ma la donna venne a vedere le lenzuola, fece una smorfia e mi sgridò.

«Sei matta?! Cosa ti salta in mente? Hai fatto la pipì, ieri sera, prima di andare a dormire?»

L'avevo fatta. "Forse non tutta" pensai "ma l'avevo fatta."

«Stasera a cena non berrai nulla!» decise la signora senza aspettare una risposta, mentre strappava le mie lenzuola dal letto.

Larissa e Katja mi guardavano divertite. Capii che, una volta sole, mi avrebbero preso in giro senza pietà. Olga taceva, come al solito, ma aveva un'aria triste, come se davvero avessi fatto una cosa gravissima. Quel silenzio imbarazzato e impotente era peggio delle risatine delle altre due.

«Queste cose non si fanno!» proseguì la sorvegliante, seccata. «Se succede ancora finisci in punizione!»

Sistemò il letto. Io rimasi a guardarla e lei continuò a sbuffare e a lamentarsi come se le avessi inflitto una terribile e ingiusta fatica.

Intanto le mie compagne erano scese per la colazione e io rimasi sola con la donna che continuava a sgridarmi. Ero tutta bagnata, tra le gambe, sulla schiena, non potevo vestirmi e scendere anch'io. Finalmente la sorvegliante andò a prendere chissà dove della biancheria pulita, mentre io l'aspettavo sola e spaventata nella stanza silenziosa.

«Ecco, cambiati» mi disse sgarbata passandomi gli abiti, quando finalmente tornò. Mi vestii e alla fine lei mi disse: «La colazione ormai è finita. Ti porto subito in classe. Un po' di fame ti insegnerà a essere una bambina più educata».

La notizia del mio incidente fece il giro dell'istituto entro mezzogiorno. Nell'intervallo dopo pranzo le altre bambine venivano a guardarmi, a ridere, a fare domande.

«Ma quanti anni hai? Perché fai ancora la pipì a letto? La signora ti ha picchiata? Eh? Ti ha picchiata? Piscialetto, piscialetto!»

Cercai di nascondermi, di rendermi invisibile. Olga mi stava intorno, in silenzio, soffriva con me.

Poi ci fu un raggio di sole. Sasha mi cercò, in giardino.

«Stasera vengo a trovarti» mi disse.

E quella sera accadde veramente! Mentre ci preparavamo per andare a dormire lui entrò nella nostra stanza, così, come se fosse la cosa più normale. Le altre lo guardarono tutte come se fosse entrato un fantasma. Lui guardava solo me.

«Come stai? Sei pronta?»

Ero pronta.

«Bene, a letto allora.»

Mi aiutò a salire e mi infilai sotto le lenzuola. Lui mi rimboccò le coperte. Il suo volto era vicinissimo al mio. In quel momento sembrava che fossimo soli, che esistessimo solo noi due.

«Ti ho portato da mangiare» sussurrò per non farsi sentire. E subito tirò fuori da una tasca un pezzo di dolce. «Hanno detto che per punizione non ti davano da mangiare, questa sera.»

In realtà mi avevano solo proibito di bere, ma non glielo dissi. Era tutto troppo bello per contraddirlo.

Sentimmo la voce della sorvegliante che stava percorrendo il corridoio per spegnere le luci nelle stanze. Presto sarebbe entrata da noi.

«Mangia» disse lui. «Vengo anche domani.» E uscì.

Quella notte non ebbi problemi, niente pipì, solo un lungo sonno senza sogni.

Il giorno dopo, in giardino, Sasha mi fece un cenno di intesa, quando mi vide passare insieme a Olga.

Ma la sera non venne. Lo aspettavamo tutte, per vedere se ce l'avrebbe fatta. Ma non venne. Alla solita ora la signora spense la luce senza un saluto e ci fu buio e silenzio. E io, nel cuore della notte, mi svegliai perché mi ero fatta di nuovo la pipì addosso. Per fortuna mancavano tante ore alla sveglia e lenzuola e vestiti fecero in tempo ad asciugare quasi completamente. Così il mattino non dissi niente a nessuno, non feci cambiare le lenzuola e mi vestii così com'ero.

Durante la giornata ero piena di prurito, ma preferivo quello a una sgridata e a una punizione che non riuscivo a immaginare ma che doveva essere ancora più grave della prima volta. Preferivo quello agli scherzi delle altre bambine, alle loro facce piene di rabbia e paura che non vedevano l'ora di sfogare su qualcuno.

In giardino Sasha non c'era. I suoi compagni mi videro passare, videro che lo cercavo, preoccupata, in mezzo al gruppo. Uno di loro caracollò fino a me perché gli facevo pena e perché voleva fare un piacere a Sasha. Mi disse con poche parole che mio fratello non ce l'aveva fatta a venire perché una sorvegliante lo aveva visto mentre cercava di salire al piano delle femmine e lo aveva bloccato e sgridato.

«Adesso è nella stanza di punizione. Ci resterà fino a stasera.»

Mi spiegò che la stanza era una piccola camera dove venivano rinchiusi i bambini disubbidienti. La sentivo nominare per la prima volta e mi fece un'impressione terribile. Immaginai Sasha chiuso al buio, senza poter mangiare, senza poter parlare con nessuno.

La notte successiva feci ancora la pipì. E anche la notte seguente. E mentre ero lì, sveglia, bagnata, pensavo alla mamma. Immaginavo, con gli occhi aperti nel buio, che lei stesse viaggiando per venire a prenderci, che fosse già in città, che all'alba avrebbe suonato il campanello, sarebbe entrata, avrebbe chiesto di me e di Sasha e ci avrebbe portato via. Nel mio sogno a occhi aperti c'era anche Yuri. Ed era diventato grande, come la mamma. Aveva guidato lui la macchina, per venire fino a lì.

All'alba il letto puzzava. E anch'io. Non fu possibile evitare che Larissa e Katja avvertissero la sorvegliante. Per fortuna non era la stessa della prima volta. Questa, anzi, era più gentile. Mi fece persino una carezza, mi disse di non piangere.

Quella carezza era meglio di una sgridata e non ci fu nessuna punizione. Ma non era la carezza della mia mamma, e quella donna non aveva tempo da perdere con me. Mi fece cambiare in fretta e mi mandò giù, da sola, per fare un po' di colazione.

E per cominciare un'altra giornata di orfanotrofio identica alla precedente.

7

Stava arrivando l'autunno e il cielo grigio sembrava riflettere la mia tristezza. I giorni e poi le settimane passavano e io continuavo a essere combattuta tra la speranza che presto la mamma sarebbe venuta a riprenderci e l'implacabile ripetersi dei ritmi dell'istituto.

Sei giorni alla settimana erano perfettamente uguali: sveglia alle sette, colazione, gioco in classe e piccole attività mentre le più grandi facevano scuola; poi pranzo, un'ora libera, di nuovo gioco e lavoretti per lunghi pomeriggi senza disturbare le bambine che studiavano e infine cena e a letto presto. La domenica quelli tra i sette e gli undici anni uscivano in gruppi accompagnati per andare al cinema o a visitare mostre e musei. I più grandi godevano invece di una certa libertà, si organizzavano tra loro e andavano al parco pubblico o a zonzo per le vie.

Sasha era tra questi. Si era inserito in una piccola banda, che aveva un capo e delle regole. Ogni tanto scappavano. Ogni tanto combinavano qualche guaio, piccoli furti, sfide e inseguimenti con ragazzi della città. Ogni tanto venivano puniti e costretti a restare in istituto.

Comunque lui aveva sempre più una vita sua, così lo vedevo poco e solo per un breve saluto imbarazzato.

Dopo un paio di mesi mi resi conto che quando lo incontravo non era contento, era come se gli ricordassi il suo passato. Alzando lo sguardo su di lui, sempre in attesa di qualcosa, gli dicevo che doveva pensare a me, che apparteneva ancora a qualcuno, che aveva un legame con la sua vita di prima, un impegno con la mamma.

Anche se le mie speranze di tornare a casa si affievolivano, io non riuscivo ad ambientarmi. Fu in quel periodo che accadde una cosa sorprendente. Un giorno, durante l'ora libera dopo pranzo, una sorvegliante venne a cercarmi. Pioveva e tutte ce ne stavamo in un salone, chi a giocare, chi a guardare fuori senza scopo.

«Sei tu Natasha Rytzko?»

Mi chiamava con il nome della mia famiglia. Non accadeva quasi mai, per le sorveglianti e le maestre io ero Natasha e basta.

Dissi di sì e già ero in ansia e come elettrizzata per quella novità.

«Seguimi.»

Nessuna spiegazione. Il tono era quello solito, fermo e indifferente.

La seguii senza rivolgerle domande. Sapevo che era inutile farne.

Giungemmo all'ala dove c'erano gli uffici e lì la donna mi fece entrare in una piccola stanza. Era spoglia, un tavolo, due sedie, una finestra velata da una tendina ingiallita dal tempo e dall'incuria.

Nella stanza c'era un uomo che non avevo mai visto prima.

«Avete mezz'ora» comunicò la mia accompagnatrice senza nemmeno entrare. Poi sparì, lasciandomi sola.

Il signore era in piedi. Tentò di sorridermi. Era alto, teneva un cappello in mano e non si era tolto il giaccone tutto bagnato sulle spalle. I capelli arruffati, i baffi, le sopracciglia folte mi incutevano timore. Lui mi guardava impacciato e io restavo con la schiena appoggiata alla porta appena chiusa, con l'unico desiderio di uscire e scappare via.

«Sono tuo zio» mi annunciò. «Lo zio Nicolaj... Sono il fratello della mamma.»

Continuavo a non capire. L'uomo non riusciva a essere tranquillo e disinvolto. La sua tensione smentiva la familiarità che cercava di trasmettermi con le sue parole.

In quel momento ci fu un leggero bussare e qualcuno da fuori cercò di aprire la porta. Mi spostai ed entrò Sasha, accompagnato anche lui da una sorvegliante.

«Sasha!» disse l'uomo. Con il maggiore di noi due era evidentemente a suo agio.

Sasha socchiuse gli occhi e cercò di ricordare. Poi annuì prudente.

«Sei lo zio» constatò.

Lui aveva già visto quell'uomo, una volta, anni prima.

«Come state?» chiese a tutti e due.

Non rispondemmo. La mia mente intanto lavorava.

«Quando viene la mamma?» domandai.

Lo zio tornò a confondersi.

«La mamma... è occupata. Lavora sempre... ha mandato me per essere sicura che stiate bene.»

Sì, doveva essere vero. Quell'uomo, che viveva chissà dove e che mai si era occupato di noi, si comportava proprio come chi si fosse lasciato strappare la promessa di una visita.

Allora non sapevo che la legge proibiva assolutamente ai nostri genitori naturali qualsiasi visita nell'istituto dove ormai il nostro unico genitore era lo stato. Ma, per qualche misterioso motivo, uno zio poteva venirci a trovare e dopo tutto quel tempo la mamma aveva convinto il fratello a farsi vivo.

«Ho una cosa per voi» disse l'uomo. E dalla tasca del giaccone trasse un portafoglio consumato, prese una piccola banconota e la diede a Sasha. Poi da una tasca tirò fuori delle monete e le diede a me.

Ricevemmo quei soldini senza nessuna reazione.

«Così potete comprarvi le caramelle» disse lui.

Era vero. In una delle stanze a pianoterra c'era una signora che teneva delle scatole di caramelle e di merendine e chi aveva dei soldi andava da lei a comprare qualcosa. Chi se lo poteva permettere era molto invidiato.

Lo zio si era informato, almeno un po', sulla nostra vita. O magari la mamma.

«Studi? Sei bravo a scuola?» domandò a Sasha.

Mio fratello alzò le spalle. Sembrava non volesse accettare un esame sul suo comportamento. Poi disse che sì, studiava.

«E tu?» disse l'uomo rivolto a me.

«Sono ancora piccola. La scuola comincia a sette anni» dissi.

«Ah, bene! Allora giochi tutto il giorno!» fece lui allegro.

Annuii senza dire più nulla. Sì, giocavo tutto il giorno.

Seguì un penoso silenzio.

«Io abito a Minsk» disse lo zio. «È a più di cento chilometri da qui. Però verrò a trovarvi ancora, appena posso.»

«E la mamma?» domandai ancora.

«La mamma... forse. Vediamo. Intanto le dirò che state bene, giusto? Le dirò che non deve preoccuparsi e che può continuare a lavorare tranquilla. Per voi... per Yuri...»

Sasha si animò.

«Yuri come sta?»

«Sta bene» disse lo zio. Ma si vedeva che non ne sapeva niente.

Ancora silenzio.

«Be', io vado» concluse lo zio. «Fate i bravi, eh? Così vengo ancora a trovarvi.»

Era uno strano messaggio, quello. Come dire che se non ce lo fossimo meritato lui non ci avrebbe più considerati.

"Se viene lui" pensai "non verrà la mamma." E pensai che allora era meglio che lui non tornasse.

Ma lo zio venne un'altra volta, un paio di mesi dopo.

Era inverno e aveva nevicato parecchio. Doveva essergli costato venire fino a Oshmiany, e infatti questa volta era ancora più teso. Aveva fretta di andarsene al più presto.

Quando ci offrì di nuovo dei soldi io non li presi. Gli dissi: «Portali alla mamma e al papà, che ne hanno bisogno».

Questo lo mise completamente in crisi.

Io non volevo i soldi. Volevo che la mamma smettesse di lavorare sempre, così avrebbe potuto venirci a trovare, oppure venirci a prendere.

Quel giorno, nonostante la fretta, lo zio restò più a lungo perché doveva sgridare Sasha. Visto che era venuto a trovarci, la direzione gli aveva detto che il nipote era stato sorpreso a rubare in un negozio. La polizia lo aveva accompagnato in istituto e minacciavano di denunciarlo se fosse accaduto un'altra volta.

«Finirai in prigione!» disse lo zio. Cercava di fare la voce grossa, ma non si era preparato a svolgere quel ruolo.

«Pensa a cosa dirà tua madre!» aggiunse minaccioso.

«Mia madre non c'è più» disse Sasha, gelido.

Silenzio.

Io guardavo per terra.

Sì, è così, diceva una voce dentro di me. Mamma non c'è più. Peggio: c'è, ma non ci vuole più, non verrà più. Sasha l'ha capito prima di me.

Fissai lo zio. Era rosso come se fosse stato appena sorpreso lui, a rubare.

«Comunque... non lo devi fare» disse. «Devi studiare, imparare un mestiere e...»

«E cazzi miei!» tagliò corto il ragazzo.

«Ehi! maleducato!» protestò lo zio.

Ma la conversazione era finita. Anche la visita era finita.

E fu l'ultima.

Lo zio Nicolaj uscì per sempre dalla nostra vita. Non l'ho mai più rivisto.

L'ultimo tradimento delle mie ingenue speranze fu l'arrivo di Yuri in istituto.

Io e Sasha eravamo lì da più di sei mesi. Era primavera, ormai. E un giorno scoprimmo che lui era lì. Nessuno ci aveva avvisato, fecero tutto come se lui fosse un estraneo. E il brutto era che lui quasi si comportava come tale.

Quando lo vidi per la prima volta mi mancò il fiato.

Pensai che fosse venuto a trovarci. Camminava nel parco, da solo. Non si era ancora unito al gruppo dei più grandi, che se ne stavano sempre a fumare in un angolo, tra le panchine più remote e un deposito degli attrezzi dove potevano nascondersi per qualche tempo dai sorveglianti.

Corsi subito da lui, tirandomi dietro Olga che non voleva credere che fosse spuntato fuori un altro fratello.

«Yuri! Yuri!» lo chiamai.

Si girò e mi guardò arrivare.

«Allora sei qui» constatò.

Ero cambiata, me ne accorsi da come mi guardava. Avevo i capelli corti ed ero ingrassata. Ero la ragazzina paffutella che pochi mesi dopo sarebbe partita per la Sardegna.

Anche lui era cambiato. Sembrava invecchiato di due anni. Più alto, ma anche un po' ingobbito. Disse «sei qui», come se fosse solo un'altra delle scoperte sull'istituto che andava facendo in quei giorni.

«C'è anche Sasha» gli dissi, un po' timorosa.

Sasha non usciva nel parco da qualche giorno. Era di nuovo in punizione. Altri furti e vandalismi. Altre lamentele da parte della gente del posto. Altre punizioni. Il suo gruppo era ormai sotto stretta sorveglianza. Yuri dunque non lo aveva ancora visto.

«Bene» disse Yuri. E non aveva altro da aggiungere. Non c'era niente che potesse fare per me, e voleva che lo capissi subito.

«E la mamma?» domandai senza troppa convinzione.

Lui sorrise amaro.

«La mamma? Lascia stare, chissà dov'è» disse troncando l'argomento. Cambiò subito discorso: «Lei è tua amica?».

Ormai avevo capito. Mi chiedevano subito di Olga quando volevano dirmi che la mia vita era in istituto e che non avevo più una famiglia.

«Sì» risposi convinta. «È Olga, la mia amica.»

L'estate, l'autunno, l'inverno e ora la primavera passavano piano. Anche la mia fiducia tramontava con le stagioni. Le giornate si allungavano, gli orari dell'orfanotrofio non cambiavano.

Io e Olga eravamo sempre insieme e le altre bambine ci prendevano in giro per questo. Ma io sapevo farmi rispettare e proteggevo anche lei. Quando era necessario non esitavo a menare le mani: tiravo calci, graffiavo, davo spintoni anche alle bambine più grandi. Era piacevole, ogni tanto, sfogarsi su qualcuno, tirar fuori la rabbia che avevo dentro. Forse era per questo che, dopo averlo fatto ancora qualche volta, alla fine smisi del tutto anche di fare la pipì a letto.

Così cominciarono le sgridate e un giorno, per la prima volta, finii anch'io per alcune ore nella stanza delle punizioni. Ma prima la sorvegliante mi diede uno sculaccione molto forte e io la guardai con odio e rancore, anche se riuscii a non protestare, a non reagire. Pensai che era proprio quello che la donna si aspettava, per colpirmi ancora, per farmi sentire la sua autorità e la sua forza.

Da sola, seduta per terra nello stanzino, mi accorsi che, stravolta, ripetevo «mamma, mamma, mamma, mamma...» e intanto facevo oscillare il busto avanti e indietro. Poi lentamente mi calmai, mi accorsi di quello che stavo dicendo e di come mi muovevo. E tacqui. Cominciai a preoccuparmi che mi lasciassero rinchiusa fino al calare delle tenebre, al buio, quando avrei avuto paura. E intanto capivo che era finita. Dopo quasi un anno trovavo il coraggio di dire a me stessa, sentendo in bocca il sapore odioso della verità, che ero un'orfana.

Per sempre.

Giunsi così, più rassegnata, più fredda e alla ricerca dei miei spazi in istituto, alla notte in cui svegliarono me e Olga per partire per la Sardegna. La notte che ho già raccontato, seguita da un mese di sole, mare, coccole e giochi. Il tempo di Annalisa e dei dolci nonni, seguito dall'atroce delusione del ritorno a metà agosto.

A quel punto, delusa e ferita, avevo ancora un frammento d'estate davanti, e poi un autunno e un inverno che niente, in quel mare di illusioni che era la mia vita, poteva più riscaldare.

UNA VISITA IN GENNAIO

1

Spinaci e latte. No, forse era panna acida, ma molto liquida. E insieme a quel condimento quel giorno c'era un pezzo di formaggio. Il sapore non era cattivo, solo che in qualche modo sembrava sempre lo stesso, anche quando nel piatto il colore dei cibi cambiava. Dalle cucine e dal refettorio quell'odore di formaggio e latte acido si diffondeva in tutto l'istituto. Ce l'avevamo anche addosso. Impregnava i vestiti, i capelli che lavavamo in ogni stagione solo una volta alla settimana.

Era la fine di gennaio, all'ora di pranzo. Un pallido sole splendeva oltre le finestre, mettendo in risalto la polvere e le macchie sui vetri. La luce, fuori, era bianca e gelida. C'erano neve e ghiaccio dappertutto, intorno a noi.

Guardavo il piatto e non mi decidevo a mangiare. Non sapevo se avevo fame o no, ma ogni volta sentivo che mangiare quella roba era segno che mi arrendevo, che accettavo tutto.

Ogni giorno, insieme al cibo, io e i miei compagni ingoiavamo le nostre speranze. Certo, allora ero solo una bambina e queste cose non le pensavo così, non davo loro questo nome. Ma era peggio: le sentivo in bocca, nel naso e nella pancia.

Come al solito, a tavola parlavo pochissimo. Di fianco a me Olga taceva tranquilla. A lei il silenzio andava sempre bene.

Non sapevo, non me lo immaginavo nemmeno, che proprio quel giorno, un giorno qualsiasi di gennaio, mentre cercavo in me la forza di mangiare, un vecchio autobus sgangherato stava percorrendo la lunga strada dritta da Minsk a Oshmiany. E soprattutto non immaginavo che quel viaggio, la solita tratta del servizio pubblico, mi riguardava.

Come ho raccontato, nei primi mesi della mia permanenza in orfanotrofio per fuggire dalla realtà che mi circondava mi capitava di sognare a occhi aperti che la mamma stesse venendo a prendermi. Però la vedevo viaggiare in automobile: un mezzo che noi non avevamo mai posseduto, ma che era stato usato per portarmi in istituto. Poi il sogno era svanito ed erano subentrate l'amarezza dell'arrivo in orfanotrofio di Yuri, la rassegnazione, la rinuncia all'illusione di un ritorno a casa.

Mamma mi aveva tradito. Non c'erano altre possibilità.

Era questo il sapore degli spinaci, della panna acida e del formaggio. E quel sapore da qualche mese era ancora più sgradevole, perché al tradimento di mia madre, il cui ricordo cominciava a sbiadire lentamente, si aggiungeva il tradimento di Annalisa, la mia Mami italiana.

Di lei non sapevo più nulla. Silenzio. E anche il ricordo dei bellissimi giorni in Sardegna se ne andava con l'avanzare delle stagioni.

Sentivo che sarebbe stato meglio se quei giorni non ci fossero mai stati.

Qualcuno, tra noi bambini, diceva che quelli che erano andati in Italia poi ci sarebbero ritornati. Qualcuno giurava di esserci andato già due volte, per le vacanze.

Non sapevo se credere a quelle voci. E non sapevo se mi facevano felice oppure no, se facevano nascere in me una nuova speranza o un senso di disagio.

Tornare in Italia, ma da chi?

Dopo quel viaggio, un bambino aveva detto a Larissa e Katja, le nostre compagne molto invidiose di noi, che lui era andato un anno in una famiglia e l'anno dopo in una famiglia diversa. Entrambe le volte per un mese o poco più. Poi ovviamente era sempre tornato in istituto. Adesso ogni tanto quelle persone gli mandavano dei pacchi con alcuni regali: vestiti, cibo, quaderni.

Anche queste erano notizie interessanti, le ascoltavo e la mia mente non cessava di tornarci sopra. Tutti consideravano quel bambino molto fortunato, tutti lo invidiavano. Aveva cose che altri non possedevano. C'era qualcuno che pensava a lui.

Ma io cosa volevo?

Durante i giorni trascorsi in Sardegna, quando io e Annalisa eravamo da sole, soprattutto la sera, avevo provato un'emozione indimenticabile: avevo capito che lei aveva solo me e io avevo solo lei. Per questo mi ero convinta che era evidente che dovevamo vivere insieme: perché avevo sentito che la sua solitudine era identica alla mia solitudine.

Perciò non sapevo se sperare di ricevere da lei un pacco, dei doni. E poi dall'Italia ero già tornata con una valigia piena, mentre quando ero partita avevo solo un patetico sacchetto con quattro cose dentro. Era questo che avevo guadagnato da quel viaggio? Un cambio di vestiti? Dei giocattoli che gli altri mi invidiavano e di cui potevo vantarmi per qualche settimana?

No, tutto questo mi faceva solo stare male, perché mi ricordava che ero più sola di prima. Annalisa mi aveva viziato, mi aveva coperto di regali, ma io avevo visto oltre quei doni: avevo visto lei e il suo desiderio di amare. Avevo visto il suo bisogno di stare con me. Glielo avevo ben detto, quel giorno, con il mio italiano stentato: «Io, te, insieme per sempre!». E l'avevo abbracciata forte, dicendoglielo. E lei mi aveva risposto. Non aveva detto «sì», ma mi aveva stretto a sé, calda, emozionata. Viva.

Era quello il ricordo che non mi abbandonava.

Perché non mi aveva respinta? Perché non mi aveva sgridata, se avevo detto una bugia, se avevo preteso troppo, se il mio era solo un capriccio?

Tutto questo pensavo, mentre rigiravo la forchetta tra gli spinaci immersi nella panna e il formaggio.

E intanto un vecchio autobus si ostinava a percorrere la lunga strada dritta tra Minsk e Oshmiany.

A bordo c'erano come sempre soprattutto donne, che salivano e scendevano alle diverse fermate. Andavano e venivano dai mercati, oppure a trovare qualche parente. Ma quel giorno nei posti davanti erano sedute due ospiti d'eccezione. L'autista era colpito dalla loro presenza e persino un po' intimorito. Erano accompagnate da un'interprete, che rispondeva alle loro domande in una lingua incomprensibile. Due straniere, dunque, imbacuccate in pesanti cappotti, con cappelli di pelo e guanti, eppure comunque sorprese dal freddo della Bielorussia, dal grande inverno che le circondava. Si guardavano intorno, ammiravano le immense distese di neve che non stupivano nessun altro dei passeggeri, consideravano e commentavano tra loro le decine di chilometri di vuoto tra una cittadina e l'altra, interrotto ogni tanto da piccoli villaggi di campagna con poche case di legno e i comignoli fumanti.

A un certo punto del viaggio, proprio mentre percorrevano il tratto di strada che tagliava in due un immenso bosco di betulle, l'interprete si avvicinò all'autista.

«Le signore domandano se possiamo fermarci un momento. Una di loro sta poco bene. Ha bisogno di fare due passi. Forse deve fare pipì...»

L'uomo guardò la donna nello specchietto con cui teneva d'occhio i passeggeri.

«Non è possibile fermarsi qui» rispose. «È assolutamente proibito.»

«Perché?» L'interprete bielorussa era una donna di città, una persona istruita che aveva viaggiato ma che non conosceva la provincia del suo paese.

«Perché ci sono i lupi» spiegò l'uomo paziente a quella concittadina distratta.

L'interprete si rese conto che l'autista non scherzava. Si volse alle due donne venute da lontano e spiegò perché non era possibile fermarsi. Loro dissero «oh!» e presero a guardare ancora, con nuovo stupore, a destra e sinistra.

L'autista sorrise, compiaciuto per l'effetto delle sue parole.

Le due straniere sembravano sorelle. Ma una era evidentemente più giovane. Madre e figlia, concluse. La figlia doveva essere quella che non stava tanto bene: era pallida e sembrava debole.

"Non è colpa mia" pensò l'uomo. "E poi questa strada è tutta dritta!"

«Quando arriviamo in un centro abitato?» domandò di nuovo l'interprete.

«Tra un quarto d'ora» fu la risposta.

Nella piccola cittadina, che raggiunsero il più velocemente possibile, l'uomo fece un'eccezione: attese cinque minuti che la giovane straniera entrasse in un vecchio bar, tra gli sguardi perplessi di un gruppo di contadini e di un paio di soldati in cappotto verde, e lì cercasse un bagno. Ne aveva tanto bisogno che si fece andare bene anche lo stanzino maleodorante dove la fecero entrare.

Dopo, quando risalì sull'autobus, stava meglio e prese a chiacchierare con la madre.

"Turisti stranieri" rifletteva l'autista, contento per essere stato gentile, mentre riprendevano la strada. Ma poi si disse, incredulo: "Turisti a Oshmiany? Non c'è niente di bello, in quella città. E d'inverno, poi!".

La curiosità era troppa. Fece un cenno all'interprete e quando la donna fu a portata di voce domandò: «Perdoni se sono indiscreto, ma cosa vanno a fare due straniere a Oshmiany?».

La donna si mostrò espansiva.

«Hanno una parente, laggiù.»

«Una parente.»

«Sì. Le sembra strano?»

«...»

«A me sembrava strano. Ma è quello che mi hanno detto: mi pagano per portarle fin laggiù e per accompagnarle in un istituto di stato per bambini. La loro parente è ospitata laggiù.» Fece il nome del nostro orfanotrofio. «Lo conosce?»

«Ce ne sono diversi» rispose l'autista. «Quello di Oshmiany è uno dei più grandi.»

Intanto io mi sforzavo di mangiare. Ti sgridavano se avanzavi troppo cibo nel piatto.

«Ehi, signorina! Questo lo paga lo stato!» mi aveva detto una volta una sorvegliante. «Il cibo non si spreca, non sai che c'è chi muore di fame?»

Non sapevo dove fossero questi che morivano di fame se io non mangiavo tutto. A me sembrava evidente che se io mangiavo di meno ne sarebbe rimasto di più per chi non ne aveva abbastanza. Ma la logica degli adulti è strana, lo sapevo.

Una volta fui anche punita perché avevo mangiato tutto, ma poco dopo, siccome non stavo bene, avevo vomitato, senza fare in tempo a raggiungere i bagni. E anche lì sgridate e persino una sberla.

Quel giorno vuotai il piatto mentre la signora straniera entrava in quel brutto bar, si chiudeva in un bagno puzzolente, vomitava e faceva pipì sospirando. E intanto pensava: "Natasha, fiorellino. Questo viaggio mi costa... Speriamo di non star male davvero. E quanto ci metto, se sto male a Oshmiany, a correre a Minsk per la dialisi?".

"Natasha" pensava.

Quella donna era Annalisa, in viaggio con la madre, la mia dolce nonna Angela. Era contenta di viaggiare verso di me. Se fosse stato possibile avrebbe volato sopra quelle distese di neve e sopra quei boschi fitti, pieni di gelo e di paura.

E mentre lei risaliva in autobus e i suoi pensieri su di me non mi sfioravano nemmeno, io portavo il piatto a lavare e intanto mi ricordavo, arrabbiandomi, che le sorveglianti avevano deciso che quel giorno faceva troppo freddo per farci uscire fuori a giocare, nell'ora libera dopo pranzo.

Nell'albergo fatiscente di Oshmiany Annalisa e Angela presero l'unica camera con bagno disponibile e si sistemarono insieme all'interprete.

«Stai bene?» domandò per l'ennesima volta la madre.

«Sì, sì. Non ti preoccupare» rispose la mia Mami. «Sono passati solo due giorni dalla dialisi, abbiamo calcolato bene. La prossima volta è tra una settimana, vedrai che ce la faccio a farla di nuovo a Cagliari.»

«Non sarà meglio affrettare i tempi? Andiamo adesso, all'istituto.»

Annalisa guardò l'orologio. Le quattro meno un quarto. Non era troppo tardi, ma il buio sarebbe sceso in meno di un'ora.

«No, mamma, non ce la faccio. Abbiamo aspettato fino a oggi e un giorno in più non fa differenza. Natasha non ci aspetta. Non voglio vedere quel posto al buio, non sei d'accordo?»

Angela era d'accordo.

Attesero le tenebre, riposarono un po'. Più tardi cenarono adattandosi ai sapori della mia terra: involtini di carne e cavoli, salumi, verdure. Un goccio di birra. Non avevano molta fame. Lo stomaco, soprattutto quello di Annalisa, era stretto per l'emozione dell'incontro imminente, così come il cuore.

Lei aveva voluto il viaggio fin dal giorno della mia partenza dalla Sardegna e ora eccole lì, sole nel paese più straniero che avessero mai visitato e contente di aver superato ogni difficoltà: i soldi, i visti, la burocrazia infinita, la polizia, le domande.

E mentre cercava di partecipare alla conversazione, sentiva il timore di aver fatto un passo così importante spinta solo dall'emotività, insieme alla consapevolezza che con quella visita io mi sarei attaccata a lei davvero. Si ripeteva che adesso si trattava di assumersi un impegno, di farmi una promessa. Non aveva mai dimenticato le mie parole: «Io, te, insieme per sempre» e le ricordò ancora, più tardi, addormentandosi dopo aver letto svogliatamente qualche pagina di un libro.

Le ricordò come le ricordava ogni sera.

"Domani gliele dirò io" pensò, come aveva pensato mille volte.

E aveva ancora un po' di paura.

2

«Sì, signora. Natasha è orfana. Non c'è nessuna possibilità che torni con la sua famiglia. Il padre è ricercato dalla polizia. La madre passa da un istituto di assistenza a un altro. Sono entrambi alcolizzati, e in forma grave. Hanno rinunciato alla tutela dei figli, una rinuncia completa e irrevocabile...»

Il direttore rispondeva con precisione alle domande di Annalisa. L'interprete traduceva, ferma e senza esitazioni.

«Io... sono sola» spiegò lei. «Non mi sono mai sposata. Questo per voi è un problema?»

«No. In Bielorussia l'adozione da parte di una persona sola è prevista dalla legge. Non so in Italia...» aggiunse prudentemente il funzionario.

«In Italia...»

Annalisa si interruppe. Non lo sapeva. Non aveva pensato a informarsi. Prima di arrivare lì credeva di non aver ancora deciso se adottarmi o no. Voleva vedermi, questo sì, voleva saperne di più, su di me. Voleva promettermi che mi sarebbe sempre stata vicina. Il resto era un'incognita anche per lei.

Ma ora ne stavano parlando apertamente.

Guardò la madre. La risposta alla sua richiesta di

aiuto fu un sorriso che significava "sono qui". Un sorriso che diceva anche che le sue energie erano quelle che poteva immaginare. Poi Angela allargò le braccia, lentamente. Un altro segnale molto chiaro: "La decisione spetta a te".

Il direttore volle interpretare quel silenzio e quegli sguardi. Pensò che la signora italiana si era mossa senza calcolare tutte le conseguenze della sua sollecitudine. Però poteva fare certamente qualcosa di buono per una delle più irrequiete e tristi piccole ospiti.

«Vedremo» tagliò corto. «Inutile pensarci ora. Ho fatto chiamare Natasha, verrà qui tra poco. Accomodatevi nella saletta che c'è fuori, sulla destra. Quando vi sarete salutate, bussate di nuovo qui e vi accompagnerò a fare una visita dell'istituto.»

Era mattino. Ricordo la luce accecante. La sorvegliante venne a prelevarmi in classe e tutte le mie compagne e persino la maestra mi guardarono stupite.

Seguii la donna incuriosita, ma con appena l'ombra delle attese di un tempo. Pensai allo zio, che era già un ricordo lontano. Pensai ai miei fratelli. A Yuri che mancava dall'istituto da qualche settimana, che faceva già dei periodi fuori di cui ignoravo i motivi. Pensai e non trovai niente da immaginare, niente da sperare.

Poi smisi di pensare ed entrai nella stanza. E vidi che gli occhi ansiosi della donna più bella del mondo mi fissavano carichi di attesa.

«Mami!»

Fu un grido, forte come uno spavento.

«Ehi!»

Si era inginocchiata. Ci abbracciammo forte.

«Piccola, piccola...» ripeteva lei. Mi ricordavo di quella parola. Voleva dire che mi voleva bene.

Mi baciò. Una volta, due. Poi anche Angela, che piangeva e mi bagnò il viso. Ma anch'io piangevo. Eravamo solo noi tre, perciò piangevo. E non dicevo una parola.

Ci volle un po' prima che riuscissimo a calmarci.

«Sono io. Sono qui. Hai visto? Sono qui!»

Annalisa non mi lasciava andare, e neppure io mi staccavo da lei.

«Ho volato fino a qui,» disse mimando con la mano il percorso dell'aereo «e sono arrivata a Minsk. Non siamo lontane, no?»

Erano frasi insensate, ma erano bellissime. Erano vere.

Non potevo crederci. L'interprete ci osservava tenendosi in disparte, ed era commossa anche lei.

La visita all'istituto fu completa e non venne tralasciato nulla. Il direttore voleva mostrare alle due donne italiane che non aveva nulla da nascondere e nello stesso tempo che ogni aiuto sarebbe stato ben accetto.

Mami vide la nostra piccola camera, i bagni vecchi, le macchie di umidità e la pulizia approssimativa. Sentì l'odore delle cucine e del refettorio, quello che avevo addosso io, sporca e trascurata come tutti gli altri bambini.

Vide la classe dove passavo le mattine e quasi tutti i pomeriggi. Risero, lei e Angela, vedendo l'ampio tappeto colorato su cui stavano sedute anche in quel momento le mie compagne. Il vivace disegno rappresentava la Sardegna e le sue bellezze.

«Dono dell'associazione che ha organizzato le vacanze dei bambini a Cagliari» commentò il direttore. «Ci aiutano anche inviandoci altri materiali: le lavagne, la cancelleria, le cartine dell'Europa...»

Io camminavo di fianco ad Annalisa. Le mie compagne ci guardavano passare fissandoci stupite. Mi invidiavano, si vedeva benissimo, e io ne ero consapevole. Ma non era per questo che la mia mano stringeva così forte quella della mia Mami. La tenevo così perché avevo paura che mi sfuggisse. E anche lei non mi mollava, anche lei voleva essere sicura di avermi vicina.

Il giro dell'orfanotrofio durò un paio d'ore e il direttore fece in modo che le due visitatrici vedessero tutto, senza cercare in alcun modo di nascondere le condizioni dell'istituto. Era chiaro che dalle straniere si aspettava un aiuto importante. Da loro e da tutti quelli ai quali loro avrebbero raccontato ciò che avevano visto.

Passammo anche in infermeria, in palestra, nei saloni spogli dove trascorrevamo le ore libere nei giorni di brutto tempo. Così si fece tardi, e venne il momento in cui Annalisa e Angela dovevano uscire e tornare in albergo.

Io non volevo, mi aggrappai di nuovo alla mia Mami.

«Torno domani, torno domani...» mi ripeteva lei dandomi dei baci e abbracciandomi. Se ne stava di nuovo in ginocchio, in modo da essere alla mia altezza. E qualcosa nel fervore della sua promessa mi convinse che era vero, che non voleva più farmi del male dicendomi una bugia.

La sera fui tempestata di domande. Anche le compagne più grandi, che non mi avevano mai considerato, volevano sapere tutto.

«È venuta a prenderti?»
«Ti porta via?»
«Come mai non sei uscita con lei?»
«Che cosa ti ha portato?»
«È ricca? Ha una bella casa là, in Italia?»

Io rispondevo come potevo. Non ero certamente abituata a essere al centro dell'attenzione.

Le altre, intanto, capivano dalle mie parole incerte e dai mezzi sorrisi imbarazzati che io per prima non ci capivo ancora niente. Andare via con Annalisa? Era quello che volevo, sicuramente. E anche lei, lo sapevo. Le nostre due solitudini si attiravano come calamite. Ma sarei partita subito? Nessuna risposta.

Più tardi, quando la sorvegliante venne a spegnerci la luce, ero in attesa che mi dicesse: "Natasha, prepara la tua borsa". Come quella volta che poi eravamo partite per la vacanza. Ma non accadde nulla.

Sotto di me, stesa nel letto, immobile, in silenzio dopo avermi salutato con un filo di voce, Olga mi comunicava, con il suo mutismo, tutta la paura che provava all'idea che io stessi davvero per andarmene.

Non ricordo come mi fu possibile prendere sonno. Accadde probabilmente quando le mille domande e la tensione mi sfinirono completamente.

Il giorno dopo Annalisa tornò, come aveva promesso. E mangiò con noi, a un tavolo in cui presero posto lei, Angela, l'interprete, il direttore e un paio di suoi collaboratori. Io ero seduta al mio solito posto, al tavolo con altre bambine.

Il loro viaggio assumeva sempre di più le caratteristiche di una visita ufficiale e le mie compagne mi guardavano con considerazione via via crescente. A me, però, non interessava niente di queste impressioni. Annalisa era mia e io ero sua, era tutto quello che mi importava.

Dopo pranzo avvenne ciò che avevo sperato fin dal mattino: mi portarono fuori e così rimanemmo finalmente sole.

Era una giornata fredda e grigia con molta neve e ghiaccio per le strade. Dopo una breve passeggiata, nonna Angela e l'interprete finsero di avere un impegno urgentissimo e ci lasciarono sole, sedute al tavolo di un bar.

La coca che bevevo con la cannuccia non ne voleva sapere di scendere giù in fretta per la gola, come accadeva quand'ero in Sardegna.

Anche il caffè lungo di Annalisa si raffreddava mentre noi ce ne stavamo a fissarci e tentavamo di dire cose grandi con poche parole.

«Io e nonna torniamo in Italia, dopodomani» disse infine lei, scandendo le parole. Ripeté quella frase anche in un bielorusso stentato, che mi avrebbe fatto ridere se non fosse che lo usava per dirmi proprio quelle parole. Aveva voluto che il nostro colloquio non fosse appesantito dalla presenza dell'interprete, ma voleva dire nel modo più chiaro possibile le verità che io dovevo comprendere bene.

Abbassai il capo, già triste e sperduta.

«Tu verrai in Italia dopo, quest'estate.» Ancora in italiano e in bielorusso. «Verrai da me per un mese ancora. E poi di nuovo, in inverno, a Natale, hai capito?»

La guardavo negli occhi e facevo di sì con la testa. Assorbivo quelle notizie come il deserto beve l'acqua.

«Io ti voglio bene» concluse. E mi prese la mano, attirandola a sé attraverso il tavolo. Aveva gli occhi umidi di pianto. Dunque le sue erano buone notizie, ma nello stesso tempo soffriva. Come me.

«Io e te, insieme per sempre» dissi in perfetto italiano.

E lei cominciò a piangere, ma anche a sorridere illuminandosi tutta. Era bellissima, bellissima.

«Sì... Sì» disse. «Sì, dopo, te lo prometto: io e te insieme per sempre in Italia...»

Non conoscevo il significato delle parole “te lo prometto” in italiano. Ma le compresi perfettamente, senza bisogno di interprete.

Il giorno dopo c’era un po’ di sole. Facemmo un lungo giro della piccola città tutte e quattro. Tre donne e una bambina in cerca di un luogo riparato e poi di un altro. Bevemmo qualcosa insieme, visitammo un museo delle glorie militari della provincia, pieno di foto di vittorie della gloriosa Armata Rossa. Non sapevo che in alcune di quelle immagini i prigionieri fossero italiani.

Poi andammo a fare la spesa in un supermercato e ci divertimmo tanto. Niente mi ricordava la nostra vacanza in Sardegna più del fare la spesa insieme, ma il nostro supermercato non reggeva il confronto con quelli italiani.

A sera ci furono saluti, abbracci, pianti e nuove promesse. Anche nonna Angela mi strinse forte e non sapeva che dire.

Il direttore strinse la mano ad Annalisa e disse qualcosa a proposito del fatto che da quel momento si aspettava che lei avrebbe esercitato su di me una buona influenza. Mami ascoltò la traduzione dell’interprete e rispose, seria, che se ne assumeva l’impegno.

Presto avrei constatato gli effetti di quella specie di accordo.

Quella sera evitai le domande.

Chissà come, tutti sapevano che Annalisa partiva e che io non me ne andavo con lei. Molte erano contente, per questo, e ne gioivano apertamente.

"Anche Olga è contenta" pensai, ma si vedeva che era al contempo dispiaciuta per me. La mia amica aveva compreso che in me era nata una speranza e che io da quel momento avrei vissuto per quella.

«Verrai in Italia anche quest'estate?» le domandai prima di andare a dormire. «Ti troveranno un'altra famiglia, vedrai. Sarà più bello dell'altra volta...» Parlavo sicura, mi sentivo in grado di offrire anche a lei un po' della mia felicità.

Ma allo spegnersi della luce avevo la morte nel cuore. Sapevo che il giorno dopo Annalisa non ci sarebbe stata. Eppure Olga aveva intuito la verità: in quei giorni era cominciata la seconda parte della mia vita, perché sull'aereo che riportava in Italia la mia Mami, con lei viaggiava tutto il mio futuro.

Chiusi gli occhi e mi addormentai.

Il giorno dopo, dopo tanti mesi di buio, ripresi a sognare a occhi aperti.

MAMI È UNA DONNA FORTE

1

«Ditemi cosa succede! Ditemelo!»

Era una mattina di fine giugno e io piangevo disperata.

Avevo dieci anni e quella era la quarta estate che passavo a Cagliari, tra sole, mare e giochi sempre nuovi. L'abbraccio di Annalisa e dei nonni Gianni e Angela durava due mesi e io me lo godevo dal primo all'ultimo giorno. Mi ero abituata al pensiero che ogni volta tutto finiva e che dovevo tornare a Oshmiany, nel buio e triste istituto dove stavo crescendo. Mi ero abituata e sopportavo. Soprattutto perché la promessa di Mami era viva. Ogni giorno, ogni settimana, ogni mese me lo ripeteva: «Vedrai che alla fine io e te staremo insieme! Per sempre!». E io, che non mi stancavo mai di sentire quelle parole e che ci credevo con tutta me stessa, pregavo, pregavo che la promessa diventasse realtà. Quel mattino, però, tutto sembrava in pericolo. Perché Mami Annalisa stava male. Stava male la donna che mi voleva bene con tutto il suo cuore. E se lei stava male, anche io stavo male. Così gridavo, gridavo con tutto il fiato che avevo in gola: «Ditemi cosa succede! Ditemelo!».

E intanto me la portavano via.

La rividi solo due giorni dopo.

Avevo passato quei giorni e quelle notti in compagnia della nonna, che non smetteva di tranquillizzarmi.

«Non piangere, Natasha!» diceva Angela. «Vedrai che le cose andranno bene.» Ma le lacrime le scendevano dagli occhi e la sua voce tremava. Anche lei aveva paura. E per spiegarmi cosa succedeva usava parole che non capivo. Il mio italiano non era ancora così buono. Parlava di dottori e di operazioni. Parlava di medicine e di una lunga malattia. Ogni tanto mi guardava negli occhi e mi diceva: «Capisci quello che dico?». Io rispondevo di sì, ma non era vero. Volevo però che parlasse senza fermarsi. Perché fino a quando la nonna raccontava, il filo della speranza non si spezzava.

Il secondo giorno arrivò l'ora di pranzo e noi non ce ne accorgemmo. Si aprì la porta di casa ed entrò nonno Gianni. Aveva in mano un sacchettino che emanava un profumo delizioso. Erano paste fresche, appena uscite dal forno, e quell'aroma mi risvegliò la fame. Capii allora quanto tempo io e la nonna avevamo passato abbracciate, cercando di farci coraggio a vicenda.

Il nonno ci porse il sacchetto. Aveva la faccia tirata e delle grandi borse sotto gli occhi, come chi ha passato la notte in bianco.

«Come va?» chiese Angela.

«Bene,» rispose lui con un sorriso stanco «è ancora un po' intontita dall'anestesia. Ma quando andremo da lei sarà sveglia.» E si girò verso di me: «Vuoi andare a trovare Mami?».

«Subito!» risposi. «Andiamo subito!»

Lasciai la pasta a metà e uscii di casa.

I nonni non poterono fare altro che seguirmi.

La macchina del nonno si arrampicò lentamente per la ripida salita che portava all'ospedale civico. E quando fummo arrivati, la nonna mi prese per mano e disse: «Stai vicina a me. Questo posto è molto grande e ci sono tanti malati. Dovremo camminare un po' prima di trovare Annalisa». Feci un cenno con il capo e strinsi forte la sua mano.

Era la prima volta che entravo in un ospedale. Non la prima volta in Italia, ma la prima volta in vita mia. Non ero mai stata male, in Siberia o in Bielorussia, e per fortuna non avevo mai avuto bisogno di cure. Un paio di volte, quando stavamo nella casa degli Yalunovič, vicino a Grodno, mi ero presa un terribile raffreddore. Allora era venuto il medico. Il bravo e anziano medico che lo stato aveva assegnato alle famiglie di quella zona mi aveva guardato la gola, mi aveva misurato la temperatura e dato delle pastiglie. Poi, dopo un buffetto sulla guancia, se n'era andato.

«Lo sciroppo,» aveva raccomandato a Yuri «datele lo sciroppo per una settimana. Intesi?»

Mio fratello, corrucciato come sempre, aveva risposto di sì e chiuso la porta di casa alle spalle del dottore. Poi aveva imprecato.

«Dove li trovo i soldi per lo sciroppo?»

Questa era tutta la mia esperienza di medici.

E ora invece, in quell'ospedale, ne vedevo più di quanti potessi immaginare. Portavano lunghi camici bianchi o azzurri e al collo un curioso strumento che sembrava un serpente. Erano tutti indaffarati e camminavano veloci per i corridoi e le sale di quel posto enorme. Ogni tanto si fermavano per parlare con un collega, mostrandogli un foglio o una cartella. Oppure aprivano una porta e sparivano dentro una stanza. Sembrava che ognuno sapesse cosa doveva fare e che nessuno fosse disoccupato. Forse per questo non parlavano e non scherzavano. Erano seri, terribilmente seri. Non avevano tempo. O avevano troppe preoccupazioni. Le infermiere invece parlavano e ridevano. Ed erano molto gentili.

«Avete bisogno di qualcosa?»

«No,» rispose il nonno con sicurezza «andiamo in Chirurgia 2. Ero lì anche stamattina. Ala C, terzo piano. Giusto?»

«Esatto,» confermò la ragazza in camice «dietro l'angolo trovate gli ascensori più vicini.»

Mentre aspettavamo che l'ascensore raggiungesse il piano terreno, pensavo a quella parola – "chirurgia" – e rabbrividivo di paura. Non sapevo cosa significava, ma suonava malissimo. E così stringevo la mano della nonna ancora più forte. Quando le porte dell'ascensore si spalancarono sui corridoi di Chirurgia 2, ero pronta alle sorprese più terribili. E pregai che a Mami Annalisa non fosse successo niente di male.

Prima di entrare nella sua stanza, il nonno ci spiegò che dovevamo indossare degli strani vestiti. Mi spaventai, ma il nonno mi rassicurò subito: «È per proteggere Mami, per aiutarla a guarire». Tranquillizzata, mi lasciai vestire e, alla fine, la nonna mi mostrò come mettere la mascherina su bocca e naso.

Entrammo insieme nella stanza.

Lei aprì lentamente gli occhi, riemergendo dal suo terribile abisso.

«Mami!»

Sentì il mio grido e mise a fuoco il mio volto e la mia voce.

Quando capì, sorrise, con quel suo lungo e dolcissimo sorriso. Un sorriso imperturbabile, che niente e nessuno poteva scalfire. E di nuovo mi sentii protetta. Le fitte alla schiena che l'avevano atterrata, strappandomela via, erano sparite. Il suo sguardo era di nuovo chiaro. Stanco, ma sereno. Allungò la mano e strinse la mia, di bambina di dieci anni.

«Come stai, Mami?»

La sua presa si fece più salda.

«Sto bene, adesso. E starò sempre meglio nei prossimi giorni.»

«Che cosa è successo?»

Mami lanciò un'occhiata ai nonni, che stavano alle mie spalle, ai piedi del letto. Ma loro scossero silenziosamente la testa. Non mi avevano detto niente.

«Mi hanno fatto un trapianto di rene.»

Rimasi confusa per qualche secondo. Poi chiesi: «Cos'è un trapianto di rene?».

«Il rene è un organo del nostro corpo. Serve per fare la pipì. Me ne hanno messo uno nuovo.»

«Ma tu hai sempre fatto pipì!»

«Sì, ma mi faceva tanto male. Adesso invece non mi darà più fastidio.»

«Vuoi dire che non dovrai più venire in ospedale una volta alla settimana, come prima?»

Il suo volto si illuminò.

«Sì! Non dovrò più venire a fare la dialisi.»

«Allora potremo stare più tempo insieme!»

Mami e i nonni Angela e Gianni risero.

«È così» disse nonno Angelo. «D'ora in poi Annalisa non scapperà più in ospedale e noi non staremo in pensiero per lei. Ma ora deve riposare. Andiamo, Natasha...»

Baciai Mami sulla guancia. E lei mi strinse a sé, nonostante l'intrico di fili che avvolgevano il suo letto.

«Ciao, amore. Adesso ho bisogno di dormire, ma presto tornerò a casa.»

«Quando verrai?»

«Non lo so. Devono dirmelo i dottori. Presto...»

«Posso tornare a trovarti?»

«Certo. Anche domani, se vuoi.»

«Su, andiamo.»

Il nonno mi prese per mano.

L'ultima cosa che ricordo è il *bip* della grossa macchina attaccata al suo letto. Mi fermai un secondo per darle un ultimo saluto. Ma lei già non mi vedeva più. Aveva chiuso gli occhi e dormiva.

Nelle settimane successive, Mami guarì lentamente dalla sua malattia.

Ogni giorno andavo a trovarla con il nonno. Io dormivo con Angela a casa di Annalisa e Gianni passava a prendermi alle due precise del pomeriggio. Salivo di corsa in macchina e poi lo pregavo di sbrigarsi, perché non vedevo l'ora di arrivare in ospedale. Aprivano le porte alle due e mezzo e potevamo rimanere lì solo fino alle quattro. Era poco tempo e io non volevo sprecare nemmeno un minuto.

Ogni volta scoprivo che Mami aveva fatto un piccolo progresso e mi dispiaceva che l'avesse fatto da sola, senza di me. Ma ero anche contenta, perché questo significava che sarebbe presto tornata a casa.

Un giorno la trovammo che mangiava una mela con gusto.

Un altro che non aveva più fili attaccati al braccio.

Un altro ancora che si reggeva in piedi accanto al letto.

E poi, un pomeriggio, scoprimmo che provava a camminare, con un'infermiera vicina pronta a sorreggerla.

«Ti aiuto io!» dissi, quando la vidi, e mi misi al suo fianco. Mami poggiò la mano sulla mia spalla, mentre l'infermiera si allontanava di un metro.

«Dai, arriviamo fino alla porta!»

«Sei sicura che possiamo farcela?»

«Certo,» la rassicurai, guardandola in viso «io ti sosterrò.»

E così, passetto dopo passetto, ci spostammo dal letto alla porta.

Impiegammo diversi minuti, perché a ogni passo Mami doveva prendere fiato. Le sue guance erano terribilmente pallide e si vedeva che sentiva molto dolore. Anch'io sentivo dolore, perché pesava con tutto il corpo sulla mia spalla, ma non mi lamentai mai. Lei respirava a fondo e poi muoveva in avanti la gamba. Prima la destra, poi la sinistra. E di nuovo. E ancora. Finché ci riuscimmo. Arrivammo alla porta e tornammo indietro. Quando toccammo il letto, lei si lasciò andare sulle lenzuola. Sedette pesantemente e per un momento pensai che stesse per svenire. Ma niente avrebbe potuto turbare la mia felicità di quel momento.

«Mami, ce l'abbiamo fatta!»

«È vero,» i suoi occhi si riempirono di lacrime «ce l'abbiamo fatta! Grazie!»

Mi abbracciò e io le sussurrai nell'orecchio, piano,

perché non volevo che il nonno e l'infermiera mi sentissero: «Quando tornerai a casa, ti curerò io!».

«Lo so, bambina! È per questo che piango!»

Passarono tre settimane, durante le quali feci la vita che facevo ogni estate a Cagliari. Giocavo tutto il giorno, a casa, al parco, con i miei amici e con Angela, che sostituiva Mami e aveva le sue stesse energie. Ma non era la stessa cosa. Mi mancava lei. Mi mancava la sua voce, dolce nell'affetto e nelle carezze, imperiosa quando mi rimproverava o mi dava un ordine. E mi mancavano il suo sbuffare insoddisfatto ai miei capricci e la sua tenerezza, quando era contenta perché andavamo d'accordo. Persino il mare, senza di lei, era meno azzurro e divertente. Il secchiello e la paletta non bastavano più. Senza Annalisa era come se non ci fosse più famiglia. Così fremetti di gioia il pomeriggio in cui, giunta alla porta della sua camera d'ospedale, scoprii che era vestita e pronta per tornare a casa. Aveva indosso pantaloni corti e una maglietta, proprio come me: sembravamo sorelle. Appena ci vide, afferrò la valigia e disse: «Andiamo?». Sorrideva e aveva riacquistato tutta la sua forza.

Quella notte, dopo aver mangiato una gigantesca torta e aver fatto festa insieme ai nonni, dormimmo nello stesso letto, abbracciate. Prima di addormentarsi mi sussurrò: «Domani ce ne andiamo al mare! Vuoi?».

«Faremo quello che vuoi tu, Mami! E io ti obbedirò!»

Annalisa sgranò gli occhi. «È la prima volta che parli in questa maniera. Di solito cerchi di costringermi a fare quello che piace a te… c'è qualcosa che non va?»

Io distolsi lo sguardo, perché non volevo che vedesse i miei occhi umidi. E riuscii a mantenere ferma la voce.

«No, è tutto a posto. Ma non andartene mai più! Hai capito?»

Mami mi strinse a sé e non rispose.

In quella stretta c'era tutto il suo amore.

Il mattino dopo, quando il sole era già alto nel cielo e il caldo entrava dalle finestre spalancate, Mami preparò un paio di panini, prese una bottiglia d'acqua e infilò tutto nella borsa da spiaggia.

Poi ci cambiammo per andare al mare, io nella mia stanzetta, lei nella sua. Ma non trovavo il costume pulito e andai di là per chiederle se ricordava dov'era.

Così la vidi, riflessa nello specchio del bagno.

Mami si stava mettendo un costume intero e la sua schiena era illuminata da una luce calda e forte.

Vidi la cicatrice, lunga, rossa e profonda che saliva sulla sua pelle.

Mi misi la mano davanti alla bocca e riuscii a non gridare. Tornai di corsa in camera mia, sconvolta. Adesso capivo cosa significava la parola "chirurgia". Era qualcosa che ti entrava nella carne e ti faceva un gran male.

Mi sentii piccola, tanto piccola. I miei problemi erano niente, in confronto a quella cicatrice.

Mami, mi dissi, è una donna davvero forte.

2

Quell'estate potei misurare tutta la forza di Mami, nel bene e nel male.

Nel bene, perché mi aiutò e mi sostenne in un giorno molto difficile per me.

Nel male, perché una volta provai a sfidarla. Non so cosa mi successe. Semplicemente, mi misi contro di lei. E lei l'ebbe vinta.

Ma andiamo con ordine.

«Sei pronta?»

«Sì» dissi subito.

La mia voce però era esitante e in realtà non mi sentivo per niente sicura. Mami e il signore che lei tempo prima mi aveva presentato come "il nostro avvocato" si guardarono e sospirarono. Avevano capito. Poi l'avvocato, che si chiamava Francesco, mi prese la mano e mi parlò con calma.

«Natasha, abbiamo chiacchierato di questo giorno molte volte nelle scorse settimane. È vero?»

Era vero. La preparazione di questo appuntamento aveva occupato tanto del nostro tempo dal giorno in cui Mami era tornata a casa, dopo il trapianto. Non erano passati mattino, pomeriggio e sera in cui non ne avessimo parlato. Io mi ero sempre mostrata sicura di me, ma questa sicurezza adesso era svanita tutta d'un colpo. Nelle settimane precedenti avevo ascoltato quel che mi dicevano, ripetuto quel che mi suggerivano, quasi sbuffato d'impazienza davanti alle loro insistenze. «Ho capito, ho capito,» avevo detto una volta, guardando con desiderio la bicicletta «ho capito come devo rispondere! Ma ora posso tornare a giocare?» Mami e l'avvocato avevano sorriso, lasciandomi andare. Adesso, però, eravamo al colmo dell'estate e io tremavo di paura. Sedevamo in una sala d'aspetto, in attesa della chiamata, in un posto freddo nonostante il gran caldo dell'estate di Cagliari. Le pareti alte, i mobili vecchi, la vernice sporca: quel posto mi ricordava troppo la Bielorussia e forse per questo avevo paura. Fu Mami a darmi l'incoraggiamento finale. Mi strinse a sé e disse: «Non preoccuparti, Nati! Andrà bene comunque. E ce la faremo!».

La guardai sperando che avesse ragione e proprio in quel momento un impiegato uscì da una stanza e fece un cenno all'avvocato.

«Tocca a noi!»

Varcammo la porta ed entrammo in una grande aula di tribunale.

Eravamo al tribunale dei minori, il posto in cui la legge si occupa dei bambini della mia età.

Io, a dire il vero, non avevo mai visto un tribunale e nemmeno un giudice. Ma non mi aspettavo niente di buono, perché la legge la conoscevo bene: portava le uniformi dei poliziotti che mi avevano trascinata via da casa e lo sguardo gelido dell'assistente sociale che aveva spinto mia madre a vergognarsi di sé. Questo mi venne in mente quando mi sedetti davanti ai giudici. Tre signori, anzi due signori e una donna, che stavano dietro un lungo banco e indossavano dei mantelli neri. Ricordo di essermi chiesta perché non portavano vestiti un po' più allegri. Mi sembrava tutto molto triste. E a poco servì il sorriso che il signore di mezzo mi rivolse immediatamente.

«Come ti chiami, piccola?»

«Natasha.»

«Natasha come?»

«Natasha Vladimirovna Rytzko, vostro onore.»

L'intervento dell'avvocato, in piedi al mio fianco, mi tranquillizzò.

«Immagino che Vladimirovna sia il patronimico e Rytzko il cognome.»

«Esatto, vostro onore.»

«E perché sei qui, Natasha?»

«La nostra assistita, vostro onore, vorrebbe diventare figlia adottiva della mia cliente, Annalisa Dessalvi, e...»

«Ho letto la pratica» lo interruppe il giudice «e so di cosa si tratta. Ma vorrei sentire queste cose dalla bambina. Mi lasci fare il mio lavoro.»

«Mi scusi, vostro onore.»

L'avvocato si sedette e io guardai Mami, che mi stringeva la mano. I suoi occhi dicevano "dai, che ce la fai!", ma io mi sentivo sola. L'idea di parlare con quel signore sconosciuto non mi piaceva affatto. E non mi andava di raccontare le mie cose a degli estranei.

«Natasha, mi capisci? Capisci l'italiano?»

Feci cenno di sì con la testa.

«Bene! Mi vuoi dire perché ti trovi qui?»

Cercai di raccogliere nella mia testa di bambina le parole giuste, ma non vennero.

«Dunque?»

Guardai il giudice, che mi fissava benevolo, e sentii la mano di Annalisa stringere la mia ancora più forte. Ma non parlai. E passò così un minuto buono. Fino a quando l'uomo sospirò.

«Ti faccio un'altra domanda. Vuoi che la signora Annalisa diventi tua mamma?»

A sentire quelle parole, gli occhi mi si inumidirono. Di nuovo, con prepotenza, mi tornò in mente il pensiero di mia madre, che non vedevo dal giorno in cui ero entrata in istituto. Non capivo perché quell'uomo mi faceva una domanda così difficile. Tirai su con il naso e cercai in tasca un fazzoletto. Fu Mami a passarmelo.

«Hai paura? Non vuoi rispondere?»

«Non ho paura» mormorai.

«Come? Parla più forte!»

«Non ho paura!» dissi.

«Bene,» sorrise il giudice «e allora dimmi cosa pensi. Ti trovi bene con la signora Annalisa?»

«Sì, tantissimo.»

Il mio trasporto inorgoglì Mami e tutti tirarono un sospiro di sollievo.

«Perciò posso rifarti la prima domanda: perché sei qui?»

D'improvviso capii cosa volevano da me quelle persone. Volevano che fossi io a decidere. Volevano che io scegliessi il mio futuro, anche se avevo solo dieci anni. Io lo sapevo, sapevo che volevo stare tutta la vita con Annalisa. Lo sapevo da quando ero stata con lei la prima estate. Ma dovevano aiutarmi a decidere. Non potevano fare dire tutto a me. Non ne avevo la forza. Guardai a destra, verso l'avvocato. Guardai a sinistra, verso Mami. Tutti e due mi incoraggiarono con gli occhi. Io però non aprii bocca. Non ci riuscii. E quando fu passato un altro paio di minuti, il giudice parlò.

«Avvocato, la faccenda mi sembra chiara. Voi state precorrendo i tempi. Tornate quando la bambina avrà fatto una scelta più matura. E, avvocato...»

«Sì, vostro onore?»

«Dovreste imparare a conoscere meglio i vostri clienti. Ora andate!»

L'uomo in piedi vicino a me si irrigidì e vidi il suo volto diventare rosso come il fuoco. Poi mi prese dolcemente per il braccio e rivolse un'occhiata a Mami. Uscimmo insieme dall'aula e tornammo a sederci nella sala d'aspetto, per tirare il fiato.

Sapevo di non essere stata brava.

Quando Mami mi aveva presentato "il nostro avvocato", qualche settimana prima, io ero rimasta sbalordita. Sapevo, per sentito dire, che gli avvocati sono persone molto serie, che si occupano di cose importanti e difficili. E che sono spesso vecchie, noiose, con la testa sempre immersa nei libri e poco tempo per giocare.

Invece, "il nostro avvocato" era completamente diverso. Era molto giovane, innanzitutto. Aveva i capelli un po' lunghi. E anche se era sempre elegante, i suoi vestiti sportivi non sembravano quelli di una persona che passa tutto il giorno sulle carte. Ma la cosa che mi colpì di più fu che aveva tempo per divertirsi. E per divertire anche me. Tanto che feci con lui una cosa che nemmeno con Mami avevo mai fatto: andai in barca, e fu bellissimo.

Un mattino, io, Francesco l'avvocato, Annalisa e i nonni Angela e Gianni ci recammo al porticciolo di Cagliari e salimmo su una piccola imbarcazione turistica, che ci portò a fare il giro delle piccole spiaggette vicino alla città. Nel trovarmi in barca a solcare le onde provai una grandissima emozione. Non ero mai stata in mare e mi sembrò meraviglioso. Misi la mano fuori bordo e la immersi nell'acqua, godendo il fresco. E intanto ammiravo le insenature verso le quali eravamo diretti. Si trovavano in un posto chiamato la Sella del Diavolo e benché fossero a un passo da Cagliari non le avevamo mai visitate prima.

«Mami, perché non siamo mai venute qua?»

«Perché io ho paura della barca.»

«E oggi, allora?»

«Oggi era una buona occasione per stare con l'avvocato e conoscersi. Come ti sembra Francesco?»

«È molto simpatico. È un buon avvocato?»

«Dicono di sì. Ma io non l'ho scelto per questo...»

«E perché?»

«È un segreto e se prometti di non dirlo a nessuno te lo rivelo...»

«Dai, Mami! Dimmelo, dimmelo!»

Lei si chinò verso di me e parlò sottovoce.

«L'ho scelto perché è un po' sognatore. Dobbiamo fare insieme una cosa molto difficile. E solo chi è un po' sognatore può sperare di farcela. Anche noi siamo delle sognatrici, non è vero?»

«Io di sogni ne ho moltissimi!»

«Appunto,» annuì Mami soddisfatta «ecco perché ho scelto Francesco come avvocato. Forse non è esperto come altri avvocati, ma fa i nostri stessi sogni. Hai capito adesso?»

«Ho capito.»
«E sei d'accordo con me?»
«Sono d'accordo.»

Avevamo un avvocato sognatore. E in quel momento mi sembrò la ricchezza più grande che si potesse conquistare. Ascoltai Francesco che mi spiegava perché si chiamasse Sella del Diavolo e mi raccontava del diavolo che cade dal cielo e lascia nella roccia il segno della sua discesa sulla terra. La sua voce raccontava una fiaba. E lui credeva a quella fiaba. Pensai che con Francesco forse potevamo farcela. Annalisa aveva visto giusto. Ne ero sicura.

Mami però non aveva previsto la mia paura e la mia scena muta al tribunale.

«E ora che facciamo?» chiese all'avvocato, mentre ancora sedevamo nella sala d'aspetto.

Li guardai e vidi quanto erano confusi e disorientati. Dopo tanta preparazione, tutto si aspettavano dall'appuntamento tranne proprio quel che era accaduto. E io mi sentivo... io non sapevo come mi sentivo. Un momento mi sentivo in colpa e il momento dopo non mi sentivo più in colpa. Ero stata zitta, è vero. Ma non perché ero cattiva. Volevo aiutare Mami e l'avvocato, ma non ci ero riuscita. Ecco tutto. Questo era successo. Qualcosa mi aveva bloccato e mi aveva impedito di parlare. Avrei urlato se avessero provato a darmene la colpa.

«Volete rimanere soli per parlare?» chiesi tutta triste.

E Mami, che mi guardava e capiva cosa mi passava per la testa, mi attirò a sé e mi abbracciò. Solo allora la tensione si sciolse e lasciai scorrere le lacrime che tenevo in gola dal momento in cui eravamo entrati in tribunale.

«No, piccola. Non vogliamo rimanere soli. Tutto questo è fatto per te e per me. E tu devi sentire e decidere con noi. Andremo avanti insieme e insieme ce la faremo. Giusto, Francesco?»

«Certo» rispose tranquillo l'avvocato. «Andrà meglio la prossima volta.»

Annalisa si alzò e mi invitò a seguirla.

«Andiamo. Andiamo a casa. Lì staremo comodi e discuteremo delle nostre prossime mosse.»

Ci avviammo e uscimmo alla luce del sole.

Di nuovo Mami mi aveva mostrato di essere una donna molto forte.

E di nuovo quell'estate si trasformò per noi due in una bellissima vacanza.

3

«Mami, tu non mi hai mai raccontato di te.»

«Cosa vuoi dire?»

«Io sono venuta qui nell'estate del '97. Ci siamo conosciute nel mese di luglio di quell'anno. Io so tutto quello che ti è successo da allora. So della dialisi, so dei nonni, so del tuo lavoro. Ho vissuto con te il trapianto di rene, la scorsa estate. Ma, prima di tutto questo, cosa è successo?»

Annalisa mi guardò attentamente.

«Perché ti interessa?»

«Perché noi vivremo per sempre insieme. Lo desideriamo tanto e ci riusciremo. E io voglio conoscere davvero la mia mamma.»

Mami si staccò da me e si alzò dal divano. D'improvviso la televisione non le interessava più. Entrò in cucina e poco dopo riapparve con in mano una tazza di caffè.

«Non c'è molto da dire» commentò, tentando di svicolare.

«Tu dimmelo lo stesso.»

«Come faccio? Non saprei da dove cominciare...»

«Provaci! Io ci tengo!»

Mami ci pensò un po' su e poi prese una decisione.
«Aspetta» mi disse.
Andò a frugare in un armadio e ne trasse una busta bianca e molto grande. Venne da me e la vuotò sul divano. Era piena di fotografie.
«Queste non me le hai mai fatte vedere!»
«Perché non le ho ancora sistemate... ma ci tengo molto. In queste foto ci sono le persone e i momenti più importanti della mia vita.»
«Lui chi è?»
L'immagine ritraeva un bell'uomo alto e dai capelli neri, con un sorriso aperto e accattivante.
«Davvero non lo riconosci?»
Mi sforzai di osservarlo meglio e in effetti aveva un'aria familiare. Ma non sapevo dargli un nome.
«È mio papà.»
«Nonno Gianni!»
«Sì, prima di sposarsi.»
«Quanto è bello!»
Mami sorrise.
«È vero. Era proprio un ragazzo affascinante. E aveva un grande successo con le donne.»
«Te lo ha detto lui?»
«No. Io e mio padre non abbiamo mai parlato di queste cose. Lui è molto all'antica. E dalle nostre parti un padre non racconta alla figlia delle sue avventure amorose.»
«Allora come fai a saperlo?»
«Me l'ha raccontato mia madre.»
«Davvero?»
«Sì. Lei era innamorata di lui, ma lui non la guardava neanche. Così un giorno diede una festa apposta

a casa sua per invitarlo e attirare la sua attenzione. La festa riuscì tanto bene che mio padre rimase conquistato. Già allora, prima di sposarsi, mia madre era una donna di casa eccezionale.»

«Vuoi dire che è stata lei a farlo innamorare?»

«Certo... Ma se chiedessi a mio padre negherebbe. Questa storia gli secca un po'. Secondo la versione ufficiale lui l'ha scelta perché era la più bella ragazza del vicinato. Insomma... una cosa molto tradizionale.»

«E questa sei tu?»

«Sì. Come ti sembro?»

«Bellissima! E molto elegante.»

«Avevo diciassette anni. Quella foto me l'ha fatta un mio compagno di scuola durante un veglione di Capodanno. E vuoi sapere perché la conservo?»

«Sì.»

«Perché quella sera mia madre mi accompagnò alla festa e poi venne a prendermi a mezzanotte e cinque. Io mi arrabbiai moltissimo. Mi sembrava di essere un pacco postale. Mi sembrava che per mia madre i miei sentimenti non contassero niente. A lei interessava solo che nessuno spettegolasse sulla figlia. Per questo mi teneva sotto controllo.»

«E hai conservato la foto per ricordarti quando ti eri arrabbiata?»

Mami sorrise.

«No. L'ho conservata perché quello è stato l'ultimo Capodanno in cui ho obbedito a mia madre. Pochi mesi dopo ho compiuto diciotto anni e ho cominciato a prendermi più libertà. Il Capodanno successivo sono tornata a casa alle sei del mattino...»

«Nonna Angela ti ha rimproverata?»

«Mi ha tenuto il broncio per tre giorni e poi mi ha perdonata. Era un po' severa, ma ha capito che alla fine non facevo niente di male.»

«Che strano! Oggi è così gentile...»

«Si è ammorbidita con il tempo. Le cose attorno a noi sono molto cambiate... E poi sei arrivata tu!»

«Cosa vuoi dire?»

«Sei stata tu, tesoro, ad aprirle il cuore. Il giorno in cui sei arrivata, quattro anni e mezzo fa, è diventata un'altra donna... e anch'io, a dire il vero...»

Mami pronunciò queste ultime parole sottovoce, così piano che quasi non la sentii. Si era commossa. Ma non le diedi retta, perché avevo preso in mano un'altra fotografia. Anch'essa ritraeva un uomo, ma era più recente. L'uomo era in costume da bagno e non mi sembrava bello come il nonno.

«Chi è?»

Annalisa sospirò.

«Un mio amico.»

«Solo un amico?»

«Natasha! Non credi a quello che ti dico?»

«Un semplice amico non starebbe tra le persone più importanti della tua vita.»

Mami arrossì e mi lanciò un'occhiataccia.

«Tu stai crescendo troppo in fretta.»

Per tutta risposta sorrisi.

«Dai, dimmi chi è.»

«Un uomo al quale ho voluto molto bene. Ci siamo amati per quattro anni e siamo quasi stati sul punto di sposarci. Poi tutto è sfumato.»

«Perché?»

«Abitava in un'altra regione. Al di là del mare, in Italia centrale. Io non volevo trasferirmi laggiù e lui non voleva trasferirsi qua. E così non ci siamo sposati.»

«Forse non vi volevate bene davvero.»

«Forse hai ragione,» disse Mami, prendendomi svelta la foto di mano «ma ora abbiamo chiacchierato abbastanza. Prepariamoci: sai che oggi abbiamo una cosa importante da fare.»

«Aspetta» la fermai mentre infilava le fotografie dentro la busta. «Questa quando l'avete fatta?».

Guardavo l'immagine di Annalisa e Angela, ritratte all'aperto, in una grande piazza. Era una città, ma non sembrava Cagliari. E loro due apparivano molto stanche e tristi. Soprattutto Mami: quello doveva essere stato un giorno terribile.

«Oh, questa...»

Pendevo dalle sue labbra. Capivo che la stavo riportando a ricordi infelici. Ma sentirla raccontare quelle storie era tremendamente affascinante.

«Dove eravate?»

«A Trieste. Avevo ventiquattro anni e stavo davvero male. È stata la prima volta che mi hanno operata.»

«Cosa ti hanno fatto?»

«Mi hanno tolto un rene.»

Rimasi senza fiato.

«Ma... il trapianto, l'estate scorsa...»

«L'estate scorsa mi hanno cambiato il rene destro. Che funzionava male proprio perché era solo. Il sinistro me lo presero quel giorno, a Trieste.»

Mi sentivo male. Con la mia curiosità avevo ferito Annalisa.

«Scusami, Mami. Non volevo essere così sciocca.»

Lei mi allungò una carezza.

«Non preoccuparti. Ci sono tante cose che ancora non sai della mia vita... E adesso preparati. Devi essere prontissima per la grande festa.»

Guardai l'orologio appeso al muro del soggiorno.

Erano le cinque e Mami aveva ragione.

Dovevo prepararmi per la festa. La mia festa.

Quel giorno, il 27 gennaio 2002, compivo undici anni. E lo ricorderò sempre, perché fu la prima volta, dopo l'arrivo a Oshmiany, che festeggiai il compleanno fuori dall'istituto. E anche la prima volta che lo festeggiai con Mami e con i nonni, come una vera famiglia.

A dire il vero, vennero per me tantissime persone. Alle sei del pomeriggio di quel sabato arrivarono nonna Angela e nonno Gianni. Poi l'avvocato Francesco e il signor Giuseppe, il capo dell'associazione che portava i bambini di Chernobyl in Sardegna. E soprattutto arrivarono tutti i miei amici del parco giochi. I bambini con cui mi divertivo ormai da anni erano tutti lì, accompagnati dalle loro mamme. Per fortuna, a Cagliari il tempo è bello anche d'inverno. Non ci sono i mucchi di neve che in Bielorussia ti costringono a stare chiuso in casa. E noi, tutti i pomeriggi, anche nei giorni più freddi, ci trovavamo alle giostre almeno un'ora. Stavamo crescendo insieme, tra risate e litigate. Ma sempre divertendoci.

«Questo è per te!»

«Anche questo è per te!»

«Buon compleanno, Natasha!»

«Buon compleanno, piccola!»

Chiunque arrivasse mi baciava e mi metteva in mano un regalo. Io non credevo ai miei occhi. In istituto non avevo mai visto tanta abbondanza e non riuscivo neanche a concepire che fosse tutto per me. Bambole, vestitini, libri illustrati. I regali si accumulavano in un angolo della sala, mentre Mami mi guardava orgogliosa e godeva della mia gioia.

Il regalo più bello però fu proprio il suo. Me lo diede solo a tarda sera, dopo che avevamo mangiato tutti insieme un'enorme torta alla crema con su ricamato «Happy Birthday Natasha!», dopo che avevamo cantato e ballato, e dopo che gli ospiti se ne erano andati lasciandomi sazia di coccole e di felicità.

Erano le dieci e Mami disse: «Andiamocene a letto. Sono stanca morta. Puliremo domani».

Anche io cascavo dal sonno, ma un pensiero segreto mi teneva sveglia: dov'era il regalo di Annalisa? Possibile che Mami si fosse dimenticata?

E invece no. Lei intuì che la mia curiosità stava crescendo e crescendo e quando capì che non ne potevo più e stavo per scoppiare, aprì sorridendo un'anta del suo armadio, in camera da letto, e ne tirò fuori un pacco. Me lo porse con queste parole: «Tieni, tesoro. Così non ti dimenticherai mai di me, anche quando saremo lontane».

Svolsi il pacco freneticamente e vidi il regalo: una felpa rossa, calda e morbidissima, sulla quale era cucito un cuore palpitante trafitto da una freccia. Sotto, la scritta: «Io e te, insieme, per sempre».

Gli occhi mi si riempirono di lacrime e abbracciai e baciai Mami, senza smettere di ringraziarla un secondo. Era davvero un regalo stupendo.

Quella notte rifiutai il pigiama. Scaldata dalla mia nuova felpa rossa, dormii un sonno lungo e popolato di bellissimi sogni.

La mattina dopo successe però una cosa molto brutta: lo dicevo prima, il mio duello con Annalisa.

Non so perché accadde. Forse la felpa, o la festa per i miei undici anni, o tutto il bene che quelle persone mostravano per me. L'amore di Mami. Un amore che sembrava senza fine e sempre pieno.

Forse furono tutte queste cose insieme. Fatto sta che quel mattino mi sentivo invincibile. E credevo che niente potesse battermi. Così, quando mi alzai e, cercata Mami per tutta la casa, la trovai sul balcone che fumava, dissi un po' per scherzo e un po' per sfida: «Adesso chiamo nonna Angela e le dico che stai fumando. Sai che dopo l'operazione i medici te lo hanno proibito». Parlai così, tanto per parlare. Senza pensare se facevo male o alle conseguenze di quel che dicevo. E non capii che avevo già fatto un passo più lungo della gamba.

«Tu non chiamerai nonna Angela e non le dirai niente.»

«Io invece la chiamo subito.»

«No, che non la chiami.»

«Vuoi vedere che lo faccio?»

«Non la chiami.»

«La chiamo immediatamente.»

E mi misi a cercare il cordless, perché lo scherzo era già finito ed era rimasta solo la sfida.

Quando trovai il cordless, lo tirai su. Ma la mano di Mami coprì la mia.

«Piantala, Natasha!»

Negli occhi di Annalisa brillava un lampo d'ira. Ma io non ero disposta a farmi mettere sotto. Mi divincolai e corsi in cucina.

«Ora chiamo nonna Angela!»

«Non lo farai!»

«Perché no?»

«Perché te lo chiedo io!»

«E tu chi sei?»

Appena chiusa la bocca, capii l'enormità di quel che avevo detto.

Mami mi guardò per un lungo momento e poi disse parole che non dimenticherò mai.

«Io sono una persona adulta, non una bambina. Non faccio ricatti e non cedo ai ricatti. Tu non puoi ricattarmi. Nessuno può ricattarmi. E ora, se vuoi, telefona pure alla nonna...»

Nella sua voce c'erano una tale freddezza e una tale determinazione che rabbrividii. Rimasi immobile, stordita. Poi chinai la testa e, con le lacrime agli occhi, fuggii in camera sua, sbattendo la porta.

Passarono due minuti e sentii la voce di Annalisa, che mi chiamava.

«Vieni fuori, Natasha! Smettiamola qui!»

Non risposi, asciugandomi le guance e singhiozzando in silenzio.

Ero spaventata. Arrabbiata per l'umiliazione, sconvolta per essermi arresa subito. Ero veramente arrabbiata. E gliela dovevo far pagare. Non poteva mostrarsi così più forte di me.

«Vieni fuori e dimentichiamo tutto.»

Ma io non la stavo ad ascoltare. Come una furia, aprii il suo armadio e tirai giù tutto quello che trovavo. Gonne, pantaloni, maglioni, biancheria: tutto. Finché misi le mani su quel che cercavo: un abitino estivo lungo, nero e molto carino, per cui Annalisa andava pazza.

«Nati, cosa stai facendo?»

Il vestitino era così leggero che le mie forze di undicenne furono più che sufficienti a strapparlo. E benché Mami continuasse a chiamarmi, io continuai a distruggere e distruggere. Quando ebbi finito, aprii finalmente la porta, e lei vide l'abito a pezzi sul pavimento. La guardai trionfante. «Hai visto cosa mi hai fatto fare? E ora chiamo la nonna. Così le dico che fumavi.»

Ma le mie intenzioni rimasero tali.

Annalisa mi diede un ceffone che mi fece girare la faccia. E poi un altro, sull'altra guancia. Finii stesa sul letto, con le guance in fiamme e in un mare di lacrime.

«Oggi niente mare e niente parco giochi. Resterai chiusa a casa tutto il giorno per punizione.»

La sua voce era ferma. E fu come aveva detto.

Quando smisi di piangere, tornai in sala e mi sedetti sul divano, fissando lo schermo spento del televisore. Mami non mi disse più nulla. Non mi rimproverò, non mi perdonò, non mi propose di fare niente insieme. Mi lasciò a me stessa.

All'ora di pranzo mangiammo in silenzio e poi ci coricammo per riposare, ognuna in camera sua, sempre senza proferire verbo. Passai il pomeriggio su un libro di favole, dove tutto finiva sempre bene e anche i peggiori litigi servivano a rendere le persone più amiche. Forse, pensai, oggi a me non succederà così. Poi cenammo, sempre senza parlare. Ma con il passare delle ore mi ero calmata, e adesso riflettevo. Ero terrorizzata, perché non volevo perdere l'affetto di Annalisa. Ed ero ancora arrabbiata, perché mi aveva piegata in un secondo. Dentro di me però si faceva strada anche un altro pensiero: ero sua figlia, e forse avevo sbagliato a sfidarla. Lei non apriva bocca, non cedeva, e al momento di coricarmi ero talmente agitata che avrei fatto qualunque cosa per riconquistarla. Dopo essermi infilata sotto il lenzuolo, tirai un sospirone e mi feci coraggio.

«Mami!»

Nessuna reazione.

«Mami! Vieni a darmi la buonanotte?»

Ancora silenzio.

«Mami, ti prego! Vieni a salutarmi!»

«Solo dopo che farai una certa cosa...»

Avevo fatto breccia. Ma dovevo pagare un prezzo.

«Perdonami! Ho sbagliato!»

I suoi passi leggeri si avvicinarono lungo il corridoio. Mami si affacciò dalla porta.

«Perché volevi chiamare nonna Angela? Volevi farmi un dispetto?»

«Sì.»

«E perché?»

«Non lo so.»

«Volevi dimostrarmi di essere più forte di me?»

Non risposi. Tanto sapevamo benissimo tutte e due che aveva ragione.

Mami si avvicinò, accostò le labbra alla mia fronte e mi baciò.

«Non provarci più. Questa non è una gara a chi è più forte. Hai capito?»

«Ho capito. Non lo farò più.»

«Brava. E ora, buonanotte.»

«Buonanotte» ricambiai baciandola sulla guancia.

Uscì, lasciandomi la porta socchiusa. E io scivolai lentamente nel sonno. Agitata per quel che avevo passato.

Spaventata, perché non avevo mai litigato tanto con Mami. E sicura di una cosa: la più forte era lei. Senza ombra di dubbio.

Pochi giorni dopo salii sull'aereo che mi riportava a Minsk.

Ero ancora una bambina, ma le cose stavano cambiando rapidamente. Piangevo, gioivo, speravo e tremavo come una bambina. Ma i miei desideri mutavano e diventavano i desideri di una persona adulta

Ormai venivo a Cagliari da molto tempo: quattro estati e tre inverni. Una vita. La casa di Mami era la mia casa e lei la mia mamma. Per me era così. Per lei era così. Per i nonni era così.

Non per gli altri. Non per la legge. Ecco perché salivo sull'aereo diretto in Bielorussia. Prima di entrare e cercare il mio posto, mescolandomi agli altri bambini, volsi un'ultima volta lo sguardo verso la città. Perfino in quel giorno invernale, perfino nel freddo di gennaio, si sentiva il profumo del mare.

E una tristezza invincibile mi pervase il cuore.

Cinque lunghi mesi dovevano passare prima che potessi di nuovo mettere piede in Sardegna.

VOGLIO ANDARMENE DA QUI!

1

Si può essere chiusi in cella anche senza trovarsi in prigione.

Voglio dire che per sentirsi in gabbia non è necessario finire in carcere.

Questo è ciò che succedeva a me in istituto. O almeno questo è ciò che io sentivo. So che molte altre ragazze in istituto stavano bene, che si sentivano protette, a posto, al caldo. Olga, per esempio, era una di queste. A me non capitava così. Io mi sentivo come un uccellino dentro una voliera. Una voliera molto grande, dentro la quale c'era da divertirsi e si poteva girare un bel po'. Ma era pur sempre una gabbia, con le sue sbarre e la sua porticina. La chiave di quella porticina non era nelle mie mani. Io lo sapevo e ne soffrivo. E mentre crescevo cominciavo a sentire che la voliera mi andava stretta, terribilmente stretta.

Non sopportavo gli orari di scuola: lezioni al mattino dal lunedì al venerdì e lezioni anche al pomeriggio. Perché nessun momento della giornata doveva andare perso. E se non studiavo geografia, storia o informatica, ero costretta a studiare una lingua, uno strumento musicale o chissà cos'altro.

Non sopportavo le proibizioni. Niente penne nere, perché ci ricordavano l'invasione di nazisti e fascisti durante la guerra. Niente internet, perché il direttore non sapeva dove saremmo finite navigando in rete. Niente cellulare o playstation, perché nessuno aveva diritto di sembrare più ricco e fortunato degli altri, neanche se a regalarti il cellulare o la playstation era la famiglia europea che ti ospitava d'estate. Niente calcolatrice, perché le operazioni bisognava imparare a farle a mente. E niente trucco, perché una ragazza truccata è volgare.

Non sopportavo gli obblighi, come quello di indossare la divisa fatta di giacca, pantaloni e camicia, quello di chiacchierare dopo cena con le insegnanti su questioni "importanti", quello di andare a letto tutti insieme anche se non avevamo sonno o quello di sedersi a tavola sempre alle stesse ore per mangiare sempre le stesse cose. Tè, latte e cereali a colazione. Merenda a metà mattino. Pranzo alle tre con minestra di patate e verdure, secondo di patate e carne. E cena uguale.

Non sopportavo tutto questo. E ciò che l'istituto mi garantiva non mi sembrava un compenso adeguato. Un tetto, i pasti e l'istruzione non mi bastavano. Io volevo di più, molto di più. A cominciare dalla mia libertà.

Ecco perché cercavo continuamente il modo di evadere.

Se ci riuscivo, evadevo fisicamente da quelle mura: imparai presto ad aggirare i controlli.

Se non potevo andarmene, stavo dentro e cercavo ugualmente di mettere alla prova i miei limiti. Era un gioco pericoloso, ma necessario. Solo così respiravo.

Sapevo che su questa strada mi sarei fatta la fama di rompiscatole e mi sarei inimicata il direttore e le assistenti, giocandomi forse persino i viaggi in Italia. Ma io odiavo la voliera. E nessuno poteva costringermi ad abituarmi alle sue sbarre. La chiave della porticina: possederla era il mio desiderio più grande.

I passi nel corridoio si avvicinarono e annunciarono l'arrivo dell'assistente.

Noi ci infilammo in fretta sotto le coperte e chiudemmo gli occhi. Io, che dormivo nel letto in alto, mi voltai verso il muro e attesi trattenendo il respiro. La camera piombò nel silenzio.

Ancora un secondo e la porta si aprì. Non vedevo, ma sapevo quel che succedeva, perché i gesti dell'assistente erano sempre uguali, sera dopo sera.

Mise dentro la testa e diede un'occhiata attorno. Toccava a lei assicurarsi che dormissimo e spegnere la luce per la notte. Il *clic* dell'interruttore però non venne e sentii anzi la nostra responsabile fare due passi avanti nella stanza. Sudai freddo, temendo che Olga o Katja avessero lasciato le loro borsette in vista. Per fortuna non era accaduto.

La donna sbuffò, chinandosi verso terra e raccogliendo un maglione, che poggiò da qualche parte. Poi fece marcia indietro, spense la luce e, dopo un'ultima controllata, chiuse la porta. Per quel che la riguardava, noi non esistevamo fino al mattino seguente.

«Cavolo! Per poco non gridavo dalla paura!»

Katja parlò nel buio, accompagnandosi con un risolino isterico.

Io mi alzai e accesi la luce. Sapevo che nel corridoio non filtrava niente e potevamo muoverci senza timore di essere scoperte.

«Siete pronte?»
«Io sì.»
«Anch'io!»
Larissa e Katja risposero, ma Olga stette zitta.
«Olga! Sei pronta?»
«Io non vengo!»
La sua voce giunse soffocata da sotto le coperte.
«Che vuol dire? Siamo tutte d'accordo!»
Lei tirò fuori la testa.
«Non me la sento.»
Olga era la mia migliore amica, ma certe volte proprio non la capivo.
«Dai! Staremo insieme e non se ne accorgerà nessuno. Non puoi rimanere qui da sola!»
Ma lei scosse la testa.
«Ho detto che non vengo e non verrò!»
«Natasha, lascia perdere! Questa ha paura!»
«Non ho paura!»
«E allora che c'è? Non esci se non ti accompagna la mamma?»
«Larissa!»
Quella stupida stava esagerando. Sapeva benissimo che Olga la mamma non ce l'aveva.
«Forza,» dissi «se Olga non vuole venire con noi, pazienza. Ci divertiremo anche in tre. Muoviamoci!»
Ci eravamo infilate a letto completamente vestite e ora impiegammo solo un minuto a sistemarci, metterci le scarpe e afferrare le borsette. Prendemmo le giacche a vento, perché la notte di primavera era ancora parecchio fredda, e ci accalcammo sulla porta.
Misi la mano sulla maniglia e tirai.
Da quel momento non si poteva tornare indietro.

Uscire dall'istituto fu semplice. Da molto tempo avevo la copia della chiave di una delle porte di servizio della cucina. Me l'aveva data Sasha, che l'aveva comprata da uno degli inservienti, pagandola un mucchio di soldi. Sasha mi aveva fatto promettere di non cederla a nessun altro e io avevo mantenuto l'impegno. Ora, dopo aver pianificato la fuga per settimane, era venuto il momento di sfruttare il prezioso dono di mio fratello.

Con Larissa e Katja sgattaiolai per scale e corridoi, scendendo fino alle cucine. Dopo pochi passi capimmo che era meglio camminare scalze e, per non fare rumore, mettemmo le scarpe nelle borsette. Stavamo attaccate ai muri e ci fermavamo ogni volta che sentivamo un rumore sospetto: un colpo di tosse, uno strascicare di sedia, una serranda che si abbassava. Se un assistente usciva dalla sua stanza e accendeva le luci del corridoio eravamo spacciate. Sarebbero stati ceffoni e reclusione in stanza per una settimana, la pena che toccava a chi cercava di evadere. Ma non accadde e arrivammo senza danni alla dispensa.

La chiave apriva una delle porte destinate ai fornitori: vedevamo spesso i loro camion accostarsi al muro e scaricare enormi quantità di frutta, verdura e tutto quel che serviva per dare da mangiare a cinquecento ragazzi affamati. Avevamo troppa paura di accendere la luce e così cercai la toppa al buio, ma per l'eccitazione maneggiavo la chiave con difficoltà e ci misi un po'. Quando riuscii a infilarla nella serratura, le diedi due, tre e poi quattro giri. A ogni scatto, sentivo crescere l'ansia delle mie amiche. Da ultimo spinsi, e la porta si aprì. Si spalancò sul buio dei campi che stavano dietro l'istituto e per noi fu come se si fosse spalancata su una terra di sogno. Respirammo a fondo l'aria della notte, ammirammo il cielo stellato e, senza una parola, ci dirigemmo verso la strada. Finalmente eravamo padrone di noi stesse.

«Ma da dove diavolo venite?»

Il camionista che ci aveva caricato ci osservava con curiosità.

Ci aveva raccolte poche minuti prima, ed era stata davvero una fortuna incontrarlo. Dopo un chilometro di marcia ai bordi della larga strada asfaltata avevamo capito che cercare di arrivare in città in quel modo era una follia. Non c'era illuminazione e correvamo continuamente il rischio di essere messe sotto. Inoltre, avevamo i piedi immersi nella neve e nel fango. Presentarsi tutte inzaccherate non sarebbe stato il migliore biglietto da visita per la nostra meta. E così ci eravamo rassegnate a chiedere un passaggio.

«Allora, da dove venite?»

«Cosa le importa?» replicai sfrontatamente, cercando di farmi coraggio.

«Anche linguacciute» ribatté lui seccato, e accese la luce dell'abitacolo.

Senza perdere d'occhio la strada, ci guardò meglio e trasalì.

«Ma siete delle ragazzine! Io vi porto subito alla polizia!»

«No! La prego!» gridai.

«Non ci faccia questo!» lo supplicarono Katja e Larissa.

L'uomo brontolò e di nuovo chiese da dove venivamo. Evidentemente non era di quelle parti, altrimenti avrebbe saputo del nostro istituto e avrebbe capito da solo. Ma mentire non serviva e così gli dissi dove vivevamo.

«Scommetto che siete uscite con il permesso del vostro direttore» osservò sarcastico. «Vero?»

«Non deve scherzarci sopra. Quel posto non è bello.»

«Già... E poi a me che me ne importa? Merda! Mi state procurando proprio un bel grattacapo!»

Il camionista ci pensò su un momento e prese una decisione.

«Non vi porto alla polizia perché devo essere a Minsk domani mattina alle cinque e non posso perdere tempo. Ma se mi beccano con voi a bordo passo un guaio. Ditemi dove volete scendere e vi scarico il più vicino possibile. Basta che vi sbrighiate!»

Mentre le mie amiche sospiravano di sollievo, risposi in fretta: «Andiamo a Oshmiany. Sono solo pochi chilometri da qui. E ci lasci all'ingresso della città. Per noi è perfetto».

«E va bene.»

Quando l'uomo ci fece scendere, ci sembrò di aver vinto la guerra. Non ci chiedemmo come avremmo fatto al ritorno. Ci avremmo pensato al momento opportuno. Per ora era sufficiente esserci avvicinate alla nostra destinazione. Salutammo il camionista e lo vedemmo ripartire lungo la strada statale. Poi dissi: «Andiamo». E cominciammo a scarpinare.

La discoteca non era lontana e la raggiungemmo in mezz'ora. Quando la vedemmo, estrassi il portamonete dalla borsetta. Avevo risparmiato rublo su rublo per quell'occasione, mettendo da parte i soldi che Annalisa mi mandava dall'Italia, e ne avevo persino prestato a Katja e Larissa. Sentivo gli spiccioli tintinnare nella mano e più mi avvicinavo alla discoteca più forte era il loro rumore. All'ingresso non ci degnarono di un'occhiata. Quella era gente che non si preoccupava dell'età dei clienti. Bastava pagare. E noi pagammo, guadagnandoci l'ingresso per una notte di allegria.

Non eravamo mai state in discoteca e il solo esserci entrate ci riempì di felicità. Io, a dire il vero, avevo sentito i racconti di Sasha e delle ragazze più grandi sul rumore assordante, sulle luci lampeggianti, sul bar e sulla vodka. Ma ascoltare è una cosa e vivere è un'altra. Lasciammo le giacche a vento al guardaroba e ci avvicinammo alla sala. Tutto era nuovo, ma noi imparavamo in fretta.

«Siete pronte, ragazze?»

«Siamo pronte!»

Ci buttammo in pista, in mezzo agli altri, e cominciammo a seguire il ritmo della musica. Il volume era altissimo e non potevamo parlare tra noi, ma non ce n'era bisogno. Io sorridevo a Katja, Katja sorrideva a Larissa, Larissa sorrideva a me e tutto era a posto. Non servivano parole. Sapevamo di sentirci bene. Sapevamo di non esserci mai sentite tanto in gamba. E pensavamo di essere nate per ballare. Furono sufficienti pochi minuti perché i nostri corpi si adattassero alla musica e il tempo in breve scomparve, annullato dai battiti del nostro cuore. *Tump*, *tump*, *tump* facevano i giganteschi altoparlanti che pendevano dal soffitto. *Tump*, *tump*, *tump* replicavano i nostri cuori. Le gambe e le braccia si muovevano da sole. Non era più necessario dare loro ordini: sapevano già cosa dovevano fare.

E così, improvvisamente, nel ballo mi dimenticai di me stessa. A un certo punto non esistevo più io, non esisteva la discoteca, non esisteva Oshmiany e non esisteva il tristissimo istituto nel quale eravamo rinchiuse. Esisteva solo il ritmo del mio corpo, che parlava e vibrava insieme al mondo. D'un tratto, capii che avevo in mano la chiave tanto desiderata, la chiave della porticina della voliera. Ed ero pronta per librarmi fuori dalla gabbia. Libera, finalmente libera.

«Come ti chiami?»

All'inizio non capii che parlava con me.

«Scusa, dico a te! Come ti chiami?»

Mi voltai verso la voce e vidi un bel ragazzo, che aveva all'incirca quindici anni e mi sorrideva con fare amichevole.

«Natasha. E tu?»

«Marko.»

«Bel nome, Marko. Sei di Oshmiany?»

«Sì. E tu da dove vieni?»

Certo non potevo dirgli che venivo dall'istituto. Per i ragazzi della città noi dell'istituto eravamo degli appestati. Così gli gridai nelle orecchie il nome di un paese dei dintorni. E accennai a Katja e Larissa.

«Sono qui con le mie amiche.»

«Anche io sono qui con i miei amici. Volete bere qualcosa?»

«Va bene.»

Feci un cenno alle mie compagne, mentre Marko chiamava i suoi, e tutti insieme ci avvicinammo al bancone del bar. I ragazzi erano molto carini, non tanto più grandi di noi, e le loro attenzioni ci facevano piacere. Per la prima volta, chi ci parlava non voleva darci ordini o insegnarci qualcosa. Erano gentili e desideravano solo fare due chiacchiere. Le nostre amiche, nei giorni precedenti, ci avevano messe in guardia: state attente, dicevano, perché la discoteca è piena di babbei che ci provano. Ma ero sicura che non era questo il caso. Così bevemmo dai grandi bicchieroni che il barman ci mise davanti. E solo quando la testa cominciò a girarmi, capii che non andava affatto bene.

«Dammi un bacio» disse Marko, mettendomi un braccio attorno al collo.

Lo respinsi stizzita.

«Dai, dammi un bacio. Scommetto che sarà il tuo primo bacio.»

Aveva ragione. Ad appena tredici anni, sarebbe stato il mio primo bacio. Ma non avevo alcuna intenzione di darlo a lui.

«Lasciami stare...»

«Proprio non mi vuoi baciare?»

«No! Non voglio!»

Mi divincolai e afferrai per la spalla Katja, che a sua volta cercava di difendersi da uno degli altri ragazzi.

«Andiamo. Dobbiamo tornare a casa.»

Anche Larissa si liberò dal suo pretendente.

«Aspettate! Vi accompagniamo noi!»

«Non se ne parla neanche,» replicai «tra dieci minuti passa mio padre a prenderci. E se fossi nei vostri panni non vorrei capitargli a tiro.»

«Non so se crederti» fece Marko.

«Già,» aggiunse uno dei suoi amici «delle brave ragazze non verrebbero da sole in discoteca. Secondo me, non c'è nessun paparino ad aspettarle.»

«Perché non fate la prova?»

Quei tre si guardarono negli occhi per un minuto e poi decisero di lasciar perdere. Erano dei veri codardi.

«Non è il caso di offendersi» si lamentarono andandosene.

«Già, ci vediamo...»

«Non credo» ribattei con durezza.

Quando si furono allontanati, mi voltai verso Katja e Larissa. Dovevo avere una faccia terribile, perché si spaventarono.

«Natasha, sei pallida come un morto!»

«Sono arrabbiata! Nessuno può mettermi le mani addosso. Né a me né alle mie amiche. E ora andiamo. È tempo di rientrare in istituto.»

Raccogliemmo le giacche a vento dal guardaroba e uscimmo dalla discoteca.

L'aria della notte ci riportò subito alla realtà. L'istituto era lontano e avevamo da fare un bel po' di strada.

Camminammo e facemmo l'autostop. Ma soprattutto camminammo, perché a quell'ora della notte passavano poche automobili e chi le guidava non voleva certo arrischiarsi a raccogliere degli sconosciuti.

Quando guadagnammo le nostre stanze e ci infilammo a letto, mancava meno di mezz'ora alla sveglia del mattino. La passammo a chiacchierare, raccontando a Olga cos'era successo. La nostra prima grande fuga era terminata. La porticina della voliera si era richiusa.

2

Annalisa era la mia Mami e non me lo scordavo mai.

Ci sentivamo spesso al telefono. Mi chiamava lei, con il permesso del direttore, tre o quattro volte alla settimana. E io, sempre con il permesso del direttore, la cercavo quando mi sentivo giù e avevo bisogno di conforto. Le raccontavo della vita dell'istituto, dello studio, dell'amicizia con le mie compagne. Ma anche della noia e della solitudine, della nostalgia per lei e per la mia famiglia: Mami, nonno Gianni e nonna Angela. «Non scoraggiarti,» mi diceva Annalisa «manca poco all'estate.» Oppure: «Tieni duro, Natasha. Io combatto con i tribunali e gli assistenti sociali e la legge italiana. Voglio adottarti e vedrai che ce la farò. E poi manca poco a dicembre». Così vivevo perennemente nell'attesa. In primavera aspettavo che arrivasse l'estate e in autunno attendevo che si facesse inverno. Solo allora sarei evasa di nuovo, e sul serio, dall'istituto, per volare verso il caldo, il mare e l'abbraccio di Mami. Che però mi faceva sentire la sua presenza in molti modi, non solo attraverso il telefono. All'incirca ogni mese arrivava dall'Italia un grosso scatolone. Era lei a mandarmelo e conteneva dolci, giocattoli, vestiti: tutte cose che da noi erano introvabili o che nessun orfano si sarebbe potuto permettere.

La liturgia della consegna si svolgeva sempre alla stessa maniera. Fuori dall'orario di lezione, per non disturbare la classe, venivo chiamata in direzione. Dapprima tremavo pensando di aver fatto qualche sciocchezza e attendendomi una punizione. Poi ci pensavo e mi rassicuravo: non avevo litigato con nessuna compagna, non avevo risposto male agli assistenti, non avevo preso brutti voti in classe. Allora capivo: stava succedendo qualcosa di bello. Speranzosa, bussavo alla porta del direttore.

«Avanti!»

Vladimir Bežniki, perché questo era il suo nome, stava seduto alla scrivania e alzava appena gli occhi, scrutandomi. Poi volgeva il capo verso un angolo della stanza e faceva un cenno.

«È arrivato quel pacco per te. Viene dall'Italia.»

«Posso prenderlo?»

Il direttore si alzava, solenne, e si dirigeva verso il pacco. Lo sollevava e lo soppesava. Solo dopo un lungo momento, commentava: «Contiene di sicuro molte cose buone». E me lo porgeva, senza dimenticare di aggiungere una raccomandazione: «Natasha, ricordati che non vivi da sola. Capisci cosa voglio dire?».

«Certo, direttore.»

«Brava. E ora vai.»

Io mi voltavo e mi avviavo alla porta, ma sapevo che la sua voce mi avrebbe di nuovo raggiunta prima di mettere la mano sulla maniglia.

«Natasha!»

Lo guardavo con aria interrogativa.

«Non dimenticare di scrivere alla tua Mami. Noi siamo persone educate. Va bene?»

Annuivo con la testa e uscivo.

Certo che avrei scritto alla Mami, ma solo dopo aver gustato il momento di felicità speciale rappresentato dall'apertura del pacco. Immediatamente, infatti, chiamavo Olga, Katja e Larissa e tutte insieme ci chiudevamo in camera nostra. Con le forbici tagliavo spago e nastro adesivo, scartando l'involucro fino a che non giungevamo al suo cuore: la scatola dei regali. La aprivo e piano piano, uno dopo l'altro, tiravamo fuori i magnifici doni che arrivavano da Cagliari. Non si contavano i gridolini di ammirazione e invidia che le mie amiche lanciavano alla vista di certi *fuseaux* o dei bellissimi cappellini colorati. E siccome ci volevamo davvero bene, loro erano le prime beneficiarie della bontà di Mami. Di solito passavo alle compagne di stanza almeno un capo di vestiario a testa, mentre con le ragazze della nostra classe dividevamo i dolci. Per me tenevo naturalmente le cose più belle, ma stavo molto attenta a non esibirle troppo, perché avevo paura che me le rubassero. Temevo l'invidia delle mie amiche e non capivo che il pericolo maggiore non veniva da loro. Erano sventurate come me, e come me senza famiglia: la solidarietà che ci legava impediva che ci macchiassimo di una cosa orrenda come il furto in camera. Il pericolo veniva da un'altra parte e me ne accorsi in modo del tutto inaspettato.

Lo ricordo come fosse oggi. Era un giorno di maggio, di quelli che annunciano l'estate calda e afosa della Bielorussia, e davanti a me si profilava l'opprimente prospettiva di un pomeriggio passato sui libri. Gli esami di fine anno non erano lontani.

Fui chiamata in direzione e non mi stupii, dato che Mami questa volta mi aveva preannunciato per telefono l'invio. Così corsi all'ufficio di Bežniki e bussai. Non badai alla voce che mi invitò a entrare: non era la sua. Feci due passi dentro e rimasi di sasso: alla scrivania era seduto uno degli assistenti. Si chiamava Alexander e non mi era mai piaciuto. Rabbrividii d'istinto. Tutti sapevano che faceva la cresta sulle forniture, rubando i soldi al bilancio dell'istituto, cioè i nostri soldi. E nessuno si spiegava come fosse sempre al suo posto. Solo molto tempo dopo seppi che era il cognato di un politicante di Oshmiany e che il direttore non poteva disfarsene. Lo doveva semplicemente tollerare, chiudendo un occhio sulle sue malefatte.

«Sei sorpresa? Il direttore in questi giorni non c'è.»

«Cosa vuoi da me?»

«È arrivato dall'Italia un pacco per te... La tua Mami ti vuole davvero molto bene.»

«Sì,» affermai con orgoglio, rassicurata, «e io ne voglio tanto a lei.»

Non mi chiesi come sapesse dell'affetto che correva tra Annalisa e me, ma lo capii appena mi avvicinai all'angolo della stanza in cui era riposto il pacco. L'involucro era sfasciato, la scatola era aperta. E, quel che è peggio, era mezza vuota. Qualcuno ci aveva messo le mani dentro e non era difficile capire di chi si trattava. Mi sentii ribollire il sangue e mi voltai verso l'assistente.

«Ladro!»

Quello non si scompose.

«Ho dovuto aprirlo, Natasha. Sai, normali controlli...»

«E per controllare meglio ti sei tenuto quello che c'era dentro, vero?»

«Su, non ti arrabbiare. Anch'io ho dei figli. Non è carino che ti tenga tutto per te. E poi, come ho già detto, la tua Mami ha un gran gusto per le cose belle...»

«Non è roba tua. Non l'hai pagata tu. Non è giusto.»

L'uomo rise beffardo.

«Gli italiani sono ricchi. Puoi dire alla Mami che il pacco si è perduto. Così te ne manda subito un altro e facciamo di nuovo tutti festa... E cosa è giusto e sbagliato, cara Natasha, qui dentro lo decido io. Hai capito?»

Pronunciò quest'ultima frase con cattiveria e io non ci vidi più. Le lacrime che mi avevano inondato gli occhi lasciarono il posto alla rabbia. Afferrai la prima cosa che mi capitava a tiro e gliela lanciai addosso. Era un pesante fermacarte: lo colpii in fronte e cominciò subito a sanguinare. Alexander gridò, portandosi una mano alla faccia, e per poco non cadde a terra. Poi iniziò a urlare.

«Brutta stupida! Piccola cagna! Questa me la paghi!»

Afferrai il pacco e gli passai davanti. Prima di uscire, mi voltai verso di lui.

«Racconta a tutti quello che è capitato, bastardo! E vediamo cosa succede!»

Mi sbattei la porta alle spalle, che si chiuse con un gran tonfo, e me ne andai in camera. Questa volta però non ci furono né sorprese né allegria. Raccontai piangendo alle mie amiche cos'era accaduto e tutte mi dissero che ero stata matta a mettermi contro uno come Alexander. Quello poteva rigirarsi il direttore come voleva e crearmi mille difficoltà. Forse avevano ragione, ma io non avevo resistito. La vita me ne aveva già fatte pagare troppe e l'impulso a ribellarmi era stato più forte di me.

Mentre me ne stavo abbacchiata sul letto, Olga, Larissa e Katja tirarono fuori dalla scatola il poco che c'era rimasto. Regalai loro tutto. Non volevo tenere per me niente, perché ci aveva messo le mani quel disonesto e mi sembrava che avesse profanato i regali di Annalisa. Poi tornammo ai nostri libri, riprendendo a studiare, e la delusione e la tristezza sfumarono. Non sapevo che Alexander se l'era legata al dito e da allora in poi avrebbe cercato in ogni modo di farmela pagare.

La mia prima sigaretta ha avuto un sapore dolcissimo, perché era il sapore della trasgressione.

Me la offrirono le mie compagne di classe, un pomeriggio di fine settembre ancora molto caldo.

Volevamo stare un po' all'ombra e sfuggire allo stesso tempo al controllo delle assistenti. Così, finito lo studio, ci rintanammo nelle rovine di una vecchia falegnameria dell'istituto, che da tempo nessuno usava più. Lì c'erano un gran silenzio e una pace completa. Potevamo parlare e ridere liberamente delle nostre cose. Degli amori segreti, delle simpatie e delle antipatie, delle speranze e delle paure per il futuro.

E quando Katrina tirò fuori un pacchetto di sigarette, offrendone a tutti, mi sembrò naturale accettare. Così, per stare in compagnia, per rilassarci. Non avevo mai provato prima ed ero terribilmente curiosa. Le altre sapevano che ero una novellina, ma non ci scherzarono su troppo. Anzi, mi spiegarono come fare.

«Si accende così,» mi fecero vedere «e poi devi aspirare bene, per far scendere il fumo nei polmoni. Solo in questo modo sentirai bene il sapore del tabacco... Queste sono le migliori sigarette russe in circolazione...»

Feci come mi avevano mostrato e mi piacque.

Il fumo non mi andò di traverso e non tossii. Lo respirai a fondo e lasciai che mi invadesse i sensi. Il sapore era dolce, buono. E soprattutto mi faceva sentire grande. Solo i grandi fumavano. Questo lo sapevo.

«Brava, Nati!» esclamarono le altre ammirate. «Sembra che fumi da sempre.»

Mi godetti i complimenti e consumai la mia prima sigaretta fino in fondo.

«Ehi! Quando vuoi passare a qualcosa di più forte, mi raccomando, basta dirlo…»

«Cosa vuoi dire?»

Dovevo avere un'espressione particolarmente scema, perché Katrina e le altre ridacchiarono.

«Qualcosa di più forte» ribadì lei «come vodka o whisky…»

Le guardai stupita.

«Voi bevete quella roba?»

I risolini si trasformarono in risate aperte.

«Benvenuta nel mondo degli adulti, Natasha!»

Scesi dal pullman senza che l'assistente mi perdesse d'occhio un momento. Sentivo il suo sguardo attento e pungente sulla nuca e mi sentivo quasi in colpa, come se davvero c'entrassi con quella storia. Davanti a noi si aprirono uno dopo l'altro tre cancelli di pesante metallo e altrettanti secondini, pallidi e assorti, mi squadrarono ben bene. Mi lasciarono passare con sopportazione, quasi violassi il loro sacrario. E solo dopo una lunga camminata per corridoi bui e angusti, molto più tetri di quelli dell'istituto, arrivammo a destinazione. Mi trovai in una sala dai soffitti bassi, con qualche rado tavolo e poche sedie, tutto bene inchiavardato al pavimento. La luce entrava da un paio di bocche di lupo, in alto sulle pareti. Quel posto non invitava al colloquio.

Il mio assistente si sistemò alle mie spalle, vicino alla porta. Da lì poteva certamente sentirci e forse proprio questo era il suo compito. Ma d'altronde, che mi importava? Io non avevo niente da nascondere e non avevo nessuna intenzione di sgarrare e compromettermi. Il solo vedere quel posto mi faceva rizzare i capelli in testa: per niente al modo ci sarei voluta finire dentro. Mi sedetti e attesi.

Passarono pochi minuti e finalmente la porta si aprì di nuovo. Spinto da una mano invisibile, apparve Sasha. Mio fratello mi vide e non si scompose. Si limitò a corrugare la fronte. Registrò con un fremito la presenza dell'assistente e mi si avvicinò. Non era né amichevole né ostile.

«Che sei venuta a fare quaggiù?»

«Oh, Sasha!»

Mi gettai tra le sue braccia, piangendo, e quel gesto così naturale fece breccia nel suo cuore. Si lasciò andare, mi strinse a sé e cercò di consolarmi.

«Non preoccuparti, andrà tutto bene...»

Sorrisi.

«Dici a me di non preoccuparmi? Tu dovresti preoccuparti!»

Lo sentii irrigidirsi.

«Cosa ti hanno detto?»

Gli feci un cenno e ci accostammo a un tavolo: afferrate due sedie, ci piazzammo uno di fronte all'altro. Sasha mi prese le mani e le tenne tra le sue. Quella tenerezza mi fece piangere di nuovo, perché mi ricordò i tempi in cui mio fratello si prendeva cura di me. I tempi in cui avevamo ancora una casa e una famiglia. Dopo un lungo minuto di silenzio, mi asciugai le lacrime con il dorso della mano e lo osservai attentamente. Forse era la prima volta che "vedevo" davvero Sasha dall'epoca in cui ci avevano spediti in istituto. Da allora ci eravamo incontrati tante volte, ma sempre di sfuggita, in giardino, perché ai maschi era vietato venire a trovare le femmine nell'ala riservata a loro. E lui era sempre con i suoi amici, che lo chiamavano e lo prendevano in giro se dedicava troppe attenzioni alla sorellina. Adesso invece era là, solo, alla mercé dei suoi guardiani. E alla mia. Sasha non aveva che me. Gli diedi una carezza sulla guancia e ammirai il suo bel viso. Un volto duro, un volto da uomo. Non il volto di un ragazzo di diciassette anni. In istituto era cresciuto in fretta. E in riformatorio lo stavano trasformando in un adulto cattivo e arrabbiato con il mondo.

«Allora, cosa ti hanno detto?»

«Che insieme ad altri due hai preso a botte un negoziante, rubandogli l'incasso.»

«Se quell'idiota non si fosse ribellato, sarebbe filato tutto liscio... Come sta ora?»

«È uscito dall'ospedale una settimana fa. Ma non ha ancora riaperto il negozio.»

«Queste cose te le ha raccontate Bežniki?»

«Sì.»

«E scommetto che ha detto che siamo dei delinquenti e che il nostro posto è la prigione...»

«Il direttore è un brav'uomo, Sasha. Ed è preoccupato per voi.»

Mio fratello rise. Si vedeva che si era perfettamente calato nella parte. Giocare a guardie e ladri gli piaceva. E nel ruolo del ladro si sentiva a proprio agio.

«Perché l'hai fatto?»

Lui si strinse nelle spalle.

«Avevamo bisogno di qualche spicciolo per divertirci. Un cinema, il ristorante, una donna… Per una volta volevamo trattarci da signori. Che male c'è?»

«A desiderarlo, niente. È che queste cose non te le puoi prendere quando vuoi…»

Sasha mi guardò come se fossi impazzita.

«Piccola Nati! Cosa ti succede? Ti è andato il cervello in pappa?»

Mi sentii avvampare. E ammutolii.

«Non vedi come vanno le cose? Io, Yuri e tutti gli altri siamo marchiati per sempre. Hai mai sentito di qualche ragazzo uscito dall'istituto che se la sia cavata? Nessuno ci darà niente a buon mercato. Io ho cercato di fare il bravo. Ci ho provato davvero. Ma quando sanno che vivo in istituto mi trattano come una bestia. Mi disprezzano. E perfino l'ultimo degli sguatteri mi guarda dall'alto in basso. Tra pochi mesi compirò diciotto anni. Uscirò da qua e mi cacceranno dall'istituto con un calcio in culo. Che cosa farò allora? Dimmi, Natasha! Che cosa farò quel giorno?»

Non sapevo cosa rispondergli, ma provai a tenere duro.

«Cercherai un lavoro, come tutti.»

Grugnì un'imprecazione.

«Non fa per me. Non dopo tutto ciò che abbiamo vissuto in questi anni. Per me c'è solo la strada. È stata la mia scuola e sarà la mia università. Magari diventerò un gran professore… Un gran professore della vita di strada. Che ne dici?»

Il suo umorismo era così amaro che mi si inumidirono di nuovo gli occhi.

«Non piangere, Nati. Non ne vale la pena.»

«Quanto tempo ti terranno ancora qua?»

«Te l'ho detto. Mi rimanderanno in istituto prima che compia diciotto anni. Lo stato vuole che io diventi maggiorenne in orfanotrofio. E io obbedirò allo stato. Vero, amico?»

L'assistente, che aveva ascoltato tutto, non replicò.

Sasha scosse la testa, incupito, e poiché il silenzio diventava troppo opprimente, disse: «Ora vai, Natasha. Questo posto rende cattivi. Vattene!».

Si alzò e mi abbracciò, sussurrandomi all'orecchio.

«Almeno tu salvati. Me lo prometti?»

«Te lo prometto.»

«Come va con la tua Mami italiana?»

«Bene! Ci sentiamo spesso e tra poco tornerò da lei!»

Sasha mi guardò, sorridendo.

«Basta il suo pensiero per renderti felice. Sono contento. Vuol dire che tu hai davvero una possibilità. Con un po' di fortuna ce la farai.»

Poi mi lasciò, si piantò davanti all'assistente, batté i tacchi e lo irrise con il saluto militare.

«Chiama i tuoi colleghi, generale. Il colloquio è finito.»

Lo accompagnarono fuori e non si voltò nemmeno per un ultimo saluto. Da quel giorno non lo vidi più per un bel pezzo. Io, tornando indietro, non potei fare a meno di pensare a ciò che aveva detto. Ecco come l'istituto riduceva le persone. Se eri forte di tuo, l'istituto ti dava una mano a cavartela. Ma se eri debole, l'istituto ti spingeva ancora più in basso. Non c'era speranza per gli ultimi. E con un brivido pensai a me stessa. Dove sarei andata a finire?

3

«Davvero ce lo permette?»

Non stavo più nella pelle ed ero pronta a baciare il direttore in fronte.

«Certo. Una settimana, non un giorno di più... ma per una settimana si può fare. Siete contente?»

Vladimir Bežniki sapeva di aver fatto una domanda retorica.

Io e Mami ci abbracciammo e improvvisammo una danza della felicità proprio là, nell'ufficio del direttore. Che inarcò un sopracciglio e si schiarì rumorosamente la voce. Non era abituato a tante effusioni.

«Signora Dessalvi, può firmarmi queste carte?» Il direttore fece un gesto verso Annalisa, che capì senza bisogno che io traducessi.

Annalisa si accostò alla scrivania e guardò l'uomo con gratitudine.

«Firmo tutto quello che vuole» disse rivolta a me e io tradussi.

«Lei dichiara ora di prendere Natasha sotto la sua custodia, assumendosene la piena responsabilità. Ciò che nei prossimi giorni Natasha farà di buono sarà merito suo. E se Natasha si metterà nei guai, lei se ne prenderà la colpa. Intesi?» Mentre il direttore parlava io traducevo velocemente per Mami.

«D'accordo» rispose Mami mentre firmava «ma può stare tranquillo. Quando è con me, Nati si comporta benissimo. Vero, Nati?»

Assunsi l'espressione più sottomessa che potei e feci cenno di sì.

«Prometto di rigare diritto. Prometto che non darò noie a te e fastidi all'istituto. Prometto che quando tornerò mi rimetterò a studiare più di prima.»

«Non sarà difficile,» osservò il direttore «dato che in questi ultimi mesi hai collezionato solo brutti voti.»

«Non è vero,» replicai «in disegno e musica vado benissimo!»

«Va bene, va bene, lasciamo perdere. Ora potete andare. E, signora.. è nelle sue mani!»

Mami mi strinse a sé.

«È proprio quello che volevo.»

Uscimmo dall'ufficio del direttore. Pochi minuti dopo eravamo fuori anche dall'istituto e io portavo con me la mia povera borsa. Prima tappa, l'albergo di Oshmiany dove alloggiava Annalisa. Poi, si sarebbe visto. Avevamo davanti un'intera settimana da sole. E l'avremmo passata come turiste. In Bielorussia, si intende. Ma libere. Io e Mami. E nessun'altro.

Già prima del trapianto di rene Mami veniva a trovarmi ogni primavera. Però non si fermava mai più di pochi giorni, l'intervallo di tempo tra un trattamento di dialisi e l'altro. Per il ricovero, voleva essere nella sua città e non potevo certo darle torto: mi sarei sentita sperduta anch'io ad affrontare i medici di un paese straniero. Dopo l'operazione le cose cambiarono. Annalisa continuò a venire a Oshmiany ogni anno e prese a trattenersi circa tre settimane. A quel tempo, non riflettevo molto sul sacrificio che tutto questo significava per lei. Spendeva un sacco di soldi e consumava tutte le sue ferie per starmi vicina. E molti suoi amici le avevano voltato le spalle, rimproverandola di trascurarli e di dedicare ogni attenzione a "quella là". Dove "quella là" ero io: meglio conosciuta dalla cerchia di Mami come la "bambina" e poi la "ragazzina bielorussa". Sono cose che lei mi ha raccontato solo dopo, in tempi recenti, e con animo leggero, perché nessun sacrificio sembrava troppo grande in vista della realizzazione del nostro sogno: riuscire a vivere insieme.

Così, quando il direttore mi lasciò libera e mi permise di passare una settimana di vacanza lontana dall'istituto, io e Mami decidemmo in quattro e quattr'otto di andarcene a Minsk. Era la città più importante della mia patria e io non la conoscevo bene, se non dai racconti dei ragazzi che ci erano stati. Ero molto curiosa, volevo vederla, e anche ad Annalisa piaceva l'idea. Inoltre, quell'anno, la primavera era arrivata particolarmente presto, l'aria era tiepida e profumava di fiori, e tutto sembrava dirci: "Divertitevi! Prendetevela comoda!". Fu quel che facemmo. Alla stazione di Oshmiany, salimmo su un treno che andava a Minsk. Io, che conoscevo la lingua, facevo da interprete a Mami e per questo mi sentivo molto fiera. Finalmente potevo ripagare, almeno in piccola parte, le attenzioni di cui mi aveva colmata in tutti quegli anni. Nella capitale prendemmo una stanza in un bell'albergo del centro e, dopo una notte di riposo, ci dedicammo al turismo.

Visitammo tutto quello che c'era da visitare e ci divertimmo un mondo. Acquistammo un gelato gigante in piazza della Vittoria, ammirammo le magnifiche e antiche icone della chiesa di Maria Maddalena, passeggiammo all'ombra dei maestosi alberi dell'orto botanico, sussurrammo sotto gli imponenti scaffali della Biblioteca nazionale, che ospitava ben otto milioni di libri. E quando Mami osservò: «Ecco un posto che piacerebbe al direttore Bežniki!», non potei trattenermi dallo scoppiare a ridere, attirandomi gli sguardi irritati del personale e degli altri visitatori. Naturalmente, non saremmo state due vere donne se non ci fossimo dedicate allo shopping e ben presto finì che Annalisa mi comprò una valigia. La mia borsa non sarebbe stata sufficiente a contenere tutti i regali di Mami. Ero così felice di stare con lei, lontano dall'istituto, che mi sarei accontentata di molto meno. Anzi, sarei stata felice anche senza regali. Ma i regali c'erano. Mi piaceva riceverli e sapevo che mi sarebbe piaciuto ancora di più sfoggiarli, che si trattasse di un paio di pantaloni con gli strass o di una penna stilografica.

La cosa più bella fu però un'altra. Un giorno, mentre passeggiavamo per il viale principale della città, Annalisa mi mise una mano sulla spalla e mi disse: «Fermati qua un minuto». Cercai di capire cosa aveva attratto la sua attenzione e la vidi accostarsi a un piccolo gabbiotto, a qualche metro da noi. Fu veloce e quando tornò sventolava trionfante due piccoli pezzi di carta: «Ecco qua» disse tutta eccitata. Me li diede e allora capii: aveva appena acquistato dei biglietti per il teatro dell'opera e del balletto. Quello stesso pomeriggio davano *Le Nozze di Figaro*, e noi saremmo state là, proprio davanti al palcoscenico. Sul momento non mostrai grande entusiasmo e provai anche a fare le bizze: «Sarà terribilmente noioso! E poi non abbiamo il vestito adatto!». Lei mi diede un buffetto sulla guancia e replicò: «Si vede che non sei mai stata all'opera! Quanto all'abito, è una matinée, uno spettacolo pomeridiano e non c'è bisogno di mettersi in ghingheri». Aveva ragione, su tutta la linea, e poche ore dopo capii perché.

A rapirmi fu sufficiente l'atmosfera del teatro, con le sue luci splendenti, i palchi e la gente che chiacchierava delle *Nozze di Figaro* come dell'ultimo romanzo da classifica. C'erano moltissimi giovani e nessuno aveva l'aria altezzosa che io, chissà perché, attribuivo nella mia mente ai frequentatori di spettacoli così importanti. Si capiva che tanti venivano spesso a teatro e che per loro era una cosa normale. Ne fui molto colpita: mi si apriva un mondo di cui sospettavo a malapena l'esistenza.

Quando poi le luci si abbassarono e la rappresentazione cominciò, fui definitivamente conquistata. La musica si alzava, ora forte ora piano, dall'orchestra e mi avvolgeva completamente. Gli attori in scena recitavano e cantavano con incredibile bravura: non avevo mai sentito delle voci tanto pure e chiare, e rimasi sbalordita. Anche la storia delle nozze tra Figaro e Susanna – che Mami mi aiutava a capire sussurrandomi in un orecchio i passaggi più importanti – era divertentissima: in breve non riuscii nemmeno a tenere il conto delle peripezie che dovettero affrontare per coronare il loro sogno d'amore. E mi immedesimai tanto che, per poco, non mi scappò un insulto al conte d'Almaviva, che metteva loro continuamente i bastoni tra le ruote. Alla fine del quarto atto le luci in sala si riaccesero sotto un diluvio di battimani.

E mentre gli attori si inchinavano e ricevevano il giusto tributo di applausi, io mi voltai verso Annalisa. «Hai gli occhi lucidi per l'emozione» disse, stringendomi a sé, «e questa volta non è tristezza, vero?» «No,» risposi «questa volta è gioia.» Ed era così. Provavo una gioia sincera e gratuita, che non avevo mai sperimentato prima. Era la gioia dell'arte. E anche per questo il merito era tutto di Mami.

Ero tesa e pure Annalisa stava sulle spine, anche se cercava di non darlo a vedere. Scherzava, rideva e non la smetteva di parlare. Voleva tenermi su, e per questo continuava a ricordare i mille particolari della nostra settimana a Minsk, giunta ormai all'ultima sera. Ma la furia con cui sbriciolava il pane sulla tovaglia lasciava trasparire tutto il suo nervosismo. L'attesa era insopportabile e a un certo punto pensai persino che non sarebbe venuto. «Credi che non si farà vedere?» chiesi disperata. «Se ha promesso di venire, verrà!» rispose Mami senza esitare. Era come sempre ottimista e anche quella volta ebbe ragione, perché quando già ci eravamo rassegnate a ordinare, sobbalzai per la sorpresa: Yuri era apparso in fondo alla sala del ristorante e si guardava intorno cercandoci.

«È lui?»

«Sì, è lui!»

Mi alzai, rischiando di tirarmi dietro la tovaglia, e mi avvicinai di corsa a mio fratello. Prima ancora che potesse riconoscermi, gli piombai tra le braccia e lo tempestai di baci.

«Yuri! Yuri! Yuri!»

«Ehi, sorellina!»

Mi prese per le spalle e mi fissò in faccia.

«Lascia che ti guardi per bene! Sei… sei diventata quasi una donna!»

Il suo stupore era autentico e giustificato. Non lo vedevo da un paio d'anni, da quando cioè era uscito dall'istituto. A dire il vero, neanche in istituto ci incontravamo spesso. Con lui meno ancora che con Sasha. E se Sasha sentiva il dovere di difendermi e di proteggermi in quell'ambiente nuovo e sconosciuto, Yuri, che era arrivato molto dopo di noi, viveva in un mondo tutto suo. Era entrato in istituto tardi e si capiva che lo considerava solo un posto di passaggio. Lui in istituto non cercava e non voleva niente, se non uscirne prima possibile, al compimento della maggiore età. Proprio ciò che avvenne. E nel tempo in cui rimase con noi non permise a nessuno, nemmeno a una persona in gamba come il direttore, di entrare nel suo animo e leggere i suoi sentimenti. Cosa avesse fatto dopo, non lo sapevo. Per questo eravamo qui e per questo desideravo tanto incontrarlo. Ricordavo bene i ceffoni che mi assestava quando eravamo a casa e mamma e papà sparivano per giorni interi. Ma non volevo pensarci. Le persone cambiano e anche mio fratello poteva cambiare. E poi, botte o non botte, era il mio stesso sangue. Me ne ero resa conto quel pomeriggio, sentendo l'invincibile richiamo della famiglia: mentre rientravamo in albergo, l'impiegato alla reception ci aveva fermate per comunicarci che un certo Yuri sarebbe venuto a trovarci quella sera stessa, per cena, alle otto precise.

«Vieni! Ti presento Mami!»

Eravamo ancora in piedi in mezzo alla sala e tutti ci stavano guardando. Lo trascinai al nostro tavolo e allungai il braccio verso Annalisa.

«Yuri, questa è Annalisa, la mia Mami italiana» dissi in bielorusso. «E Mami,» continuai in italiano «questo è mio fratello maggiore Yuri.»

I due si squadrarono. Poi Annalisa fece il primo passo: si alzò, attirò a sé Yuri, che era molto più alto e grosso di lei, e lo baciò sulle guance. Su tutte e due le guance. Mio fratello rimase a bocca aperta e divenne rosso come un pomodoro, facendoci scoppiare a ridere.

«Gli italiani» dissi per spiegargli «sono molto più espansivi di noi.»

«Me ne sono accorto» borbottò lui imbarazzato. E finalmente si sedette.

A quel punto toccò a me. Mami non conosceva il bielorusso abbastanza bene da sostenere una conversazione e ovviamente Yuri non sapeva una parola di italiano. Così feci da interprete, piano piano, a pezzi e bocconi, mettendo insieme le curiosità dell'uno e le curiosità dell'altro, l'esuberanza di Annalisa e la ritrosia di mio fratello. E facendo di tutto per vincere il mio stesso imbarazzo. In fondo parlavano di me. Ero io il motivo che ci aveva riuniti a quel tavolo e volevo che tutto andasse bene. Volevo che la mia vecchia famiglia, o quel che ne rimaneva, andasse d'accordo con la mia nuova famiglia. Questo era l'obiettivo della serata.

«Come hai saputo che eravamo qui?» chiese Mami.

«Il direttore Bežniki l'ha detto a Sasha. E Sasha l'ha detto a me.»

«Sei stato carino a venire a trovare tua sorella.»

Anche se lei non voleva, si sentì nelle sue parole una nota di tristezza. In realtà, domandava a Yuri perché era sparito per tutto quel tempo. Mio fratello mi guardò e capì che la stessa domanda agitava il mio cuore. Solo che io non avevo il coraggio di chiederglielo. Lui abbassò gli occhi, mentre noi lo fissavamo. Non doveva essere facile aprirsi davanti a un'estranea.

«Ho avuto molto da fare.»

«Hai un lavoro?»

«Sì, adesso ho un lavoro. Faccio il meccanico in un'officina, qui a Minsk. Per questo sono potuto venire a trovarvi questa sera. E ho anche una fidanzata, una bella ragazza bionda che si chiama Anna. Prima o poi ci sposeremo.»

«Yuri, queste cose non le sapevo!»

Ero davvero felice per lui. E soprattutto ero stupita. In pochi secondi mi aveva raccontato di sé più di quanto mi avesse svelato in una vita intera. Ma le sorprese non erano finite. Mio fratello alzò il viso e mi rivolse un bel sorriso.

«Dopo l'istituto ho fatto qualche sciocchezza e sono anche finito dentro. Pochi mesi, ma mi è bastato. Ora cerco di rigare diritto... insomma, sì, di vivere onestamente. Non voglio fare la fine di nostro padre.»

«Dov'è?»

«Non lo so. Ma so che non si è mai liberato dalla bottiglia.»

Mi si strinse il cuore a sentirlo. Avevo paura, ma mi feci forza e insistetti.

«E... la mamma?»

Yuri guardò Annalisa. Di nuovo si chiedeva perché dovesse parlare davanti a lei. Stavo per intervenire quando fu Mami stessa a farlo.

«Io e Natasha ci vogliamo bene da molti anni. Non viviamo ancora insieme, ma ci consideriamo una famiglia. Vero, Nati?»

Annuii, guardando mio fratello.

«Il passato è passato, Yuri. Non lo possiamo dimenticare, ma è andato.»

Lui mi fissò a lungo, poi scrollò le spalle.

«L'ultima volta che ho visto la mamma era in ospedale. È stato appena dopo che sono uscito dall'istituto. Sono tornato a casa e ci sono rimasto solo una settimana. Una sera hanno litigato. Erano ubriachi tutti e due e papà le ha spaccato una bottiglia in testa. Quando è arrivata l'ambulanza, lui era già fuggito nei boschi e lei era in un lago di sangue, svenuta. Io l'ho accompagnata in ospedale e me ne sono andato. Da allora non li ho più visti. Non so dove sono. E non so se stanno ancora insieme. Per il bene di mamma, spero di no. Con il passare del tempo, nostro padre è diventato sempre più violento.»

Yuri raccontò queste cose terribili con tono freddo, glaciale. Era come se ci dicesse: questa è la vita reale, altro che le vostre favole. Ed era come se dicesse a me: tu stai fuggendo dal mondo vero, un mondo in cui c'è una donna che si chiama Valentina e che è ancora tua madre. Gli occhi mi si riempirono di lacrime e dovetti farmi forza per ricacciarli indietro. Poi, mentre Mami mi abbracciava, cercando di consolarmi, la rabbia mi montò improvvisamente in petto.

«Non sono stata io a buttare una figlia di quattro anni sulla strada!»

Yuri scrollò di nuovo le spalle.

«Non possiamo dimenticare il passato, l'hai detto tu. Ma non è andato, non possiamo liberarcene a piacimento. A meno che» aggiunse, guardando intenzionalmente Annalisa «non gli voltiamo le spalle con una scusa...»

«Yuri, sei cattivo!»

«Davvero?»

«Basta, adesso» intervenne Mami, mentre il cameriere ci portava la carne «cerchiamo di finire la nostra cena in pace. La vita andrà come deve andare e ognuno farà quello che crede meglio.»

Né io né Yuri rispondemmo. Abbassammo la testa sul piatto, rimuginando i nostri pensieri. E finimmo di mangiare senza parlare. A quel punto, niente di tutte le buone cose che avevamo ordinato aveva più sapore.

Sembrava che quella sigaretta non finisse mai. Sapevo che l'aveva fatto apposta. Sapevo che Mami aveva detto «vado fuori a fumare» proprio per lasciare me e mio fratello liberi di discutere un po' faccia a faccia. Adesso però era via da un pezzo. E inutilmente: scambiate poche frasi, Yuri se n'era andato, senza nemmeno prendersi la briga di salutare Annalisa. Mi aveva lasciata sola al tavolo, sotto gli sguardi interrogativi dei camerieri, che non vedevano l'ora di sparecchiare: era tardi, e la sala ristorante dell'albergo chiudeva. Poi finalmente Mami riapparve.

«Dove sei stata?»

Ero brusca, ma lei non se ne curò.

«A fumare e a fare due passi... ma vedo che non è servito a molto.»

«Se ne è andato quasi subito, lasciandomi qui da sola.»

Mami sedette, e non rinunciò a ordinare ancora un caffè.

«Avete parlato?» chiese, mentre mescolava lo zucchero nella tazzina.

«Poco.»

«E che ti ha detto?»

Avevo gli occhi umidi, per il nervosismo e il dispiacere, e lei se ne accorse.

«Mi ha detto di stare attenta. Dice che gli occidentali sono pieni di soldi e comprano bambini in Bielorussia solo perché la loro vita è vuota...»

Mi aspettavo una reazione furibonda, perché Mami mi aveva abituato a questo. Si ribellava alla stupidità e si arrabbiava quando sentiva certe sciocchezze. Ma non ci fu niente di tutto ciò. Anche i suoi occhi si riempirono di lacrime.

«Tu pensi che Yuri abbia ragione? Pensi che io sia venuta fin qui a cercarti solo per noia?»

Scossi la testa.

«No!»

Mami mi prese la mano.

«Ascoltami, Natasha. Ascoltami bene. Ti voglio dire una cosa importante. Mi ascolti?»

«Sì!»

«Io non prenderò mai il posto della tua madre naturale. Non prenderò mai il posto di Valentina, la donna che ti ha partorito e ti ha messo al mondo. Non prenderò mai il posto della persona che ti ha dato la vita. Non è possibile e nemmeno lo voglio. Capisci?»

Capivo, ma mi sentivo molto disorientata.

«Anche dopo che ti avrò adottata e verrai a vivere per sempre con me, in Italia, anche allora potrai tornare qui a cercarla, potrai sentirla tutte le volte che vorrai, potrai persino aiutarla se avrà bisogno. Tu potrai fare tutte queste cose. Perché è giusto così. Come ha detto tuo fratello, non possiamo liberarci del passato a nostro piacimento.»

«Io non la voglio più vedere! Io la odio!»

«Oggi è così. Domani cambierai idea.»

Di nuovo mi venne da piangere. Non capivo perché la vita dovesse essere così complicata. Io avevo bisogno di un punto fermo, di qualcosa cui aggrapparmi, che mi desse sicurezza. E volevo che questo punto fermo fosse Mami. Le volevo bene. E non capivo perché mi dicesse tutte quelle cose. Quando parlai, la mia voce tremava.

«Se lei sarà sempre la mia vera madre, tu cosa sarai per me?»

Annalisa mi fissò a lungo, poi scandì bene le parole.

«Io sono la mamma, Natasha. Tu mi chiami mamma e io ti chiamo figlia. Questo è ciò che ci unirà sempre. Mi chiamerai sempre mamma e io ti chiamerò sempre bambina mia, tesoro, piccola mia. E dove io sarò, quella sarà la tua casa.»

Affondai il volto tra le sue braccia e finalmente capii che la mia vita era cambiata. Adesso sapevo su quale strada stavo camminando.

La permanenza di Mami in Bielorussia era agli sgoccioli.

E come ogni anno, quando quel breve ed eccezionale periodo finì, venne a darmi un ultimo bacio in istituto. Avrei voluto accompagnarla sino all'aeroporto, ma non era possibile.

Il mattino della sua partenza, mi chiamarono mentre ero in classe, intorno alle nove, e mi diressi verso l'ufficio del direttore. Qui Annalisa mi "riconsegnava" al mio tutore legale, che la lodava per la bravura con cui si prendeva cura di me e le garantiva che, di lì a qualche mese, mi avrebbe mandata in Italia un pochino più "adulta" di quanto ero adesso. Poi, con un sorriso benevolo, Bežniki ci lasciava sole per un saluto, diceva lui, «da Mami a Natasha».

Normalmente tutto si svolgeva in un'atmosfera carica di promesse e venata solo da qualche malinconia, ma quel giorno le cose andarono in modo diverso. Quando varcai la porta dell'ufficio, Annalisa era pallida come un cencio e il direttore cercava goffamente di rincuorarla. Bežniki mi guardò con aria preoccupata e poi uscì, senza una parola di spiegazione.

«Cosa succede, Mami?»

Lei si sedette e mi porse il cellulare.

«Guarda l'ultimo messaggio.»

Presi il telefonino e lessi. Il messaggio diceva: «Tribunale respinge nostra istanza legge 184. Sembra non esserci niente da fare. Dobbiamo ricominciare tutto daccapo. A presto, Francesco».

«Che significa?» domandai, presagendo il peggio.

«La legge italiana sulle adozioni internazionali» mi spiegò Annalisa «dice che possono prendere un bambino all'estero le coppie sposate e le coppie di conviventi. Ricordi che ne abbiamo parlato già un'altra volta?»

«Sì.»

«Noi abbiamo chiesto ai giudici di dire se anche un single, una persona come me, può adottare un bambino fuori d'Italia. In fondo, la legge non ne parla e speravamo che ci fosse spazio anche per noi. Ieri è arrivata la sentenza del tribunale. La risposta è no. Il nostro avvocato ce l'ha appena comunicato. E questo significa...»

Terminai io la frase al posto suo.

«...significa che tutti gli sforzi di questi anni sono stati inutili. È vero?»

Annalisa fece segno di sì con la testa.

«Purtroppo è vero. Dobbiamo trovare un'altra strada.»

«Per questo Francesco dice che bisogna ricominciare da capo?»

«Sì.»

Avevo paura di chiederlo, ma dovevo farlo.

«E quanto tempo ci vorrà?»

«Non lo so, Natasha! Non lo so!»

Mami non piangeva, ma sembrava invecchiata di colpo. Il peso di quel fallimento le gravava addosso fino a schiacciarla, perché era il peso del tempo, delle forze, del denaro, delle emozioni spesi in tutti quegli anni per raggiungere il nostro obiettivo. E Dio solo sapeva a quale riserva segreta del suo animo avrebbe attinto per trovare le energie necessarie a provarci di nuovo. Tra tutti i nostri addii, ricordo il saluto di quel giorno come il più triste. Ci separammo con un abbraccio stanco, nervoso, come se per ognuna di noi il fallimento fosse colpa dell'altra. E con una stretta al cuore mi chiesi se davvero ci saremmo riviste, quell'estate. Ci eravamo buttate in un'impresa superiore alle nostre forze.

4

Non so perché lo feci, non so cosa volessi guadagnarci e non so dove volessi andare.

Quell'altra volta, e anche in altre occasioni, sapevo perché lo facevo: per una notte in discoteca, per un cinema, per il semplice gusto di passare qualche ora lontana dall'istituto.

Ma questa volta era diverso. Non volevo andare a ballare, non avevo appuntamento con qualche amica in città, nessun divertimento speciale mi attendeva. Insomma, non avevo motivi per farlo.

E invece decisi di fuggire. Forse per rischiare, per sfidarli tutti quanti, anche il buon Bežniki. Per gridare loro in faccia che non potevano tenermi alla catena come un cane.

Per urlare che io ero libera e nessuno poteva mettere le mani sulla mia vita. Per sfidarli tutti, ripeto. Anche Mami, che era lontana. Volevo farla soffrire. Volevo che stesse male come stavo male io adesso. Forse così si sarebbe sbrigata. Tante promesse e nessun risultato. Diceva che dovevo avere pazienza. Ma io non volevo aspettare. Ero troppo triste e arrabbiata con il mondo, e non potevo aspettare un minuto di più.

«Sono stanca!»

«Coraggio, non manca molto.»

«Ma sono stanca! E poi non mi hai neanche detto dove stiamo andando...»

Mi voltai verso Olga e la squadrai. Aveva ragione. Mentre rimuginavo tra me e me, avevo completamente dimenticato la mia compagna d'avventura.

«Scusami. Andiamo a cercare una zia di Katja. Dice che abita nel quartiere industriale. E che se glielo chiediamo ci dà una mano.»

«Katja? Non sapevo che avesse dei parenti qui a Oshmiany. E se ce li ha, perché...»

«... Perché è in istituto con noi? Perché i suoi parenti, a quanto pare, non sono in condizione di occuparsi di lei. Esattamente come i miei.»

L'alba era passata da poco e ci trovavamo all'ingresso della città. Faceva un freddo terribile e si correva continuamente il rischio di cadere sul ghiaccio. Camminammo per altri dieci minuti. Poi Olga si fece di nuovo sentire.

«Natasha, sono davvero stanca! Non possiamo fermarci?»

Le risposi irritata, senza voltarmi.

«E dove ti vuoi fermare? In albergo? In un bar? Nessuno deve vederci. È per questo che non abbiamo fatto l'autostop. Se qualcuno ci nota, siamo fregate. Quando si diffonderà la notizia che siamo scappate non ci metteranno niente a trovarci...»

«Ma abbiamo camminato tutta la notte! E io ho anche fame!»

Era arrabbiata. E questa volta mi arrabbiai anch'io. Mi fermai e l'affrontai a muso duro.

«Resisti! E piantala di lamentarti! Ormai non manca molto e, dopo tutta questa strada, un'ora in più di marcia non ti ammazzerà, Olga! Ti ho forse costretta a venire con me?»

Lei abbassò gli occhi. E scosse la testa.

«No.»

«E allora andiamo.»

La presi per le spalle, per incoraggiarla, e tornammo sulla strada, strette l'una all'altra. Ma cominciai a chiedermi se portarmela dietro non fosse stato un errore. Dopo tutto non aveva mai dimostrato un cuor di leone. Mi rimproverai duramente per non aver saputo resistere alle sue suppliche. Lei, che non voleva restare da sola in istituto, aveva insistito. E io avevo ceduto.

«Chi è?»

La voce da dietro la porta suonava malferma.

«Sono Natasha, un'amica di Katja.»

«Katja? Non conosco nessuna Katja! Andatevene!»

Bussai di nuovo.

«Signora! Katja mi ha detto che può aiutarmi! La prego!»

Nessuna risposta. Attesi, ma dall'altra parte sembrava non muoversi niente.

«Non vuole bene a sua nipote? Non può farle un favore, almeno per questa volta?»

Oltre la porta, il silenzio. Vicino a me, Olga batteva i denti per il freddo, mentre un pallido sole cominciava appena a colpire i gradini che davano direttamente sulla strada. Non avevo nessuna intenzione di rimanere là e picchiai sulla porta ancora più forte. Mi misi a gridare, a costo di richiamare l'attenzione di qualche estraneo.

«Apra, signora! O prendo a calci la porta!»

Non appena finii la frase il battente si aprì.

«Entrate. Ho già abbastanza guai con la polizia. E non voglio che una pazza me la tiri addosso di nuovo. Chi siete e cosa volete?»

La donna che ci aveva aperto non doveva avere più di quarant'anni. Ma era così malconcia che ne dimostrava almeno quindici di più. I suoi vestiti erano stazzonati. Non si lavava i capelli da chissà quanto tempo. E i suoi lineamenti erano gonfi. Come se l'avessero presa a botte. Passandole vicino, capii però che si trattava di qualcos'altro. La donna puzzava di alcol. Beveva, ed era alticcia anche in quel momento. Improvvisamente nei suoi occhi vacui rividi quelli di mio padre, le sere in cui tornava a casa dopo mezzanotte e ci guardava senza vederci. E senza nemmeno la forza di bisbigliarci un saluto. Mi feci coraggio e cercai di spiegarle cosa volevamo.

«Siamo Natasha e Olga. Abbiamo bisogno di un posto per riposare e di mangiare qualcosa. Katja dice che lei ci può ospitare. Ecco perché siamo qui.»

«Venite alla luce» ordinò, cercando di metterci a fuoco meglio, sotto una finestra. E dopo averci osservate per un lungo istante, aggiunse: «Sì, avete proprio l'età di mia nipote. Del resto, non la vedo da così tanti anni che potrebbe essere anche morta. Da dove venite?»

«Dall'istituto.»

«Siete scappate?»

Nella sua voce c'era una pericolosa nota d'allarme.

«Sì... Cioè, no... Insomma...»

«Ho capito, siete scappate. Ma da me cosa volete? Vi ho già detto che ho un sacco di guai con la polizia. Se vi trovano qui, ci vado di mezzo anch'io.»

«Nessuno ci ha viste arrivare» mi affrettai a rassicurarla «e vogliamo ospitalità solo il tempo necessario per decidere dove andare.»

La donna rifletté, poi concluse: «Potete rimanere. Ma solo se ve ne andate entro domattina. Capito?». E fece un cenno verso un divano unto, lungo una parete della minuscola stanzetta in cui ci aveva portate.

«Per dormire buttatevi là sopra. Quanto al mangiare, io non posso certo pagare un banchetto alle amiche di mia nipote...»

«Ho del denaro. Può comprare qualcosa per noi.»

La zia di Katja proruppe in una risata rauca.

«Eccomi qua a fare la serva a due ragazzine! Roba da matti!»

«Prenda anche una bottiglia per sé. I soldi le basteranno...»

La donna non si aspettava che le parlassi in quel modo e arrossì violentemente. Capii che stava per insultarmi, ma si trattenne. Le misi in mano qualche rublo. Lei guardò le banconote e ci volse le spalle, borbottando frasi sconnesse e incomprensibili. Afferrò un cappotto liso e si allontanò. Subito dopo, sentii la porta di casa sbattere.

Io e Olga potevamo finalmente riposare. Ci sdraiammo sul divano, senza svestirci, abbracciate, per farci un po' di caldo a vicenda. In quella stamberga si moriva dal freddo. E prima ancora di scambiare due frasi, chiudemmo gli occhi e ci addormentammo.

«Svegliatevi! Svegliatevi!»

La voce penetrò lentamente la mia coscienza.

«Svegliatevi, vi dico!»

Una mano mi scosse violentemente per una spalla e aprii gli occhi. La prima cosa che vidi fu Olga: intontita dal sonno, guardava verso la zia di Katja.

«Cosa succede?»

La donna era molto agitata. Gesticolava, mentre teneva in mano una bottiglia di vodka quasi vuota, e indicava lo schermo di un vecchio televisore.

«Date un'occhiata. E capirete cosa succede.»

Fissammo la tivù, che trasmetteva il telegiornale su un canale locale. E quel che vedemmo ci fece rabbrividire. Alle spalle dello speaker, un monitor mostrava due fotografie. Ritraevano due ragazze, giovani e allegre. Una ero io, l'altra era Olga. Non ricordavo neanche che in istituto mi avessero mai scattato quella foto. Doveva risalire a qualche festa di fine anno, a qualche ballo studentesco. Ed eccomi lì, a sorridere inconsapevole a tutta la popolazione di Oshmiany. Accanto a me, Olga cominciò immediatamente a piangere. Le diedi una gomitata.

«Dovete andarvene! Dovete andarvene subito!»

La zia di Katja era fuori di sé dalla paura, ma io non stetti ad ascoltarla. Mi avvicinai al televisore e alzai il volume. Volevo sentire cosa dicevano.

«... Il direttore dell'istituto ha deciso di denunciare la scomparsa delle ragazze circa dodici ore dopo averne scoperto l'assenza. Ha spiegato che di solito queste bravate si risolvono nel giro di una giornata. Ma le due studentesse non sono rientrate neanche al tramonto e ha capito che la vicenda può essere più seria del previsto. Il direttore teme che le ragazze siano incappate nelle mani di qualche pervertito e che una normale scappatella abbia preso una svolta drammatica e pericolosa. Per questo la polizia ha immediatamente iniziato a setacciare il bosco attorno all'istituto. Le ricerche sono appena cominciate e da lì si sposteranno verso...»

«Si sposteranno verso la città» conclusi io, tirando un sospiro di sollievo, «e noi abbiamo ancora un grosso vantaggio.»

Ma la donna si mise a urlare: «Fuori! Andatevene! Tenervi qui è troppo pericoloso!».

Guardai fuori dalla finestra. Era buio pesto. Senza volerlo, avevamo dormito tutto il giorno: l'orologio al muro segnava le sei. Mi sentivo chiusa in un angolo. E il pianto ininterrotto di Olga non mi aiutava.

«È quasi notte. Non può cacciarci. Dove andiamo?»

«Non mi interessa dove andate. Basta che sloggiate.»

Mi tese una busta.

«Questo è il pane che ho comprato per voi stamattina. C'è dentro anche del salame. Avrete di che sfamarvi. Uscite e io non farò parola a nessuno di quello che è successo!»

«Io non me ne vado!» gridai.

Non avrei sopportato altri ordini. La nostra fuga non poteva fermarsi ora. E guardai la zia di Katja con aria minacciosa.

«Non ce ne andiamo! Ci muoveremo domani all'alba, come stabilito. E se provi a buttarci fuori te la faccio pagare cara!»

Afferrai un pesante fermaporta e lo brandii in aria.

La donna impallidì e si ritrasse. Poi, con uno scatto improvviso, corse verso il telefono. Voleva avvisare la polizia. Mi buttai addosso a lei e iniziammo a lottare. Ma la lotta durò poco.

«Basta!»

Olga urlò con tutto il fiato che aveva in corpo, spaventandomi. E prima ancora che potessi fermarla, infilò la porta di casa e scappò via.

La zia di Katja mi guardò beffarda.

«E ora che fai?»

La guardai con odio, ma non avevo scelta.

«Maledetta ubriacona» la insultai, e la lasciai andare.

Poi corsi dietro a Olga, dimenticando anche di portarmi via il pane.

«Olga! Olga! Dove ti sei cacciata?»

La strada era così poco illuminata che a malapena distinguevo le sagome delle porte vicine.

«Olga!» chiamai di nuovo.

Nulla. Camminai avanti e indietro per il selciato un paio di volte. Poi ebbi paura che qualcuno mi notasse. Le nostre facce adesso erano di dominio pubblico ed ero sicura che il direttore avesse offerto una ricompensa a chi ci scovava. In giro così, avevamo il tempo contato.

«Olga!» chiamai di nuovo, debolmente.

E poiché la mia amica non rispondeva, mi sedetti sul bordo del marciapiede, stanca come se avessi sollevato pesi tutto il giorno. E disperata, perché niente andava per il verso giusto. Ero un'inetta, incapace persino di fuggire da Oshmiany. Mi sentivo inadatta a tutto. E fu allora che sentii una voce.

«Nati, sono qui...»

«Olga!»

La mia compagna uscì dall'ombra di un portone e mi si avvicinò.

Come se niente fosse successo, si sedette accanto a

me sul marciapiede, soffiandosi sulle mani intirizzite e guardandomi con i suoi occhi grandi e tristi.

Poi disse: «E adesso dove andiamo?».

Mi tolsi il maglione e lo avvolsi attorno al pugno. Poi diedi un colpo secco al vetro, che andò in frantumi. Infilai la mano all'interno e cercai la maniglia. La trovai: feci scattare la serratura. Spinsi il battente e la porta si aprì, lentamente. Dentro era buio pesto, ma io non avevo certo intenzione di accendere le luci. Guardai verso la strada e feci un cenno a Olga, che era rimasta a fare il palo. Lei si avvicinò e insieme entrammo nel locale. Per la prima volta mettevo piede in un McDonald's, ma non ero capitata lì per assaggiare un hamburger.

«Qui staremo al caldo e passeremo la notte tranquille. Domattina, appena fa luce, ce ne andiamo. Ora cercati un angolino per stenderti comoda.»

Olga passò sui vetri rotti, facendoli scricchiolare.

«Non credi che ci daranno la colpa anche di questo?»

Era preoccupata, ma io la rassicurai.

«No. Troveranno il vetro rotto, ma non toccheremo altro. Fare una denuncia è sempre una seccatura e io penso che lasceranno perdere. Non si saprà mai chi è entrato nel locale questa notte.»

Ci mettemmo giù, usando le giacche a vento come giaciglio, e cercammo di dormire. Ma non era facile. Avevamo passato il giorno in un sonno di piombo e i nostri sensi adesso erano svegli e all'erta. In più eravamo affamate e impaurite. La fame si poteva sopportare, la paura era difficile da dominare.

«Perché ci siamo ficcate in questo guaio?»

«Non lo so» risposi, e non lo sapevo davvero.
«Che punizione beccheremo quando ci prenderanno?»
«Non ci prenderanno. Io in istituto non torno.»
Olga fece una pausa di un minuto, ma l'ansia le rodeva l'animo.
«Domattina che facciamo?»
Mi sollevai su un gomito e la guardai in faccia.
«Tu cosa faresti?»
«Io tornerei in orfanotrofio e chiederei al direttore di perdonarci.»
Quella ragazza mi faceva proprio arrabbiare.
«Invece lasceremo la città. Quando saremo a Minsk non ci troveranno più.»
«E come ci arriviamo a Minsk? Di nuovo a piedi?»
Non feci caso al suo sarcasmo e ragionai.
«Tra autostop, pullman e treni, io credo che il modo più sicuro sia il pullman. Ci saranno meno controlli... e poi ho in mente un trucco che ci salverà. Vedrai!»
Volevo suscitare la curiosità di Olga, ma lei si mise a piangere.
«Finirà male...»
«Non dire sciocchezze. Il peggio che può capitarci è una bella manica di botte.»
«Non è vero. Possono mandarci in riformatorio. E il riformatorio è un posto terribile.»
Non risposi, perché sapevo che aveva ragione: potevamo finire la nostra corsa nelle celle dell'istituto correzionale. Ma non volevo ammetterlo. Avrei alimentato le sue paure. E io stessa avrei perso le mie sicurezze.
«Dormi adesso, Olga. Vedrai che domattina tutto ci sembrerà diverso.»

«Non ci credo. Per me niente sarà mai più bello. Mi andrà sempre tutto male...»

Non mi colpì l'amarezza delle sue parole, ma quell'accenno a se stessa. La silenziosa Olga, la riservata Olga mi parlava di sé. Era la prima volta che accadeva in tanti anni. Capii che aveva necessità di sfogarsi. La notte era lunga e io non avevo sonno.

«Vuoi raccontarmi la tua storia?»

Fuggitive, chiuse al buio dentro un McDonald's e con la pancia che brontolava.

In queste condizioni accolsi le confidenze sulla vita della mia migliore amica.

5

«È stato quel mostro a rovinare la mia famiglia.»

«Quale mostro?»

«La centrale... La centrale nucleare di Chernobyl...»

Quella rivelazione mi stupì.

«Com'è possibile? Tu e i tuoi abitavate a Polatsk, molto a nord...»

«Sì, Chernobyl era lontana, ma è venuta da noi lo stesso. E noi non abbiamo potuto farci niente. È sua la colpa se sono finita in istituto.»

Presi una mano di Olga e la strinsi forte.

«Cos'è successo?»

La mia amica distolse il viso, come se si vergognasse di parlare. Poi vinse ogni esitazione e mi narrò sottovoce la sua vicenda, senza mai fermarsi. Io non la interruppi, neppure quando la curiosità mi spingeva a farle domande. Non era importante che capissi fino in fondo. Contava molto di più che lei liberasse il suo cuore da quel peso. Forse, dopo, anche la vita le sarebbe apparsa migliore.

«Mi ricordo ogni cosa per filo e per segno perché è avvenuto tutto quando io avevo cinque anni. Gli adulti credono che a quell'età un bambino sia troppo piccolo per avere memoria, ma è una sciocchezza. Specie se accadono cose terribili come quelle capitate a me.

Eravamo una famiglia felice. Non c'era niente che non andasse e i miei genitori erano perfetti. Io per questo mi sono sempre sentita diversa da voi, in istituto. Papà e mamma avevano un bel lavoro, non bevevano, non litigavano, non si ammazzavano di botte. Si volevano bene. I genitori della maggior parte delle nostre compagne, invece, sono mezzi delinquenti... scusa, Nati, non voglio offenderti... Io andavo a scuola, studiavo, ero brava. E volevo un sacco di bene a tutti. A mamma, a papà e soprattutto a Nikla, mia sorella. Aveva tre anni più di me e mi dava sempre retta. Mi ascoltava, mi cantava le canzoni, mi leggeva le storie. Era proprio una sorella maggiore meravigliosa. Poi, un giorno, è cambiato tutto.

Stavamo in macchina, a Polatsk, un sabato pomeriggio. Eravamo appena usciti dal cinema e stavamo tornando a casa. Avevamo visto *Titanic* e non facevamo che piangere. A me e mia sorella bastava ricordare il volto di Jack morto, lì nell'acqua gelida, per scioglierci in lacrime. E mica solo noi due. Anche la mamma tirava su con il naso. Non voleva piangere perché sapeva che papà l'avrebbe presa in giro, ma era lì lì per singhiozzare. E papà, lui, rideva, godendosi le sue donnicciole dal cuore tenero. Insomma, per tirarci su il morale a un certo punto fermò a lato della strada e disse: "Olga, entra in gelateria e compra quattro coppe. Una a testa. E mi raccomando, fattele fare belle grandi! Può darsi che bastino a consolarvi...".

Aveva ragione. Il pensiero del gelato mi distrasse e subito mi sentii felice. Il gelato mi piaceva proprio e mi dispiace che in istituto non ce lo diano mai. Comunque, scesi dalla macchina ed entrai nel negozio, mentre loro mi aspettavano. La gelateria era piena e c'era un frastuono tremendo. Era una di quelle gelaterie aperte da poco, con la musica a volume altissimo, i tavolini pieni di gente e le cameriere che andavano su e giù con i pattini per prendere le ordinazioni. Di sabato, là dentro non si respirava e io avevo solo cinque anni. Nessuno mi ascoltava e ci misi quasi dieci minuti a farmi servire. Ero così concentrata sui gelati che non sentii niente di quel che successe. Afferrai che era capitato qualcosa solo quando mi avvicinai alla porta e vidi che un sacco di gente si accalcava lì davanti.

Uscii dalla gelateria e il sacchetto con le coppe mi cadde dalle mani. Ero sbalordita. C'era fumo dappertutto e le persone gridavano spaventate. Vidi anche delle fiamme e sentii un terribile puzzo di bruciato. Corsi sul marciapiede per cercare la nostra automobile. Non avevo paura, non temevo niente. Avevo solo cinque anni e non pensavo che potesse accadere qualcosa proprio a noi. Papà si era fermato in doppia fila, perché all'ingresso della gelateria c'erano troppe macchine, ma adesso non vedevo più la nostra auto. Era bianca, e non c'erano auto bianche. Ci misi un po' a rendermene conto, perché forse il mio cervello non voleva capire, ma finalmente vidi la nostra macchina. Non era più bianca e non sembrava più un'automobile. Era accartocciata su se stessa, schiacciata contro un semaforo. E non era più dove l'avevo lasciata. Un camion le era andato addosso a tutta velocità, centrandola in pieno e sbattendola avanti. Questa è l'ultima cosa che ricordo... anzi, non è l'ultima cosa...»

Gli occhi di Olga si riempirono di lacrime. Voleva parlare, capivo che voleva parlare. Ma allo stesso tempo temeva di aprirsi e rivelare segreti che non aveva mai detto a nessuno. Ora li stava raccontando a me e io non potevo che aspettare in silenzio. Infine si fece forza e si costrinse a continuare.

«Cerco sempre di cancellare quel momento dalla mia testa, ma non ci riesco. Quando penso di averlo dimenticato, torna di notte, nei sogni. Oppure torna di giorno, mentre sono in classe, mentre giochiamo, mentre mangiamo. È per questo che sto sempre zitta, che non parlo. Io non ero musona, prima, e non ero nemmeno cattiva. Ma adesso ho sempre paura e sono sempre triste. Per questo mi dicono che sono strana. Io non sono strana, sono infelice. Triste e infelice. Da così tanti anni che non ricordo più cos'è la felicità. Come ci si sente a essere felici, Natasha?»

La guardai senza rispondere. Sapevo che in realtà non voleva una risposta. Aveva solo bisogno di una spalla cui appoggiarsi per reggersi in piedi. Fece ancora una pausa e riprese a parlare.

«Svenni, per fortuna. Dio mi salvò dal vedere tutto. Ma forse voleva che sapessi cos'è la morte. Così, prima di svenire, i miei occhi videro mia sorella Nikla. Era ferma, immobile, addossata allo sportello della macchina. Aveva tentato di uscire dall'auto, senza riuscirci. E il suo corpo stava bruciando. Prima di svenire, vidi mia sorella che bruciava, in mezzo al fuoco...»

Olga singhiozzò, nel buio opprimente del McDonald's.

«Quando rinvenni, un poliziotto mi chiese chi ero e quando glielo dissi fece una faccia bruttissima. Mi aveva portata dentro la gelateria e fatta stendere su una panca. Adesso mi aiutò a rialzarmi e a sedermi. E poi me lo disse. Non ci sono molte parole per dire questa cosa e lui ne usò pochissime. Mamma, papà e Nikla erano morti, intrappolati nella macchina e arsi vivi. So che non voleva farmi del male, ma usò proprio queste parole: "arsi vivi". E da allora, queste due parole sono impresse a fuoco nella mia mente. Non se ne andranno via mai più, lo so.»

La mia amica si alzò e si avvicinò alla porta del locale.

Resistetti alla tentazione di richiamarla, anche se temevo che qualcuno dalla strada potesse vederla.

«Era più o meno un incrocio come questo. Un semplice incrocio di città che mi ha distrutto la vita. Tre mesi dopo l'incidente sono entrata in istituto. Ero orfana e nessuno al mondo poteva prendersi cura di me. Così, mi affidarono a Bežniki. Allora non pensai che dietro l'incidente ci fosse qualcosa. Sapevo solo che anche l'uomo al volante del camion era morto. Ma un anno più tardi mi raccontarono come era andata veramente la faccenda. Credevano che a quel punto potessi sopportare tutto. Mi dissero che il camionista viveva in città da pochi mesi e che veniva dalla zona di Chernobyl. Anche lui, al tempo dell'esplosione nella centrale, fu reclutato per la bonifica della zona contaminata. E anche a lui assicurarono che non correva rischi. Tempo dopo invece si ammalò e capì in fretta di essere stato preso in giro. Diventò instabile e pericoloso, perse un lavoro dopo l'altro e finì anche in prigione. Le autorità hanno sempre chiuso un occhio sulle persone come lui perché si sentono in colpa, ma lasciandolo andare in giro hanno rovinato me Quell'uomo si era trasferito a Polatsk in cerca di un impiego e gli avevano dato un posto da camionista, anche se non era più in grado di lavorare. Quando i medici gli dissero che aveva pochi mesi di vita, decise di farla finita. Ed era tanto arrabbiato che non scelse di ammazzarsi in casa, in silenzio. Decise di farlo davanti a tutti e di farla pagare cara al mondo. Così...»

Olga aveva di nuovo gli occhi pieni di lacrime.

«... Così mia mamma, mio papà e mia sorella sono morti per la vendetta di un pazzo. Ma a impazzire quasi, dopo, sono stata io, di dolore e di solitudine. Pensaci, Natasha. A prendersi cura di me sono le stesse autorità che con la loro stupidità mi hanno distrutto la famiglia. Che ne dici? Non ce n'è abbastanza da diventare matti?»

La mia compagna si stese accanto a me, sul pavimento del McDonald's.

«Non ho mai saputo il suo nome. Ma non lo odio. Sono altre le persone da odiare...»

Disse queste ultime parole in un soffio. Poi chiuse gli occhi e scivolò rapidamente nel sonno. Olga si era sfogata e adesso dormiva con la coscienza leggera. Io rimasi lì, a vegliarla e a scaldarla con il mio corpo, pensando ancora una volta a Chernobyl e a tutto il dolore che aveva causato. Solo verso l'alba riuscii anch'io a riposare un poco.

6

«Te l'avevo detto,» bisbigliai esultante «con il pullman corriamo meno rischi!»

Eravamo alla stazione delle autolinee di Oshmiany, pronte a partire, e non vedevo poliziotti sulle banchine. Alla biglietteria era andato tutto liscio e qui, nella ressa concitata di uomini e donne che cercavano il pullman giusto, era davvero difficile che qualcuno ci riconoscesse. Poi sentii la mano di Olga stringermi forte il braccio.

«Hai esultato troppo presto, Nati! Guarda là!»

Scrutai la nostra banchina. La fila alla quale dovevamo accodarci si snodava ordinatamente per una decina di metri. Chi stava in testa, mostrava il biglietto al conducente e saliva. Ma il conducente, prima di dare l'okay, sbirciava un foglio che teneva sottobraccio. E sul foglio erano stampate due immagini. Non era difficile indovinare di chi fossero i ritratti.

«E ora come facciamo?»

Olga era terrorizzata.

«Cerca di mantenere il sangue freddo. È per questo che ho escogitato il mio piano. Mettiamoci in coda e vedrai che ce la faremo.»

«Io me ne vado.»

«Tu rimani qui!»

L'afferrai saldamente per un braccio e la trascinai con me verso il fondo della fila.

«Sorridi e preparati a recitare la parte. Ricordati che sei la mia sorellina minore.»

Ci eravamo preparate apposta a questa evenienza e non c'era motivo di essere spaventate. Al mattino, lasciato il McDonald's, avevamo aspettato che aprisse il grande magazzino più importante della città. E poi, approfittando della folla e dell'indolenza dei commessi, mi ero chiusa in un camerino, davanti a uno specchio, con qualche matita per il trucco. Intanto Olga comprava per me pantaloni e scarpe da uomo e un berretto pesante. In pochi minuti mi ero trasformata e Natasha aveva lasciato il posto a Igor, un bel ragazzo che si preparava ad accompagnare la sorella dai nonni, a Minsk.

«Biglietti, prego.»

Porgemmo i tagliandi al conducente, che ne controllò la regolarità. Poi diede un'occhiata distratta alle foto e verificò che non corrispondessero ai nostri volti. Vedemmo bene le immagini: eravamo proprio noi due.

«Chi state cercando?» domandai con tono interessato.

Olga mi strinse la mano, spaventata. Ma io volevo scherzare con il fuoco e non mi preoccupai del pericolo. Avevo parlato con la voce più profonda possibile e l'uomo davanti a me non si accorse di nulla.

«Due ragazzine fuggite da un orfanotrofio. Ma non saranno così stupide da salire su un pullman diretto a Minsk. I poliziotti pensano che andranno di sicuro nella capitale… Potete andare…»

Io e la mia amica salimmo in pullman e cercammo un paio di posti verso il fondo, tra quelli più scomodi. C'era parecchia gente e non volevamo nessuno attorno. Quando ci fummo sedute, sentii Olga ridere convulsamente.

«Sei pazza, Natasha! Sei proprio pazza! E come l'hai giocato, quel babbeo!»

Risi anch'io, di cuore. Perché ero pazza. Sì, ero pazza.

Ma di una pazzia buona. La pazzia di chi vuole solo essere libero.

Pochi minuti dopo, in prossimità dell'orario di partenza, le porte del pullman si chiusero e noi ci rilassammo. Da quel momento eravamo al sicuro. La linea era diretta fino a Minsk e il mezzo non si sarebbe fermato mai, se non per una breve sosta in una piazzuola. Una volta giunte nella capitale ci saremmo potute davvero considerare in salvo.

L'ora della partenza però passò e il pullman non si mosse.

L'autista era seduto al suo posto, il motore era acceso e tutto sembrava a posto. Ma le ruote non si schiodavano dall'asfalto.

Cinque minuti, dieci minuti. E non succedeva niente.

La nostra gente, che raramente perde la pazienza, sopportava senza fiatare. Ma la presenza del conducente era una tentazione troppo forte e così si sentirono presto volare le battute sulla Bielorussia, dove non funziona mai niente. L'autista non replicava, scrollando le spalle, e io e Olga ascoltavamo ridendo.

Solo quando capimmo il motivo del ritardo il nostro umore cambiò.

Passati venti minuti dall'ora della partenza, le porte

si aprirono e dalle scalette spuntarono i pesanti colbacchi di due poliziotti. Gli agenti scambiarono un breve dialogo con l'uomo alla guida, che alzò lo sguardo verso lo specchietto retrovisore e fece loro cenno di dirigersi al fondo del pullman. Ci sentimmo subito in trappola.

Avevo così paura che non riuscii a dire niente a Olga.

Lei tremava e mi stringeva con tutta la forza che aveva in corpo.

I due poliziotti si avvicinarono, seguiti dagli sguardi curiosi di tutti i passeggeri, e quando ci raggiunsero ci osservarono con attenzione. Aggrottarono la fronte e borbottarono. Ma anche loro tenevano in mano il foglio con le nostre fotografie e se avevano dei dubbi li fugarono subito.

«Venite con noi» dissero asciutti.

E noi dovemmo alzarci e andargli dietro.

L'unico a parlare fu l'autista del pullman, che mentre gli passavamo accanto ci disse: «Pensavate davvero che fossi così stupido?»

Nel gabbiotto della polizia, alla stazione delle autolinee, fummo brevemente interrogate e aspramente redarguite per lo spreco di uomini, mezzi e tempo causato dalla nostra bravata. Poi ci imbarcarono su una macchina di servizio e, nel giro di un'ora, ci scaricarono davanti ai cancelli dell'istituto. Olga non aveva detto una parola più del necessario dal momento in cui i poliziotti erano saliti sul pullman. Ora il suo volto era bianco, come di cera. Io, che dentro di me ribollivo, quando vidi l'odiosa cancellata grigia dell'istituto scoppiai a piangere. Un pianto freddo e silenzioso, un pianto impotente e di rabbia. Senza rimedio, come senza rimedio era tutta quella storia.

Mi chiusero in una stanza nel seminterrato dell'istituto.

Non potevano chiudermi nella mia camera, naturalmente, perché lì dormivano Katja e Larissa. E nemmeno volevano, sono sicura, perché avevamo dato loro troppo filo da torcere: ci meritavamo una punizione esemplare. Così mi ficcarono in una stanza fredda e vuota, affibbiandomi un materasso, un tavolo e una sedia. E i libri. In istituto non si puniva e basta: bisognava anche rieducare. E io dovevo studiare. Ancora una volta, gli esami erano vicini.

Passarono due giorni terribili. La finestra della camera era così piccola che, per vederci qualcosa, dovevo tenere accesa la luce tutto il giorno. E di studiare non mi andava affatto. Guardavo i libri con odio, come fossero gli strumenti della mia schiavitù. Volevano che mi istruissi, quegli ipocriti, ma sapevo che al momento opportuno mi avrebbero abbandonata a me stessa. Diploma o non diploma, nel mondo me la sarei dovuta cavare da sola.

Mi tormentavo ripensando alla fuga e chiedendomi perché avessi fallito. Non volevo ammettere di aver sbagliato tutto fin da principio. Non volevo ammettere che qualcuno era stato più furbo di me. E non volevo ammettere che la realtà non si piegava ai miei ordini. Questa era la cosa peggiore. Ero stata in gamba e coraggiosa. Avevo tenuto a freno Olga e le sue paure. Avevo affrontato gli imprevisti nel modo migliore. Ma non era bastato. Mi avevano ripresa. E il desiderio invincibile di fuggire e di liberarmi che mi aveva spinto alla fuga mi bruciava ancora dentro. Anzi, adesso era peggio di prima. Avevo perso la prima sfida, ma la guerra era tutt'altro che finita. Solo questo pensiero, alla sera, mi permetteva di addormentarmi.

Poi tutto cambiò, al terzo giorno. Aspettavo di essere convocata nell'ufficio del direttore per una lavata di testa tremenda. Sapevo che mi avrebbe minacciata di cacciarmi su due piedi dall'istituto. E se io non avessi abbassato subito la testa, chiedendo umilmente scusa, avrebbe calcato la mano. Avrebbe detto che i tribunali bielorussi non erano disposti ad autorizzare l'adozione all'estero di una disadattata. Avrebbe scandito le parole, lentamente, così: «Non vedrai più la tua Mami italiana». Io non avrei avuto scampo e, messa davanti a un bivio, avrei promesso di fare la brava. Persa la sfida, avrei firmato la tregua. Pensando a un altro modo di continuare la guerra. Contro l'istituto e anche contro Annalisa, che non mi prendeva con sé in Italia.

A tutto questo ero preparata. Ma il terzo giorno le cose andarono in modo diverso. Quel mattino, la porta della stanza si aprì e non comparve la mia assistente, la donna che tre volte al giorno mi portava da mangiare. Comparve Alexander. Teneva lui in mano il vassoio con la mia colazione e aveva sulle labbra un sorriso gelido: «Come va, Natasha?».

Disorientata, impiegai un po' a riavermi.

«Tu che ci fai qui?»

«Non lo vedi? Sono venuto a portarti la colazione.»

Depose il vassoio sul tavolo e si diresse alla porta.

Ma quando aveva già la mano sulla maniglia, si voltò verso di me e disse: «Il direttore ti vuole vedere tra un'ora».

«Bene! Così tutta questa storia finirà!»

Lui ora mi guardava in faccia, e ancora sorrideva.

«Certo che finirà. Andrai al riformatorio. E noi staremo tutti più tranquilli.»

Mi ritrassi verso la parete della stanza.

«Riformatorio? E perché?»

«Lo scoprirai tra poco...»

Alexander chiuse la porta con un tonfo e io scivolai lentamente sulle ginocchia, in preda al panico. Il riformatorio no. Se davvero mi avessero spedito all'istituto correzionale, tutti i miei sogni sarebbero naufragati. Non avrei più incontrato Mami: questo era sicuro. E la mia vita sarebbe stata segnata per sempre.

Era la prima volta che vedevo Olga da quando ci avevano prese sul pullman. Ero sicura che l'avessero chiusa in una stanza vuota, come avevano fatto con me. Ed ero sicura che avesse aperto bocca solo per dire quanto concordato tra noi in previsione di quella evenienza. La mia dolce amica non era molto forte, ma non faceva la spia. Adesso però piangeva. E neanche io mi sentivo tanto sicura. Come mi aveva annunciato Alexander, Bežniki ci aveva chiamate nel suo ufficio, dove mi sbalordì la presenza di un poliziotto. Alto, corpulento, per niente affabile, si aggirava per la stanza con fare seccato. Come se odiasse perdere tempo per le questioni interne dell'istituto. E dalle occhiate che lanciava al direttore si capiva che considerava lui responsabile di quel pasticcio. Bežniki aveva il compito di tenerci a bada e aveva fallito. Anche il direttore se ne rendeva conto. Per questo nelle sue parole e nella sua voce non c'erano la comprensione e la pazienza che gli erano abituali. Era arrabbiato. Arrabbiato come non lo avevo mai visto.

«Olga! Natasha! Ripetetemi quello che avete fatto dopo che siete scappate!»

Guardai la mia compagna e vidi che non alzava gli occhi da terra. Toccava a me tirare fuori d'impaccio entrambe.

«Abbiamo girato per un giorno e mezzo in città. Abbiamo pensato che a muoverci continuamente c'erano meno probabilità di essere prese. Poi siamo andate alla stazione dei pullman. Volevamo arrivare a Minsk. E alla stazione dei pullman ci avete beccate. Ecco tutto...»

Il direttore sbuffava e borbottava. Soffriva e si vedeva che il mio racconto non gli andava giù. Alla fine, mi guardò con occhi supplichevoli.

«Natasha, è per il tuo bene! Pensaci cento volte e rispondi. Dove siete state dopo esservi allontanate dall'istituto?»

Olga adesso piangeva più forte. Quella sciocca si comportava come se avessimo qualcosa da nascondere. Ma io tenni duro.

«L'ho detto e lo ripeto. Ce ne siamo andate in giro per Oshmiany. Abbiamo dormito in un androne e abbiamo mangiato frittelle comprate da un ambulante. Tutto qua...»

Bežniki si sedette, sospirando. Stava per aprire di nuovo bocca quando intervenne il poliziotto. Fece un cenno al direttore.

«Basta così! Ci ha provato, ma si vede che non sa trattare con queste piccole delinquenti...»

A sentirmi definire delinquente avvampai. Ma non ebbi tempo di ribattere. L'uomo, che era molto più alto e grosso di me, mi si piazzò davanti, intimidendomi. E parlò senza mezzi termini.

«Una donna, zia di una vostra compagna di camera, dice di avervi ospitato. E che l'avete costretta a tenervi con sé con la forza.»

Mi sentii mancare. Il poliziotto osservò l'effetto delle sue frasi e grugnì soddisfatto. Poi si avvicinò ancora di più a me e Olga: con fare minaccioso, estrasse dalla tasca una busta. Dentro c'era un oggetto, che faticai a mettere a fuoco.

«Questo è uno dei vostri fazzoletti. Ci sono sopra due iniziali: O. e A. Lo riconoscete?»

Con uno scatto ficcò la busta proprio sotto il naso di Olga.

«Io credo che le due iniziali stiano per Olga Aleksandrovič. Non siete dello stesso parere?»

Olga impallidì e smise di botto di piangere. In preda al panico, cercò una sedia e vi si accasciò sopra.

«È solo uno dei suoi fazzoletti» tentai di reagire «chissà dove l'ha perso...»

«Te lo dico subito, piccola smorfiosa. L'abbiamo trovato sul pavimento di un McDonald's, in centro città. E non credo che ci sia arrivato da solo. Siete state voi a forzare la porta?»

Non risposi. A quel punto, potevo solo stare zitta. La terra ci stava sprofondando sotto i piedi e mi sentivo perduta. Ma l'uomo non aveva ancora finito. Fece due passi per la stanza, scosse le spalle e disse: «So bene che siete state voi». Poi ci si avvicinò di nuovo e con fare perentorio ordinò: «Andiamo! Tirateli fuori!».

Lo guardai sbigottita. Non sapevo di che parlasse.

«Cosa dobbiamo tirare fuori?»

«Non prendetemi in giro! Odio perdere tempo!»

Davvero mi sentivo smarrita.

«Non so cosa dobbiamo tirare fuori. Noi non abbiamo niente.»

«Natasha, ti prego...»

Il direttore era grigio in volto, angosciato. Quella faccenda rischiava di travolgere anche lui. Ma il poliziotto, inviperito, gli troncò la parola in bocca: «Lei stia zitto!». Poi si occupò nuovamente di noi.

«Dalla cassa del McDonald's sono spariti circa trecento rubli. Dove li avete nascosti? A chi li avete dati? Ve ne siete disfatte mentre i miei colleghi vi portavano via: dove sono?»

La rivelazione e l'accusa mi colpirono come una mazzata. Cercai di rimanere in piedi e capii finalmente che dovevo arrendermi. Avevo solo una scelta: dire la verità.

«Eravamo nel locale. È vero. Avevamo bisogno di un posto caldo dove dormire. Ho forzato io la porta. Ma non abbiamo preso il denaro. Non siamo due ladre! E non abbiamo obbligato la vecchia a ospitarci con la forza! Quella donna è la zia di Katja e ci ha tenute in casa perché voleva farlo. Quando ci ha chiesto di andarcene ce ne siamo andate.»

Il poliziotto attese che continuassi, ma io stavo zitta.

«Tutto qui?»

«Tutto qui» dissi, mentre gli occhi mi si riempivano di lacrime. «Volevamo solo andarcene dall'istituto. Non avremmo fatto del male a nessuno. E i soldi non ci interessano...»

Iniziai a singhiozzare e mi sedetti anch'io. Le cose stavano andando sempre peggio e io ero la causa di tutto. Mi sentivo terribilmente in colpa per aver trascinato Olga in quella faccenda. E mi diedi dell'imbecille. Il poliziotto era lì che mi sovrastava e la sua sola presenza bastava a farmi capire quanto fossi stata presuntuosa. Avevo pensato di giocarli tutti e qui invece, se non succedeva un miracolo, finivamo davvero nei guai.

«Io non ti credo. E ti sbatto subito in riformatorio!»

L'agente sibilò queste parole con calma fredda.

«Io invece le credo!»

Il direttore si era alzato dalla sua poltrona e fronteggiava l'uomo di legge.

«La ragazza non ha mai dato problemi. Non è una ladra. Posso mettere la mano sul fuoco per lei. E a maggior ragione per la sua compagna.» Poi aggiunse, in tono ossequioso: «Le lasci a me fino a quando avrete concluso le indagini, capitano. Le terrò sotto chiave e se non emergeranno elementi nuovi ve le consegnerò. Ma per adesso, la prego, non se le porti via».

«Quali elementi devono emergere? Il topo non si avvicina al formaggio senza mangiarlo. Le ragazze sono entrate nel McDonald's e hanno rubato i soldi. È chiaro come il sole!»

«Le ripeto che le due ragazze non sono delle ladre. La scongiuro: le lasci qui ancora un paio di giorni. Solo un paio di giorni!»

Il poliziotto si grattò il mento. Poi abbozzò.

«E sia. Per il momento mi risparmio di compilare un mucchio di scartoffie. Ma tra quarantotto ore tornerò a prendermele. Verrò e faccia in modo che siano pronte. Non voglio brutte sorprese!»

«Non ne avrà. Glielo garantisco.»

L'agente afferrò il colbacco, ci guardò con disprezzo, e uscì.

Il direttore sospirò. Era sollevato. Ma appena il sollievo sfumò venne a galla la rabbia. Si vedeva che aveva voglia di strozzarci con le sue stesse mani. Andò avanti e indietro, concitato, per un minuto intero. Poi mi si avvicinò e alzò la destra, pronto a colpirmi con un ceffone. Ma non abbatté la mano sul mio viso. Tornò alla scrivania e suonò furiosamente per chiamare un'assistente. Quando la donna arrivò, Bežniki parlò con voce soffocata.

«Riportatele nelle loro stanze. Non ne voglio sapere nulla almeno fino a domani. Via!»

Fu così che venimmo di nuovo rinchiuse nel seminterrato.

7

I giorni successivi furono i peggiori della mia vita. Il dolore che provavo non aveva niente a che vedere con la sofferenza patita quando mi avevano allontanato da casa, strappandomi a mia madre e a mio padre. E nemmeno con la delusione del mattino in cui Annalisa mi portò in aeroporto e mi imbarcò per Minsk, senza dirmi niente prima. Neppure la terribile solitudine vissuta nei primi tempi in istituto somigliava a ciò che sentivo ora. In tutte quelle occasioni il male e le cose brutte e cattive che mi capitavano non dipendevano da me. Io non avevo colpa. Ero sballottata dal destino, una vittima che sapeva di esserlo. E comunque avevo sempre una segreta speranza. Sapevo che dovevo sforzarmi e darmi da fare, migliorarmi, non arrendermi. In questo modo la mia vita forse sarebbe stata diversa. Anche io avrei trovato la felicità, e sarei diventata uguale agli altri.

Adesso il mio dolore era completamente diverso. Veniva dal senso di colpa. Ero stata troppo orgogliosa, troppo impaziente, troppo sicura di me. E di nuovo, come già nell'ufficio del direttore davanti alle accuse del poliziotto, mi tormentava il pensiero di Olga. Che in vita sua aveva sofferto tanto e che adesso, a causa mia, stava per precipitare in un abisso dal quale non si sarebbe mai più risollevata. Se la parola "amica" aveva un significato, io avevo tradito quel significato. Non avevo pensato a lei e al suo bene, le avevo imposto il mio volere, avevo sfruttato la mia forza di carattere per trasformarla in un soldatino obbediente. Avevo fatto, insomma, tutto il contrario di ciò che deve fare una vera amica. Alla fine lo ammisi, almeno con me stessa: non ero così coraggiosa come credevo. Se davvero lo fossi stata, non mi sarei portata dietro una compagna. L'avevo voluta con me per paura, per non affrontare da sola la fuga, per avere uno specchio nel quale rimirare la mia bravura o sul quale sfogarmi se le cose fossero andate male.

Pensai anche a Mami. Il tradimento più grosso forse l'avevo commesso nei suoi confronti. Sapevo che combatteva con la legge italiana una battaglia lunga e durissima. La combatteva per me, per darmi un futuro migliore in un paese ricco e pieno di possibilità. La combatteva perché un giorno io potessi chiamarla "mamma" e lei potesse chiamarmi "bambina mia". E la combatteva nonostante la malattia e un corpo sempre più stanco. Mami non si era fermata di fronte a nessuna difficoltà e mi aveva chiesto di pazientare. Io non le avevo dato retta. Le difficoltà non le volevo guardare in faccia e cercavo di aggirarle nel modo peggiore. La pazienza non sapevo nemmeno cosa fosse. Ed ecco il risultato. Per farle un dispetto, rischiavo di non abbracciarla mai più.

In quei due giorni pensai a tutto questo. E quando mi resi conto che avevo sbagliato ogni cosa, piansi amaramente. Piansi per ore, in silenzio, a calde lacrime. Stetti sdraiata sul materasso, senza mangiare né dormire. Lì, da sola, a contemplare il disastro che avevo combinato.

Avevo solo quindici anni, ma mi sentivo come se ne avessi vissuti già cento.

Allo scadere delle quarantotto ore previste dal poliziotto, fummo nuovamente convocate nell'ufficio del direttore. Con l'animo del condannato al patibolo seguii l'assistente, sicura che non avrei più rivisto quei corridoi, quelle stanze e quelle aule. E forse proprio per questo il ricordo del tragitto compiuto quel mattino dal seminterrato allo studio di Bežniki mi è rimasto impresso in modo così vivido. Ancora adesso ne ricordo ogni particolare, compresi i volti ansiosi o indifferenti, solidali o beffardi delle mie amiche. Le altre ragazze mi videro passare sotto scorta e nessuna mi indirizzò una parola, né di incoraggiamento né di biasimo. Ma le loro espressioni valevano più di molti discorsi. Arrivammo all'ufficio proprio nel momento in cui entrava anche Olga. La mia amica aveva un aspetto terribile. Gli occhi erano cerchiati, il volto era terreo e i vestiti sembravano improvvisamente starle larghi, come se l'attesa avesse consumato il suo corpo. Sulla porta cercai i suoi occhi, ma lei li distolse. Non mi salutò a mezza bocca, non mi sfiorò nemmeno. Sentii palpabile il suo rancore e capii che l'avevo persa per sempre. Mi considerava, a ragione, responsabile di quel guaio.

«Vi aspettavo.»

Bežniki era alla scrivania e ci fece cenno di sedere. Mi guardai subito attorno e, con mio grande stupore, non vidi il poliziotto. Non capivo cosa stesse succedendo, ma ero troppo stanca per arzigogolarci sopra.

Il direttore notò la nostra confusione. Si appoggiò allo schienale della poltrona, chiuse gli occhi e intrecciò le mani. Poi sospirò, come se fosse finalmente venuto a capo di un lungo ragionamento. Quando parlò, la sua voce era neutra.

«Il colpevole del furto al McDonald's è stato arrestato.»

«Il capitano ha indagato!» gridai.

Bežniki alzò le spalle.

«La polizia non ha mosso un dito. Loro erano convinti che foste state voi...»

«E allora cos'è successo?»

«Una ragazza, una dipendente del McDonald's, si è vantata con una collega di aver preso lei i soldi. La ragazza, quel mattino, è arrivata per prima al locale, ha visto che la porta era stata forzata e ha pensato di approfittarne, svuotando la cassa. Poi non è riuscita a tenere la bocca chiusa. La collega l'ha denunciata subito e la polizia l'ha arrestata. Adesso è in attesa di essere processata.»

Quell'ultima frase ci fece pensare al pericolo che avevamo corso. Tremammo per la paura. Ma dentro ci montava una gioia irrefrenabile, perché stava accadendo l'impossibile. Un miracolo salvava noi povere disgraziate. Guardai Olga e vidi i suoi occhi, di nuovo vivi. Volevo abbracciarla e gridare. Ma un dubbio improvviso mi bloccò subito.

«E la zia di Katja?»

Il direttore si alzò e prese a passeggiare per l'ufficio.

«Già, la zia di Katja... Per lei dovete ringraziare me. Conosco quella donna e so che non è cattiva. Ma è debole, beve, e farebbe qualsiasi cosa per soldi. Così sono andato a parlarci.»

Bežniki si fermò. Noi pendevamo dalle sue labbra.

«Cos'ha detto?»

«Non voleva dire niente, ma si vedeva che c'era sotto

qualcosa. Le ho chiesto quanto le avevano dato per mentire e lei ha negato di aver preso del denaro. Io ho insistito e lei alla fine mi ha spifferato tutto.»

«Come è riuscito a farla parlare?»

Guardavamo il nostro direttore stupefatte. Non lo avevamo mai visto sotto quella luce. Ci aveva difese. Si era fatto in quattro per noi. E ora ci stava raccontando come ci aveva tolte dai guai.

«Le ho offerto più soldi. Così ha ritrattato tutto, ammettendo che non l'avete obbligata a tenervi in casa. Mi ha anche raccontato che qualcuno dell'istituto l'ha avvicinata perché aggravasse le sue accuse. Qualcuno che conosciamo bene...»

«Alexander!»

Il direttore finse di non aver sentito. Ma aggiunse con tono gelido: «Chiunque sia stato verrà punito a tempo e luogo debiti. Non è ancora il momento di scoprirsi contro di lui. Ha appoggi importanti e bisogna prenderlo con le mani nel sacco. Ma ci arriveremo, ci arriveremo... Comunque, la zia di Katja ha detto alla polizia di essersi sbagliata. I soldi che le ho dato compenseranno abbondantemente la lavata di capo presa dal capitano. Il quale non è più passato da queste parti...».

Lo guardammo speranzose.

«Vuol dire che siamo libere?»

Sulle labbra del direttore comparve una smorfia di fastidio.

«Non finirete in riformatorio. Ma quel che avete fatto è molto grave. Con la vostra fuga, avete tradito la mia fiducia e quella dello stato. Ma soprattutto avete tradito la fiducia delle vostre compagne. La cattiva fama che a causa di questo episodio colpirà l'istituto si rifletterà anche su di loro. Verranno additate come le amiche delle due pazze che hanno messo in agitazione tutta la città.»

Chinammo il capo, attendendo la sentenza.

«Per i prossimi tre mesi non uscirete da qui. Niente cinema, niente musei, niente parchi in città. E niente ricreazione alla sera. In fondo non vi farà male. Avrete più tempo per studiare.»

Era una pena minima rispetto a ciò che temevamo. Ma io, spaventata, feci subito un calcolo mentale. Tre mesi. Proprio quelli che mancavano alla mia partenza estiva per l'Italia. Sollevai lo sguardo verso Bežniki, che capì a cosa stavo pensando.

«Sarai libera in tempo per la tua Mami. Ma vedremo se lei sarà libera per te. Non so se vorrà vederti ancora dopo questa storia.»

E così, in un misto di gioia e ansia, di sollievo per lo scampato pericolo e di timore per le conseguenze della nostra bravata, io e Olga rientrammo nella nostra vecchia stanza. E lì, nel silenzio del mattino, mentre tutti gli altri erano in classe a fare lezione, ci abbracciammo, ridendo e piangendo, scherzando sulle nostre paure e rimproverandoci a vicenda per la nostra stupidità. Eravamo di nuovo insieme, eravamo di nuovo amiche.

La linea internazionale era fortemente disturbata. Cadde due volte e per due volte dovetti rifare il numero. Alla fine riuscii a prenderla. Dall'altra parte suonava libero e con il cuore in gola attesi che qualcuno rispondesse.

«Pronto?»

«Mami!»

Solo dopo aver pronunciato quella parola, mi resi

conto che la voce femminile al capo opposto del filo non era la voce di Annalisa. Rimasi disorientata e muta.

«Qui casa Dessalvi. Chi parla?»

Non era Mami e non era nemmeno nonna Angela.

«Sono Natasha Vladimirovna. C'è Annalisa?»

«Annalisa sta parlando con il medico. Io sono una sua amica. Adesso la chiamo. Aspetta un momento che arriva...»

Il medico! La mia mamma italiana forse non stava bene.

«Ciao, Natasha.»

«Mami! Come mai c'è il medico?»

«Una semplice influenza, con un po' di febbre. Sono a letto da due giorni, ma domani mi alzo. Come stai?»

La sua voce era piatta, senza emozioni. E quella semplice domanda su come stavo. Niente in confronto al diluvio di vezzeggiativi e parole dolci che mi rivolgeva di solito.

«Io sto bene...»

«Sono contenta per te. Stai studiando?»

«Sì.»

«E Olga e le altre come stanno?»

«Stanno bene. Ti salutano tutte...»

«Salutale anche tu da parte mia.»

Sembravamo due persone incontratesi per caso dopo anni. Come se non avessimo niente in comune. E dopo altre due o tre domande così banali, non riuscii a trattenermi.

«Mami! Che ti prende? Sono la tua Nati!»

«Sei sicura?»

«Cosa vuoi dire?»

Annalisa, prima di parlare, emise un sospiro profondo. Lo sentii quasi come se fosse accanto a me.

«La Natasha che conosco io è una ragazza impetuosa e forte. Ma conosce i suoi limiti e sa aspettare il suo turno. Tu che parli al telefono non sei quella Natasha. Sei un'altra persona, prepotente e cocciuta, capace di mettere in pericolo se stessa e gli altri. Con questa Natasha io non voglio avere niente a che fare.»

Quelle frasi mi colsero di sorpresa. Sapevo che il direttore aveva telefonato in Italia più di una volta, nei giorni precedenti. Me lo aveva detto lui stesso. Mi aveva anche detto di avere raccontato a Mami tutto quanto. Era giusto. Doveva farlo. Ma non ero preparata a tanta freddezza. Mi ero illusa che Annalisa avrebbe considerato quella faccenda una ragazzata. Forse perché era lontana e non l'aveva vissuta in prima persona. E invece non era così. La considerava una cosa seria.

«Mami, sono sempre io! Sono la stessa Natasha che conosci tu. Mi vuoi bene, lo so. Perché mi tratti così?»

La voce, anziché ammorbidirsi, si indurì.

«Le cose che mi ha raccontato il direttore non mi sono piaciute. Io ho paura, Natasha. Paura che dentro quel corpo da adolescente si nascondano un carattere e il cervello di una bambina. Mi capisci?»

«Sì» mormorai.

«Davvero? E allora dimmi cosa voglio dire...»

Cercai di raccogliere le forze e concentrarmi. Ripensai alle mie riflessioni nel seminterrato, mentre aspettavo che il capitano della polizia venisse a prendermi per portarmi in riformatorio.

Provai a dominarmi: non volevo piangere, non volevo che tutto finisse quel giorno. Così inghiottii le lacrime e risposi.

«Tu vuoi dire che devo crescere, Mami. Non è vero?»

«Sì, è proprio quello che voglio dire. E sai che significa crescere?»

«No. Forse non lo so ancora...»

In quel momento ammisi di non essere capace di tutto. Ammisi di non sapere tutto. E finalmente la voce di Annalisa si addolcì.

«Nati, ascolta...»

«Dimmi, Mami.»

«Io voglio che tu diventi una donna libera. Ma libertà è anche accettare di fare i conti con gli altri. Ricordi quel che disse Yuri la sera che mangiammo insieme a Minsk?»

«Certo. Disse che il passato non si può dimenticare, che dobbiamo sempre farci i conti.»

«Esatto. E la stessa cosa vale per i nostri rapporti con gli altri e con il mondo. Credi che io mi diverta a stare dietro ogni giorno ai giudici e ai loro cavilli?»

«No.»

«Esatto, non mi diverto affatto. Eppure non butto tutto all'aria. Se buttassi tutto all'aria, la prima ad andarci di mezzo saresti tu. Non otterrei comunque niente e sprecherei tutte le cose buone che abbiamo vissuto insieme in questi anni. Lo stesso è per te.»

Per un attimo, davanti a quella predica l'istinto a ribellarmi ebbe di nuovo il sopravvento.

«Io vivo tra le quattro mura di un istituto» protestai «e qui sono prigioniera. È per questo che ho tentato di fuggire. Cerchi di convincermi che sono libera come te?»

Sentii Annalisa sforzarsi di non arrabbiarsi di nuovo. Quando rispose, la sua voce era calma ma minacciosa.

«Io ho i giudici, tu hai l'istituto. Ognuno ha la sua prigione. E non c'è altro da aggiungere. Se non capisci questo, vuol dire non siamo fatte una per l'altra.»

Sentii un *clic* e pensai che avesse riattaccato.

«Mami!»

«Sono ancora qui.»

Ero confusa e spaventata. E non volevo perderla.

«Farò tutto quello che vuoi. Non sgarrerò più. Obbedirò e farò la brava.»

«Farai queste cose. Ma non perché lo voglio io. Le farai perché lo vorrai tu. D'accordo?»

«D'accordo.»

«E ora torna a studiare.»

«Mami, aspetta!»

«Cosa c'è?»

«Quando ci vediamo di nuovo?»

«Non lo so.»

«Quest'estate! Non vengo in Italia quest'estate?»

«Ne riparliamo, Natasha. Non farti prendere dall'angoscia e vedrai che tutto andrà bene.»

«Mami, mi vuoi bene?»

«Io, piccola mia, penso a te tutto il giorno. Io non ti dimentico. E ora addio!»

Annalisa chiuse la telefonata e mi lasciò sola, in balia di me stessa. Improvvisamente, sentii le pareti dell'istituto incombere su di me, pronte a crollarmi addosso. Fuori era buio, quasi notte, e non avrebbe fatto luce prima di altre dieci ore. Dentro di me era lo stesso: brancolavo nell'oscurità e non sapevo quando avrei rivisto l'alba. Una sola cosa potevo fare. Aggrapparmi alle parole di Annalisa. Aveva detto che ognuno di noi ha la sua prigione e che tutti dobbiamo trovare il modo di adattarci alle sbarre. Era l'unica strada da percorrere per sperare, prima o poi, di uscirne.

L'AMORE VINCE LA LEGGE

1

Non provavo più l'eccitazione di quando ero bambina e per tenermi al mio posto non servivano i richiami e le raccomandazioni dell'accompagnatrice, che d'altro canto non c'era. Viaggiavo da sola, adesso, e conoscevo a memoria il paesaggio che scorreva sotto l'aereo, dalla Bielorussia all'Italia.

Quel giorno mi addormentai appena salita a bordo e caddi in un sonno profondo. Una cosa strana. Negli anni mi ero abituata al lungo viaggio, ma mi era sempre rimasta appiccicata addosso l'ansia del volo, la paura sottile e inconfessabile che ti prende a sapere che ti libri in aria dentro un fragile guscio con le ali. In genere, per occupare il tempo e dominare i miei timori segreti, leggevo o cercavo di attaccare bottone con qualche compagno d'avventura. Così, in tutto quell'andare e venire, avevo consumato romanzi su romanzi e sentito molte storie venate di nostalgia. I miei vicini di poltrona mi parlavano infatti quasi sempre di un destino da emigranti che cercavano lavoro e fortuna in un paese ricco come l'Italia. Sperando poi di tornare a casa per fare, con quanto guadagnato, una vita dignitosa. Io ascoltavo e regolarmente stupivo l'interlocutore: ero l'unica a voler rimanere all'estero, l'unica che non desiderasse rientrare un giorno in patria per comprare una piccola casetta e viverci come un topo nel formaggio.

Quel mattino d'estate, però, andò diversamente. Mi sedetti al mio posto e chiusi gli occhi per rilassarmi un po'. Quando li riaprii eravamo già sulla Sardegna. Avevo dormito per più di tre ore, a dispetto di qualunque paura di volare, e capii subito cos'era successo. Volevo dimenticare le cose brutte degli ultimi mesi: la reclusione in istituto, lo studio incessante per superare gli esami, il disagio di sentirmi sempre controllata e soppesata. E soprattutto la tristezza del contrasto con Mami, che si era faticosamente appianato solo da pochissimo tempo. Dopo la mia fuga e la drammatica telefonata con l'Italia, ero stata bene attenta a non provocare ancora i suoi rimproveri. E naturalmente, ciò che mi addolorava di più non era l'obbligo di rigare dritto, ma la percezione del muro che si era alzato tra noi. Finché, tre settimane prima, con la posta mi era arrivato un biglietto aereo per l'Italia. Ormai non ci speravo più e piansi di gioia, anche perché la sorpresa non era stata preceduta da alcun perdono. Annalisa non aveva smesso di fare la sostenuta. Ed ecco perché mi addormentai a diecimila metri di quota: per dimenticare la tensione legata a tutti quegli avvenimenti. Come se il sonno potesse cambiare il passato e colorare di rosa il presente. Come se da quel breve riposo dell'animo e della mente potessi uscire rigenerata, magari anche diversa. Una Natasha sempre in gamba, ma più disposta a venire a patti con la vita. E ricca ancora dell'amore sempre vivo che la legava alla sua Mami italiana.

A svegliarmi fu la mano della hostess, poggiata sulla mia spalla: «Stiamo per atterrare e devi allacciarti la cin tura». Ancora intontita, sollevai la tendina che copriva il finestrino e vidi il sole sfolgorare sulla campagna della Sardegna. Poi l'aereo arrivò su Cagliari e, come sempre, fece un lungo giro sul mare. Scendemmo sulla pista da sud, venendo dalle acque del Mediterraneo, e mentre calavamo di quota passammo così vicini ai quartieri storici della città da poterli quasi toccare con mano. L'anno precedente avevo strappato ad Annalisa una promessa: che un giorno mi avrebbe lasciata andare con i miei amici in uno dei deliziosi locali aperti in quelle vecchie stradine. Per me sarebbe stata la prima uscita senza di lei: una prova di maturità per tutte e due. Ma scacciai quel ricordo, certa che il tempo non fosse ancora giunto. E con un brivido sentii le ruote toccare terra. Ero a Cagliari, ma non sapevo bene cosa mi aspettava.

Solitamente, Mami veniva a prendermi all'aeroporto e quel giorno desideravo più che mai di trovarla lì ad aspettarmi. Ero sicura infatti che sarebbe bastato vederci e abbracciarci e baciarci perché tutto ricominciasse come prima. Mami però non c'era. Ad attendermi trovai nonna Angela e nonno Gianni, belli abbronzati e sorridenti. Non li vedevo da sei mesi e fui felicissima della loro accoglienza. Mi presero tra le braccia e mi strinsero fortissimo.

«Bentornata, Nati!»

«Benvenuta a casa, figliola!»

"Casa" era la parola magica che in Bielorussia non udivo da molti anni e che invece mi faceva sentire al mio posto in Sardegna. Quelle persone mi volevano bene e io volevo bene a loro. Mi accoglievano in casa e la loro casa era la mia casa. Così sentivo che la mia famiglia era lì. Ma l'assenza di Annalisa mi turbava.

«Dov'è Mami?»

Il viso di nonno Gianni si annuvolò e il bel sorriso scomparve dalle sue labbra.

«A casa. Non poteva venire...»

Quelle parole mi colpirono perché le interpretai a mio carico. Credetti che Annalisa ce l'avesse ancora con me e che volesse farmelo pesare. Pensai che non avesse voluto farsi vedere: così non chiesi altre informazioni e mi chiusi in un silenzio un po' triste. Neanche i nonni d'altro canto avevano molta voglia di parlare. Ed era strano, perché di solito dopo una lontananza così lunga ci raccontavamo tutto quel che ci veniva in mente e ridevamo e scherzavamo. Invece quel giorno niente. Cominciai a tremare e a temere che mi avessero fatto fare il viaggio fino a laggiù solo per annunciarmi che l'avventura era finita. La paura mi opprimeva e neanche il sole della Sardegna e la vista dei fenicotteri rosa, compagni immancabili di ogni mio sbarco nell'isola, mi scaldarono il cuore.

Quando arrivammo a casa, saltai giù dalla macchina, impaziente. Mi stavo arrabbiando: se doveva essere un dramma, volevo che fosse il dramma più veloce possibile. Schiacciai il pulsante del citofono con forza, a lungo, e attesi che il cancello scattasse. Ma non accadde niente.

«Aspetta! Apro io...»

Mi voltai verso nonna Angela, che stava tirando fuori le chiavi.

«Mami non è in casa?»

«Certo che c'è.»

«E allora perché non apre?»

I nonni mi lanciarono un'occhiata addolorata, ma non si spiegarono.

«Su, andiamo.»

Entrammo in ascensore e salimmo rapidi al terzo piano, in silenzio.

Mi aspettavo di trovare la porta dell'appartamento accostata, e invece era chiusa. Ormai guardinga, lasciai che nonna Angela infilasse la sua chiave nella serratura. Spinse il battente ed entrammo.

«Mami!» chiamai con voce incerta.

«Nati!»

La sua risposta mi fece sussultare.

«Mami!» chiamai di nuovo.

«Nati! Sono in camera da letto!»

Lasciai cadere la valigia sul pavimento e corsi verso la sua stanza.

Annalisa era a letto. Sorrideva, ma la sua espressione era sofferente.

«Nati, bambina mia!»

Mi gettai in lacrime tra le sue braccia.

«Mami, Mami! Allora mi vuoi ancora bene!»

Lei mi prese il volto tra le mani e strofinò il suo naso contro il mio.

«Certo che te ne voglio! Come puoi pensare il contrario!»

«Non ti ho vista in aeroporto...» dissi singhiozzando «e poi al telefono eri sempre così fredda... Come se mi odiassi, come se ce l'avessi con me!»

«Cara! Non devi pensarlo nemmeno per un minuto! Io ero solo preoccupata, tanto preoccupata...»

Mi sedetti sulla sponda del letto, tenendo le sue belle mani tra le mie.

«Ho passato gli esami, Mami. E la mia punizione è finita. La storia della fuga è lontana. Tutto dimenticato...»

Annalisa sorrise di nuovo, con aria furba.

«Né io, né te, né soprattutto Bežniki dimenticheremo quel che ci hai fatto passare. È sempre la stessa storia, Natasha. Il passato non si dimentica, si supera…»

«Be', io l'ho superato!»

«Il direttore ne è convinto. E nelle prossime settimane vedremo se sei davvero cambiata. Ora, se vuoi, puoi andare in camera tua a disfare la valigia. Poi faremo una bella chiacchierata.»

Mi alzai, ma non mi allontanai. Accennai al letto e alla stampella poggiata alla sedia, lì vicino.

«Stai tanto male, Mami?»

Lei fece una brutta smorfia.

«Le medicine che prendo per il rene non fanno bene alle mie articolazioni. In certi giorni zoppico e ho bisogno della stampella. In altri addirittura non riesco ad alzarmi. Questo è uno di quei giorni. Ma non temere, domani sarò in piedi e potremo divertirci come sempre.»

Lo diceva sul serio. Si vedeva che soffriva, ma era davvero convinta che in poco tempo sarebbe stata meglio e avrebbe potuto darsi di nuovo da fare. Ancora una volta fui colpita dall'enorme forza d'animo che sosteneva Mami.

«Se starò male, tu mi curerai, vero?»

Feci cenno di sì con la testa.

«Un giorno te l'ho promesso e manterrò l'impegno.»

Gli occhi di Mami si inumidirono.

«Ricordo bene quella promessa. E se la mia Nati sarà sempre la Nati di quel giorno saremo felici insieme. Ora vai. Lasciami riposare…»

Nonno Gianni fece capolino dalla porta. Aveva la mia valigia in mano e sorrideva.

«Allora, Natasha! Doccia o fetta di torta?»

«Prima la torta!»

Mami aveva parlato di divertimento, ma prima di divertirci dovevamo fare una cosa importante.

«Voglio che tu sappia come va esattamente la faccenda,» disse il pomeriggio del giorno successivo al mio arrivo «e voglio che a raccontartelo sia Francesco. Se a parlartene fossi io, confonderesti i fatti con i sentimenti. Capita anche a me ed è sbagliato.»

La "faccenda" era naturalmente la pratica della mia adozione e Francesco era il nostro avvocato. L'appuntamento con lui era già fissato: così uscimmo e andammo al suo studio, che si trovava in centro, a venti minuti di automobile da casa nostra. Fui molto contenta di incontrarlo. Ci vedevamo ogni estate e sapere che si occupava del nostro problema senza mai arrendersi mi rassicurava. Era sempre il nostro "avvocato sognatore" e a me piaceva.

«Natasha! Come va?»

«Bene! Però tu devi darmi buone notizie...»

L'avvocato rise, chiuse la porta e ci invitò ad accomodarci. Mentre mi preparavo ad ascoltarlo mi sentivo in ansia, ma non lo diedi a vedere. Mami spostò la sua poltrona un po' indietro, come se non volesse intervenire, come se fosse una semplice spettatrice. Ma sapevo che anche lei avrebbe ascoltato con grande attenzione.

«Ti espongo la situazione in un minuto. E se uso qualche parola troppo difficile, dimmelo. Cercherò di essere ancora più chiaro. Okay?»

«Okay.»

Francesco respirò a fondo e parlò.

«Le cose stanno in questo modo. Il tribunale ordinario ci ha dato torto più volte. Dicono e ripetono che la legge italiana non permette a un single di adottare. Se fosse sposata o convivesse da qualche anno, Annalisa e il suo uomo potrebbero adottarti. Ma lei vive da sola e, a quanto pare, non c'è niente da fare.»

Deglutii, inghiottendo le lacrime, che già premevano. E dopo un momento di silenzio la voce mi uscì di gola strozzata.

«È tutto qui?»

L'avvocato scosse la testa.

«No, per fortuna non è tutto qui. Da un po' di tempo abbiamo una nuova speranza. È piccola, ma solida. E potrebbe funzionare.»

Lo guardai muta, in attesa.

«Oltre un anno fa ho avviato un appello sulla tua vicenda in Corte costituzionale.»

«Dove?»

Non avevo mai sentito quel nome.

«Corte costituzionale. È il tribunale più importante d'Italia. Esamina e decide le questioni più delicate. I giudici della Corte costituzionale sono molto esperti.»

«E perché dovrebbero darci ragione?»

«Perché la legge non esclude espressamente i single dall'adozione. Questo è ciò che io sostengo nell'appello: se non li esclude, evidentemente possono adottare. E dico anche che se i cittadini sono davvero tutti uguali tra loro non c'è motivo per impedire che i single adottino. Mi segui?»

Feci cenno di sì.

«Vuoi dire che una persona non sposata deve avere gli stessi diritti di una persona sposata?»

«Voglio dire proprio questo!»

«E...» esitai «che probabilità abbiamo di farcela?»

Francesco si strinse nelle spalle.

«Non voglio mentirti, Natasha. Tutto dipende da come i giudici interpretano la legge. E il loro parere dipende da mille considerazioni, non solo giuridiche.»

«Non ti capisco.»

Annalisa si sporse in avanti.

«L'avvocato dice che la Corte costituzionale tiene presente anche questioni culturali e politiche. Insomma, ci darà ragione se penserà che per l'Italia sia una buona cosa che i single adottino. E ci darà torto se penserà che sia una cosa cattiva. Ora hai capito?»

«Forse. E quanto ci vorrà per sapere come la pensano?»

Un'espressione dubbiosa comparve sul volto di Francesco.

«Questa purtroppo è la difficoltà maggiore. Non conosciamo con esattezza il calendario di lavoro della Corte costituzionale. Potrebbero passare pochi mesi, ma potrebbero volerci anche un paio d'anni...»

Mi sentii mancare e subito la mano di Mami mi strinse forte il braccio.

«Un paio d'anni...» ebbi la forza di mormorare.

«Sì, bambina mia. Le cose stanno in questo modo.»

«E noi cosa possiamo fare?»

«Niente,» sostenne l'avvocato «ormai abbiamo fatto tutto ciò che era in nostro potere. Dobbiamo solo aspettare. Nient'altro.»

«Aspettare, aspettare,» le lacrime mi correvano senza freno giù per le guance «io non so se ce la farò...»

«Ce la farai, piccola» mi sussurrò Mami. «Anzi, ce la faremo insieme. E dopo sarà ancora più bello!»

Francesco mi porse il suo fazzoletto.

«Asciugati le lacrime, Nati. E non rattristarti. Il vostro amore sarà più forte anche della legge. Io lo so!»

2

Per qualche settimana le cose tornarono proprio come ai vecchi tempi. Io misi da parte ogni tristezza e Annalisa recuperò tutto il suo vigore fisico. Stavamo bene, soprattutto perché sapevamo che era il fatto di vivere insieme e di essere vicine a farci stare bene. E come quando avevo sei anni, mi misi nelle mani di Mami perché mi conducesse attraverso un'estate di gioia e divertimento.

In quel mese di luglio facemmo tante cose che non avevamo mai fatto in passato. Io ero cresciuta e i tempi del parco giochi erano finiti. Ma anche il tempo della paletta e del secchiello accanto all'ombrellone se n'erano andati. Così, prendevamo l'automobile al mattino e, armate di carta stradale, ci allontanavamo da Cagliari anche di cento o centocinquanta chilometri. Cercavamo le spiagge più belle e isolate, dove ancora i turisti non arrivavano e dove potevamo rosolare al sole tutto il giorno senza che nessuno ci seccasse. Villasimius, Colostrai, Costa Rej sulla costa est della Sardegna. Capo Teulada, Piscinas, Cala Domestica sulla costa ovest. Per me erano nomi difficili da pronunciare, ma la finezza e il biancore della sabbia, il blu trasparente del mare, il gran silenzio che vi regnava si fissarono indelebilmente nella mia memoria. E nel mio cuore: quell'estate cominciai ad amare davvero l'isola che mi aveva accolta.

Ebbi dunque una bella sorpresa il giorno in cui Annalisa disse: «Questa volta ci spingiamo più lontano. Prepara la borsa, perché dormiamo fuori». Saltai in macchina senza fare domande e mi godetti il viaggio. Mami guidò senza fretta per tre ore, fermandosi spesso sul bordo della strada per permettermi di ammirare il paesaggio, e mi portò in un posto chiamato Cala Gonone. Era un piccolo paese incastonato nel fianco della montagna, proprio sul mare. Prendemmo una stanza d'albergo, ci regalammo una splendida cena di pesce e il mattino dopo affittammo un gommone. Un pescatore del luogo, dai capelli brizzolati e dalla pelle scura e dura come il cuoio, ci guidò nelle calette vicine al villaggio. «Queste» disse «si possono raggiungere solo in barca. Per arrivarci a piedi, bisogna camminare ore.» E indicò le cime aspre che sovrastavano la costa. Davvero erano posti incantati. Mare, sabbia, roccia e nient'altro. «Quando l'uomo non abitava ancora la Terra, la Terra era così» sentenziò il pescatore, e fu come se mi avesse rubato i pensieri. «Posso buttarmi?» chiesi a Mami, che stava seduta a poppa del gommone. «Ci buttiamo tutte e due!» ribatté lei. E quel mattino facemmo il bagno più bello e sereno di tutti i miei anni in Sardegna. Quando alla sera tornammo a Cagliari, mi sentivo davvero in pace con me stessa.

Ma non ero sazia. Volevo divertirmi, volevo sperimentare, volevo conoscere. Volevo aprirmi a quest'altro mondo, così diverso da quello in cui ero nata. Come se sperassi che, immedesimandomi nella gente e nei luoghi, crescessero le mie probabilità di rimanere là per sempre. E allora una sera brigavo e pregavo fino a quando Mami mi portava in discoteca: dove la obbligavo a ballare dal tramonto all'alba. Un altro giorno mi facevo accompagnare a teatro e insieme vedevamo una commedia in lingua sarda. Naturalmente non capivo una parola, ma ridevo, mi sorprendevo e applaudivo con il pubblico, quasi fossi una di loro. E un mattino trascinavo Annalisa in un museo archeologico o in qualche chiesa antica, dove non smettevo di fare domande e interessarmi agli eventi, ai personaggi, alle feste di quella terra. La mia curiosità sembrava inesauribile e io stessa me ne stupivo. Il direttore Bežniki sarebbe stato fiero di me: in classe non avevo mai studiato tanto e non avevo mai mostrato tanta passione e applicazione.

Andammo avanti con questo pazzo girotondo per più di tre settimane, finché Mami disse basta. Una sera mi guardò negli occhi e sospirò: «Natasha, sono esausta. Devo fermarmi e riposare».

Non mi sorprese, perché sapevo che quel momento sarebbe venuto. E mi ero preparata.

«Bene,» replicai «passeremo un po' di tempo in più in casa. Sai cosa possiamo fare?»

Un vago sentore d'allarme apparve sul suo volto, ma non rispose.

«Mi insegnerai a cucinare!»

«A cucinare? Ma io non so cucinare!»

Era vero, l'avevo dimenticato. Ma non mi lasciai scoraggiare.

«Allora impareremo insieme. Impareremo a cucinare tutte le cose buone che ci danno al ristorante. Così ce le prepareremo da sole e inviteremo anche i nonni. Va bene?»

Mami alzò gli occhi al cielo. Poi mi prese il viso tra le mani.

«Nati, sei matta! Ma va bene, per te imparerò anche a cucinare!»

E fu così che, nel giro di dieci giorni, diventammo capaci di mettere in piedi una vera cena sarda. A forza di sporcare mestoli, pentole e forno, i ravioli alla ricotta e la carne d'agnello non ebbero più segreti per noi. E quando davvero li offrimmo a cena ai nonni, strappammo loro grida d'ammirazione. Un caldo applauso fu la ricompensa che mi guadagnai per la mia bravura.

Lentamente, con la forza del cuore, mi stavo trasformando in una nuova persona. Si vedeva, lo capivo bene. Vivevo a cavallo di due mondi: e sapevo in quale dei due mi sarebbe piaciuto mettere radici

«Come ti senti?»

«Mi sento bene.»

Potevo rispondere solo così alla domanda di nonna Angela, perché non volevo scoraggiarla o intimorirla. Ma la realtà era diversa. Non mi sentivo affatto tranquilla e un nodo mi stringeva lo stomaco come prima degli esami. Quel che provavo era paura. Il nome giusto era proprio questo: paura. Perché in ballo non c'era un semplice esame scolastico. E anche se il peso della faccenda non era sulle mie spalle, si discuteva del mio destino.

«Dai che inizia!»

Nonna Angela e nonno Gianni si erano accomodati accanto a me, sul divano. Di fronte a noi, il televisore mandava la sigla di una trasmissione del mattino, sul canale più importante della tivù pubblica italiana, e io fissavo le immagini come ipnotizzata, non sapendo bene cosa aspettarmi.

«Ci hanno detto che è quasi subito, dieci minuti dopo l'inizio del programma.»

I nonni sembravano rilassati, ma non lo erano affatto. Il tamburellare delle dita sui cuscini del divano mi diceva quanto fossero nervosi. Avevamo sentito Mami pochi minuti prima, mentre era dal truccatore, e la sua voce incerta, mescolata alla confusione di fondo dello studio televisivo, ci aveva trasmesso una grande insicurezza.

«Vedrai che se la caverà bene,» disse nonno Gianni, cercando di confortarmi «impiegherà un attimo ad ambientarsi e poi gliela farà vedere a tutti!»

Lo sperai ardentemente. Mami era forte e di questo avevamo bisogno: un prova di forza. Perché, come aveva detto l'avvocato salutandola in aeroporto, doveva smuovere l'indifferenza della legge e l'ottusità della burocrazia. Quel giorno ci giocavamo molte delle nostre speranze.

«Eccola!»

Dopo un accenno al tempo e un servizio sulle ferie degli italiani, il presentatore si era seduto. E ai suoi lati, già comode in poltrona, erano apparse Mami e un ministro. Anzi, una donna ministro. Tra le due, la seconda appariva palesemente più a suo agio. Mentre lo speaker le presentava, sorrideva alla telecamera e scherzava. Analisa riuscì solo a ripetere il proprio nome e cognome e a dire che faceva l'impiegata. Dovette anche schiarirsi due volte la voce. Il nonno emise un leggero fischio: «Certo che la ministra è una bella donna!». Io non afferrai il nome di quel politico né di cosa si occupasse e d'altronde non aveva nessuna importanza. Importante era che Mami parlasse della nostra causa in modo convincente.

«Allora! Quando cominciano?»

L'impazienza della nonna si calmò solo quando il presentatore chiuse la sua lunga introduzione del caso. Tirò indietro lo sgabello e raccomandò alle ospiti di essere molto brevi e rispettose. Non voleva litigi e non voleva che si rubassero la parola a vicenda. Avevano a disposizione cinque minuti, al termine dei quali il pubblico in sala avrebbe votato il vincitore della contesa. Infine, concesse proprio ad Annalisa il primo intervento. Mami deglutì e poi partì in quarta, con forza e senza fronzoli. Sul divano sorridemmo tutti, sollevati: era entrata subito nella parte.

«Io sono una single e voglio adottare una bambina bielorussa. È la mia Natasha, oggi ha quindici anni e viene in Italia a trovarmi da quando ne aveva sei. Ci amiamo e stiamo bene insieme. Perché non posso adottarla?»

La ministra replicò immediatamente.

«Perché la legge non consente le adozioni internazionali ai single.»

«La legge però non le esclude neanche!»

«La legge afferma ciò che desidera sia fatto. Su ciò che non decide ognuno può pensare quel che vuole. Quando la legge vorrà che i single adottino un bambino bielorusso, o senegalese o peruviano, lo dirà.»

«La legge è ingiusta!»

«La legge fa prima di tutto gli interessi dei bambini!»

Mami sorrise amaramente.

«Vuol dire che vivere in Italia con me sarebbe contro l'interesse della bambina? Sa cosa succede a molte ragazze bielorusse quando escono dall'orfanotrofio? Finiscono per strada, a battere il marciapiede. Fanno le prostitute. Io penso che il futuro di Natasha sia assicurato solo se rimane con me in Italia.»

La ministra si strinse nelle spalle.

«Può darsi. Ma la legge non si occupa dei casi particolari e fissa unicamente norme generali. In verità noi temiamo che i single adottino solo per riempire con un bambino il vuoto affettivo della loro vita.»

«Questo capita anche a molte coppie sposate.»

«I single presentano un profilo di rischio più alto. Sono più soli e più bisognosi d'amore.»

«Io dico che bisogna decidere caso per caso. Tanto per le coppie sposate quanto per i single. Non sarebbe più giusto in questo modo?»

«No. Il nostro dovere è limitare i pericoli per il bambino. E il bambino è più garantito da una coppia che da un single.»

«Lei mi sta offendendo...»

«Io non voglio offendere nessuno.»

«E comunque non è il mio caso. Io e Natasha ci vogliamo bene sul serio!»

«Ci ha riflettuto sopra? La bambina le vuole davvero bene?»

«Cosa vuol dire?»

«Che questi bambini vengono da paesi più poveri del nostro e hanno alle spalle storie familiari difficili e dolorose. Spesso credono di voler bene al nuovo papà o alla nuova mamma italiani, ma in realtà cercano solo una sistemazione decente. Quando poi arrivano qua, il nodo viene al pettine. Se non si integrano nella famiglia d'adozione nasce un guaio. Anche in questo modo proteggiamo i bambini: li proteggiamo da loro stessi...»

Quel discorso mi fece friggere e pensai che quella donna era una stupida. Non poteva permettersi di insultarmi così. Io volevo davvero bene a Mami e se non fosse stato per lei non mi sarei mai sognata di lasciare la Bielorussia. Per fortuna Annalisa la mise subito a posto.

«Questo è un pericolo che corrono anche le coppie sposate. E le chiedo di nuovo: perché fate tante differenze umilianti tra le coppie e i single?»

«Noi pensiamo che una coppia sposata abbia migliori possibilità di risolvere eventuali problemi.»

«Voi discriminate tra i cittadini.»

«Noi non discriminiamo nessuno. È lei che considera famiglia ciò che famiglia non è. Una persona sola non è una famiglia e non può adottare.»

«Una persona sola che adotta una bambina non è più una persona sola. E se questa persona e la bambina si vogliono bene formano una famiglia. Cos'è una famiglia non lo dice solo la legge. Una famiglia è fatta di carne, sangue ed emozioni vere. E di intelligenze...»

«Che vuol dire?»

«Che un single può instaurare con il bambino una relazione affettiva più completa e appagante di quella che lo stesso bambino instaurerebbe con una coppia sposata. Lo ripeto, dipende solo dalle persone in gioco. E da quanto valgono. Perché volete negare questa possibilità a chi non si è sposato? L'amore è nel cuore delle persone. E a decidere cosa è amore non sono i vostri libri, ma il cuore degli uomini, delle donne e dei bambini. I bambini adottati. Quando ve ne renderete conto?»

«Noi...»

«Stop!»

Il presentatore tolse la parola di bocca alla ministra, che gli rivolse un'occhiataccia. Ma l'uomo non si fece intimorire: «I cinque minuti sono passati, mi dispiace». Guardò soddisfatto nella telecamera e invitò il pubblico a votare. Chi era per Annalisa doveva sventolare un fazzoletto verde. Chi era contro Annalisa doveva sventolare un fazzoletto rosso. Un minuto per decidere.

E mentre la gente in sala discuteva e rumoreggiava, la telecamera indugiava sui volti delle due ospiti. Scuro quello della ministra: era pratica di studi e dibattiti televisivi, e si aspettava evidentemente un'oppositrice meno combattiva. Pallido quello di Mami: «Ha retto botta per cinque minuti, ma adesso è proprio a terra. Chissà che tensione!». Nonna Angela era preoccupata. E anch'io ero preoccupata. Sapevo che il voto del pubblico non avrebbe deciso niente. Che tutto sarebbe poi rimasto nelle mani dei giudici e dei potenti come la bella ministra, che avrebbero deciso quel che volevano. Ma sapevo anche che la trasmissione era seguita da milioni di persone. Che da quel giorno tanti si sarebbero interessati al mio caso e che il parere degli italiani contava. L'avvocato, i nonni e Mami la chiamavano "opinione pubblica" e dicevano che era fondamentale per darci una mano. Ecco perché il voto della gente in sala quel mattino era così importante.

Infine il minuto passò e io so che il merito fu tutto di quella frase: «L'amore è nel cuore delle persone». Fu quella frase a spingere il pubblico a decidere per Mami. Forse l'aveva pronunciata senza nemmeno pensarci. Ma l'aveva pronunciata perché ce l'aveva dentro e il pubblico lo sapeva. Per la gente semplice l'amore è nel cuore delle persone. La legge deve adeguarsi a questo amore, non il contrario. Così un mare di fazzoletti verdi sventolò per aria. Annalisa prima sorrise, poi pianse. Quella manifestazione d'affetto la commosse. E mentre la ministra precipitava in un silenzio arrabbiato, anche noi a casa piangemmo, abbracciandoci. Quel mattino ci fece sentire un po' meno soli. E un po' più vicini al nostro obiettivo.

Tre giorni dopo il suo ritorno da Roma, discutevo ancora con Mami della sua avventura televisiva. Lei non smetteva di rimproverarsi per ciò che avrebbe potuto dire per mettere sotto una luce migliore la nostra causa. E io non smettevo di ripeterle che era andata benissimo e che aveva fatto il massimo. Lei stessa poteva facilmente convincersene. Davanti alle telecamere aveva chiesto l'appoggio dei connazionali, dando come referente l'associazione che mi aveva portato in Italia. E nelle ultime settantadue ore, il centralino dell'associazione era stato subissato da telefonate di solidarietà che giungevano da tutta Italia. Tanto che Francesco l'avvocato già pensava di aprire un sito da usare per portare avanti la nostra battaglia. Proprio di questo parlavamo io e Annalisa in macchina, quella sera, tornando a casa dal cinema. La brezza tiepida del tramonto estivo entrava dai finestrini aperti e, mentre parcheggiavamo sotto casa, drizzai all'improvviso le orecchie.

«Mami, hai sentito?»

«No, che cosa?» rispose, interrompendo i suoi ragionamenti.

«Eccolo, di nuovo!»

«Ma cosa? Nati, cos'hai sentito?»

Guardai verso la strada, sulla quale si allungavano le tenebre della notte.

«Un miagolio. Un debole miagolio!»

Annalisa spense il motore e rimase in ascolto. Anche lei allora sentì: un *miao* deciso ci raggiunse dal buio. E non veniva da lontano.

«È un gatto e deve essere in amore. Non è il caso di disturbarlo...»

Scossi la testa e aprii la portiera.

«È un gatto, ma non è in amore. È un gatto che ha bisogno di aiuto...»

«Nati! Lascialo in pace!»

La sua voce mi inseguì lungo la strada, ma non le diedi retta. Costeggiai il muro di cinta del nostro palazzo e mi avvicinai a un vicolo. Girai l'angolo e quel che vidi mi lasciò senza fiato. Immediatamente sentii un nodo alla gola. E capii, dalla stretta della sua mano sulla spalla, che anche Mami aveva visto e capito.

Un micio, un piccolo micio bianco che non doveva avere più di pochi mesi, si trascinava sulle zampe anteriori e lasciava una rossa striscia di sangue sul selciato. Ci guardava, come a chiederci se da noi sarebbe venuta la salvezza o la morte. Soffriva e aveva bisogno di aiuto. Mi voltai verso Mami e lei intuì dalla mia faccia che non lo avrei lasciato lì per niente al mondo.

«Cosa facciamo?» le domandai con voce tremante.

Ci avvicinammo al micio e ci chinammo su di lui. Non vedemmo la ferita, che doveva essere sul ventre, ma vedemmo le zampe posteriori immobili. Il micio avanzava di pochi centimetri per volta, tirandosele dietro come un peso insopportabile.

«L'hanno investito» disse piano Mami «e ho paura che ci sia poco da fare. Se gli hanno rotto la colonna vertebrale, è paralizzato. E per lui è finita...»

«No! Non è possibile!» gridai, spaventando Annalisa. Ma ero annichilita, sconvolta. Era la prima volta che vedevo tanto dolore in una creatura vivente e avevo gli occhi pieni di lacrime. Era uno spettacolo insopportabile. «Facciamo qualcosa. Portiamolo dal veterinario.»

«Va bene. Se è il suo momento, il veterinario saprà come addormentarlo per sempre, e dolcemente...»

La afferrai per un braccio.

«Questo gatto vivrà!»

Mami era turbata dalle mie emozioni e non mi contraddisse.

«Lo vuoi prendere tu?»

«Sì» risposi.

Sollevai il gattino, che miagolò selvaggiamente, pazzo di dolore. E non feci caso alle sue unghie, conficcate nelle mie mani. Lo portai al petto e lo raccolsi al caldo. Poi mi mossi verso la macchina.

«Qui vicino c'è una clinica veterinaria aperta ventiquattro ore su ventiquattro,» riflettè Mami «andiamo lì e vediamo se riescono a curarlo.»

Così facemmo. In pochi minuti fummo all'ambulatorio, dove una dottoressa molto gentile prese il micio e lo posò delicatamente su un tavolo. Mentre lo visitava, scuoteva la testa preoccupata. E infine ci guardò con aria dubbiosa: era evidente che aveva notizie pessime.

«Siete le padrone del gatto?»

«Sì!»

«No,» mi smentì Mami «l'abbiamo appena trovato per strada.»

La veterinaria annuì. E spiegò.

«È ridotto male. È probabile che, come avete detto voi, abbia la spina dorsale lesionata. In questo caso, una morte indolore è l'unica soluzione possibile. Ma se anche la colonna fosse sana e avesse le zampe posteriori spezzate, tenerlo in vita sarebbe un problema. Impiegherebbe mesi a guarire e non tornerebbe mai davvero sano. In ogni modo, per sapere come stanno le cose è necessario fargli una radiografia.»

«Facciamogliela subito!»

La dottoressa mi fissò.

«Non è possibile. È sotto shock e soffre troppo. Ora gli do degli antidolorifici. E la radiografia la faccio domattina. Abitate lontano?»

«A cinque minuti da qui.»

«Bene. Tornate domattina alle nove e vi dirò come è andata.»

Guardai il micio. Temevo che se mi fossi allontanata sarebbe crollato.

«Non possiamo restare qua?»

«No. Non è permesso dal regolamento. Ma io sono di turno per tutta la notte. Lo veglierò e lo accudirò. Non aver paura. Farò il possibile per salvarlo.»

Esitavo ad andarmene, ma non avevo scelta. Mi chinai sul micio, che adesso sembrava un po' più tranquillo, e gli sussurrai in un orecchio.

«Tieni duro, amore. Tieni duro fino a domani e vedrai che ce la farai...»

Il gatto mi rispose con un debole *miao* e quello fu il suo ultimo saluto. Non lo vidi più.

Il mattino dopo ci precipitammo alla clinica solo per vedere sfumare tutte le nostre speranze.

La veterinaria, che era stanchissima, ci disse che il cuore del nostro piccolo amico non aveva resistito. E lei non aveva potuto fare altro che chiudergli gli occhi.

«Dov'è ora?» chiesi tra le lacrime.

«Sul ponte dell'arcobaleno, dove tutti i gatti che abbiamo amato sono felici e ci aspettano...»

«Non ci credo, non ci credo...» balbettai.

Mami singhiozzò, poi mi tirò dolcemente per la manica.

«Nati, noi abbiamo fatto quel che abbiamo potuto...»

Ritrassi il braccio e non risposi. Erano bastati pochi minuti per legarmi a quel micio come se fosse del mio stesso sangue. E oggi, dopo averci pensato molto, so quale dolore mi sconvolgeva quel mattino. Il gatto era una vita che dipendeva da me e si era spenta. Non ero riuscita a salvare quella vita e mi sentivo terribilmente in colpa. Era un brutto, bruttissimo auspicio per il futuro.

Lentamente e controvoglia seguii Annalisa verso casa.

Ero ancora in vacanza, ma tutti i divertimenti di quei giorni mi sembrarono improvvisamente stupidi e inutili.

Non valevano niente davanti al gattino sofferente.

E non smettevo di chiedermi perché il mondo era così ingiusto.

3

Passò un altro paio di settimane e il giorno della mia partenza cominciò ad avvicinarsi in modo pericoloso. Ormai avevo superato la metà della mia solita permanenza in Italia. Agosto stava finendo, ogni sera il tramonto arrivava prima e io sentivo già il tuffo al cuore che mi prendeva quando salivo sull'aereo diretto a Minsk. Negli anni passati tutto questo si svolgeva pacificamente e io accettavo senza fare storie la prospettiva di andarmene, perché era giusto così e perché sapevo che sarei tornata. Ma quell'estate le cose andarono diversamente. Di ciò che era giusto o sbagliato non mi importava più niente. E nemmeno la certezza che nel giro di qualche mese avrei rimesso piede in Sardegna mi aiutava. Anzi, peggiorava la situazione.

Visto che dovevo tornare, pensavo cocciutamente, non c'era motivo per andarmene. Volevo rimanere lì. Volevo restare con Mami, che mi abbracciava, mi baciava e mi accudiva. Non volevo rientrare in Bielorussia. Nonostante tutte le sofferenze patite da piccola, non nutrivo alcun rancore per la mia patria e per le persone che ci vivevano. Ma io non volevo tornarci. Sentivo che la mia nuova casa era la Sardegna, perché qui avevo finalmente una famiglia. Io, Annalisa e i nonni formavamo la famiglia. E qui io dovevo rimanere. In Bielorussia non avevo nessuno, tranne due fratelli cui volevo un mucchio di bene ma che non mi capivano e non si curavano mai di me.

Potevo dire tutte queste cose a voce alta, ma sapevo già che Mami non avrebbe ceduto. Non avrebbe messo a rischio tanti anni di sforzi e battaglie in tribunale per soddisfare il nostro bisogno reciproco di affetto. Mi voleva bene, ma questo non bastava: non mi avrebbe tenuta lì. Lei desiderava fare tutto secondo la legge, perché solo agendo secondo la legge io sarei diventata cittadina italiana. E solo così avrei potuto muovermi nel mio nuovo paese con tutti i diritti degli altri ragazzi, degli uomini e delle donne. Solo così la nostra famiglia sarebbe stata una vera famiglia: vera per la legge e per i giudici. «Natasha, io lo so che per te e me non è così, che ci sentiamo a posto e che non abbiamo bisogno delle carte bollate,» mi ripeteva «ma noi viviamo insieme agli altri e quello che gli altri dicono e pensano di noi è importante. Non possiamo comportarci come se fossimo sole. Te ne rendi conto?» Certo, annuivo in silenzio, me ne rendevo conto. Ma non lo accettavo. E così, senza che la mia mente ci pensasse e senza che la mia volontà lo decidesse, scelsi un'altra strada per farmi ascoltare. Una strada brutta e dolorosa. Non so come avvenne, ma capitò. E in questo modo procurai tanta nuova sofferenza a me stessa e a Mami.

«Non hai fame, oggi, Nati?»

Con fare svogliato allontanai il piatto.

«No, non mi va...»

«Non ti senti bene?»
«Ho solo un po' di mal di testa.»
«Deve essere il caldo. Coricati e vedrai che ti passa.»
Guardai Mami speranzosa.
«Non ho voglia di coricarmi. E non voglio neppure una pastiglia per il mal di testa. Perché non ce ne andiamo al mare?»
Annalisa si accese una sigaretta. Era stanca e si vedeva.
«Ho lavorato tutta la settimana e voglio riposare. Poi sono tutti in ferie e la spiaggia sarà piena. Domani è domenica, prendiamo la macchina e ce ne andiamo lontano, a cercare un bel posto solitario. Ti va?»
«Sì, per domani mi va. Ma oggi?»
«Chiama i tuoi amici. Se ci tieni tanto, puoi andare al mare con loro.»
«Saranno là da stamattina. Ormai non li trovo più.»
«Hai i numeri di cellulare. Telefona e raggiungili.»
Mami voleva davvero che mi sentissi libera. A quindici anni, come mi aveva raccontato, lei stessa andava spesso al mare con amici e compagni di classe. Era una delle cose che nonna Angela le permetteva di fare senza controllarla troppo. Ma io non volevo lasciarla sola. E in fondo, dopo tutte quelle settimane, ero sazia pure di mare. La verità è che mi stavo annoiando e non sapevo neppure io cosa volevo fare. Così rinunciai.
«Guarderò un po' di televisione.»
Annalisa sorrise.
«Brava, guardati un bel film. Io mi faccio una dormitina e sul pomeriggio tardi ce ne andiamo in centro. Devo comprarmi qualche maglia a maniche corte. Sei d'accordo sullo shopping?»
«Sullo shopping sono sempre d'accordo...»

Ci separammo e il piatto di pasta rimase sul tavolo. Mami se ne accorse e lo mise in frigorifero. Disse che se lo sarebbe mangiato lei a cena.

«È tanto che non mangiamo un bel piatto di verdure...»

Annalisa mi guardò stupita.

«Credevo che odiassi le verdure.»

«Non è vero. Ne mangio così tante, in istituto...»

«Appunto. Non ricordi? La prima cosa che dici, arrivando qui ogni estate, è: Mami, niente verdure. A me piacciono, ma ti do retta e le faccio sparire.»

«Ho cambiato idea. Questa sera voglio pomodori e lattuga.»

Lo stupore di Annalisa aumentò.

«Cos'hai mangiato a pranzo?»

A pranzo lei era spesso in ufficio e io mangiavo da sola. Mi facevo gli spaghetti o mi arrangiavo con qualche scatoletta di carne. Ma quel giorno l'ora era passata senza che ci badassi, anche se non potevo dirglielo. Si sarebbe arrabbiata, perché voleva che mi nutrissi per bene: «Mentre sei qui, sei affidata alla mia responsabilità. Non voglio che torni in istituto e che Bežniki si trovi davanti un fuscello. Hai capito?». Quelle frasi erano un ritornello ricorrente da quando avevo sei anni ed erano sempre la premessa di pranzetti deliziosi e abbondanti. Che trovavano d'altronde degna accoglienza: per mangiare non mi facevo mai pregare. Quella sera dovetti improvvisare una piccola bugia.

«Ho lessato due patate.»

Mami andò a guardare nel contenitore dei rifiuti umidi e vide che era vuoto.

«Ti sei mangiata anche la buccia?»

«La buccia l'ho buttata nel contenitore in strada.»

Annalisa sorrise.

«Brava! Finalmente ti occupi anche delle cose di casa...»

«Sto imparando... E per la cena?»

«Ah già, la cena. Vuoi delle verdure, hai detto? Bene,» e aprì il portafoglio «vai al market e compra quello che preferisci. Ma ricorda che la verdura in frigorifero non dura tanto. Dovrai mangiarti tutta quella che compri prima che vada a male.»

Presi i soldi e mi diressi alla porta.

«Non temere, Mami, ce la mangeremo insieme... Torno subito!»

«Nati!»

Non risposi, anzi non sentii. Ero troppo presa dal computer.

«Nati! È pronto!»

Di nuovo non risposi. Annalisa venne dalla cucina e mi si avvicinò. Diede un'occhiata al monitor.

«Cosa fai?»

«Guarda qua!»

E le mostrai, una dopo l'altra, le fotografie che avevamo fatto qualche giorno prima durante la festa del quartiere. Avevano colori bellissimi e riprendevano tutta la gioia di quel ballo in piazza. Anche noi ci eravamo unite al cerchio dei danzatori e un uomo in costume aveva provato a insegnarmi qualche passo. Ma muoveva i piedi troppo velocemente e non c'era stato verso d'imparare. Persino Annalisa, che era nata e cresciuta là, non riusciva ad andare a tempo.

«Sono splendide. Ma è pronto in tavola. Andiamo a mangiare?»

«No, oggi non mi va» risposi senza nemmeno distogliere gli occhi dal computer.

«Cos'hai detto?»

«Mami, non ho voglia. Oggi non mi va proprio di pranzare...»

Annalisa mi costrinse a guardarla. I suoi occhi lampeggiavano.

«Che novità è questa?»

«Non c'è nessuna novità! E poi che male c'è a saltare il pranzo? Non morirò mica di fame!»

Non sapeva che dire e vidi chiaramente che sul suo volto l'irritazione si trasformava in preoccupazione.

«Natasha, dimmelo... C'è qualcosa che non va?»

Le rivolsi lo sguardo più rassicurante del mondo.

«È tutto a posto. Io sto benissimo. Anzi, non mi sono mai sentita così bene.»

Lei prese a passeggiare nervosamente per la stanza.

«Mi prometti che oggi salti il pasto per l'ultima volta?»

«Te lo prometto.»

«Non vuoi farmi almeno compagnia?»

Feci una smorfia.

«No, non mi piace stare lì a guardarti mangiare. Mentre tu mangi, finisco di scaricare le fotografie. E poi ce le guardiamo insieme, sul divano...»

«Va bene, va bene.»

«Non preoccuparti, Mami» la inseguii con la voce mentre si avviava in cucina «mi rifaccio a cena questa sera!»

A cena infatti mangiai. Ma solo verdure, perché questa era la nuova regola che avevo stabilito.

Pranzo forse, magari sì, magari no. Cena sì, ma solo a base di verdure.

Dopo tre settimane di quell'andazzo, cominciai a dimagrire. E sarebbe stato strano il contrario. In spiaggia e sotto il sole correvo e giocavo con i miei amici, consumando un mucchio di energie. In quelle giornate nessuno di noi pranzava, ma io non mi univo a loro nemmeno per un panino o un gelato, e quando i morsi della fame si facevano sentire mi buttavo in acqua e pensavo ad altro. A casa, da sola, era ancora più facile: rinunciavo a mangiare e basta. Non sceglievo di farlo. Non volevo farmi del male. Quando pensavo al cibo, la mia testa cambiava semplicemente direzione. Mi trovavo mille cose da fare, tutte importantissime e tutte non rimandabili. Poi arrivava Mami e ci preparavamo la cena, chiacchierando e scherzando. Io sembravo così in forma che nemmeno a lei poteva venire in mente che stavo male. E quei pasti saltati potevano davvero sembrare solo un capriccio momentaneo. Ogni volta mi faceva promettere che era l'ultima volta e io mi impegnavo senza fatica, per rimangiarmi la promessa il giorno dopo. Ma ero così sincera, gentile e disponibile da disarmarla. Annalisa non sapeva cosa pensare. Era disorientata, alle prese con un problema strano e diverso da tutto ciò che aveva dovuto affrontare in passato. Così, forse per paura, forse fidando e sperando in me, forse per incoscienza, mi lasciò fare. E mi lasciò fare fino a quando, un giorno, entrò in bagno proprio mentre ero sotto la doccia. Non mi accorsi che era lì e quando uscii dalla cabina me la trovai davanti con gli occhi lucidi. Mi osservava e tendeva una mano. Mi toccò la spalla con la punta delle dita.

«Natasha, cos'hai?»

«Mami,» risposi sorpresa «che c'è?»

Le sue dita percorsero la mia pelle dalla base del collo alla schiena, sfiorandomi le scapole e le costole. Poi le ritrasse di colpo.

«Guardati allo specchio!»

Rimirai la mia immagine riflessa. Era assolutamente soddisfacente.

«Sono una bella ragazza, vero?»

«Sei troppo magra» disse lei con forza «e stai dimagrendo ogni giorno di più. Tra poco le scapole ti spunteranno dai vestiti, come le ali di un uccellino, e ti si potranno toccare le costole.»

«Molte ragazze sono così magre» brontolai «e nessuno rompe loro le scatole.»

«Non parlarmi in questo modo!»

«Scusami, scusami...»

L'abbracciai. «Non volevo offenderti. Non so perché ho parlato così...»

Mami mi guardò. Era inquieta e si vedeva che sarebbe bastato un niente per farla scoppiare in pianto.

«Nati, sei sempre stata una ragazza sana e robusta.»

«Bene... D'ora in poi sarò una ragazza sana e magra. Non vedo tanta differenza.»

«Riprendi a mangiare!» gridò.

Mi infilai con calma la biancheria.

«Non ho mai smesso di mangiare. Ti sembro affamata?»

Lei si strinse nelle spalle.

«Mi stai facendo impazzire! Sei affamata, sì, anche se non te ne accorgi. Tu non lo sai, ma io lo so. Vuoi tornare in Bielorussia in queste condizioni?»

La fissai in volto.

«Io non voglio tornare in Bielorussia! Non voglio!»

Annalisa sbiancò e d'improvviso capì cosa stava succedendo.

Lo capì meglio di quanto lo capissi io stessa.

E certo più di me comprese a quali stupidi rischi mi stavo esponendo.

«Nati! Nati! Mi senti?»

Una voce penetrava la mia coscienza. Cercai di muovere la lingua e di aprire le labbra per parlare, ma non ci riuscii. Le palpebre pesavano tonnellate e i miei occhi rimasero chiusi.

«Nati! Rispondimi!»

Una mano mi scosse per le spalle. E io, con uno sforzo sovrumano, riuscii ad aprire gli occhi. Vidi il cielo blu e nessuna nuvola. Stupidamente il mio primo pensiero fu che era stata una giornata caldissima. Mi guardai intorno e notai i miei amici.

«È sveglia! Meno male!»

Sentivo il loro vociare confuso e non capivo di che parlassero.

«Ce la fai ad alzarti?»

Chiacchieravano e mi guardavano con insistenza. Solo allora capii che ce l'avevano proprio con me. Ma non sapevo che cosa avevo fatto per meritare tante attenzioni. Eravamo al mare: ecco, questo sapevo. Mentre rimuginavo, mi sollevarono e mi misero a sedere sul marciapiede.

«Cos'è successo?»

«Sei svenuta.»

«Svenuta?»

«Sì, svenuta. Qui alla fermata, mentre aspettavamo l'autobus. Parlavi e a un certo punto sei andata giù come un sacco di patate.»

«Ci hai proprio spaventati!»

«Sì, è stato impressionante!»

«E ora...» faticavo ad articolare le parole «e ora che succede?»

Non ci fu bisogno di risposta. Una sirena infatti si avvicinò velocemente e smise di lamentarsi solo quando fu accanto a noi. Il gruppo dei miei amici si aprì per lasciar passare gli infermieri. Volevano caricarmi sull'ambulanza, ma io li allontanai con la mano.

«Andatevene! Sto bene!»

«Stai calma, ragazza. Ti vogliamo aiutare...»

«Andatevene, vi dico! Sto bene! Non lo vedete?»

Mi alzai, più velocemente possibile, e li guardai con aria di trionfo. Poi crollai a terra, di nuovo. Ero svenuta per la seconda volta.

«Nati! Nati, piccola mia!»

Mami mi strinse a sé e il suo abbraccio mi commosse, ma non lasciai trasparire la mia emozione. Non volevo si accorgesse di quanto ero felice nel vederla. Se avessi ceduto, gliel'avrei data vinta e mi sarei dovuta piegare alla sua ragione e al suo buon senso. E non volevo, non volevo proprio.

«Lei è la madre?»

«Sono la madre adottiva.»

L'infermiera non mise in dubbio le parole di Annalisa, che aveva risposto senza esitare.

«Aspettate qui. Chiamo il medico che ha visitato la ragazza.»

Mami si sedette accanto a me, nella sala d'attesa del pronto soccorso dell'ospedale civile, e non disse e non mi chiese niente. Sapevo che fuori i miei amici mi aspettavano e di sicuro le avevano raccontato tutto.

«Bene! Vedo che hai ripreso il tuo colorito naturale...»

Il medico, un giovane alto e magro con il camice azzurro sbottonato, si era avvicinato a noi a lunghi passi, con una cartella sotto braccio.

«Che cosa è successo?»

Annalisa era molto tesa.

«È svenuta due volte per strada. E si è riavuta subito.»

«Ma perché è successo?»

«Colpa della pressione. Sua figlia ha la pressione troppo bassa. Ed è molto strano in una ragazza così giovane. Potete aiutarmi a capire il perché?»

Abbassai gli occhi, per non incontrare quelli dei due adulti.

«Non mangia abbastanza.»

«Ah, capisco! E da quanto va avanti questa storia?»

«Qualche settimana.»

«Scommetto che hai già perso un bel po' di peso e però ti senti in formissima. Non è vero?»

Non risposi. E alzai il volto solo quando Mami mi sussurrò nell'orecchio: «Natasha, ti scongiuro! Fallo per me!».

Nella sua voce c'era una tale urgenza che non potei disobbedirle. Mi rivolsi al dottore.

«Sì, ho perso del peso. E mi sento proprio bene... cioè, tranne oggi...»

«Già, tranne oggi...»

Il medico appariva preoccupato.

«Signora, vorrei parlarle un momento a quattr'occhi.»

«No. È meglio che senta anche mia figlia.»

«Come volete.»

E ci fece un breve discorsetto sui pericoli della scarsa alimentazione, soprattutto per una ragazza come me, in piena crescita. Ci disse che il fenomeno era molto comune tra le mie coetanee e che i motivi potevano essere i più diversi. Aggiunse che più si prendeva quella strada e più diventava difficile tornare indietro. E per questo consigliava di chiedere immediatamente appuntamento a uno psicologo, che mi avrebbe aiutata a capire che sbagliavo e a tirarmi fuori dai pasticci senza grossi danni. Poi, mentre mi raccomandava per l'ennesima volta di mangiare e ci salutava, io quasi gridai.

«Non lo faccio mica apposta!»

Lui si stupì e mi soppesò con attenzione.

«Lo so. È più forte di te, vero?»

«Sì!»

«È così per tutte. È un impulso terribile e invincibile.»

«È vero. Non riesco a dominarmi. Non mi va di mangiare e basta.»

«Per questo è importante sentire uno psicologo. Lui può aiutarti a capire perché lo fai.»

«Ma io so perché lo faccio.»

«E perché?»

«Perché sono infelice!»

Mami mi prese il volto tra le mani e mi guardò fissa.

«Natasha! Perché sei infelice? Tutto andava bene sino a poco tempo fa!»

Mi allontanai da lei con uno strattone e uscii dal pronto soccorso. Tutte e due sapevamo perché ero infelice. E tutte e due sapevamo che a quell'infelicità non c'era rimedio.

4

Nelle due settimane successive le cose peggiorarono ancora.

Mi chiusi in un ostinato mutismo e mi rifiutai di uscire di casa.

Non mi domandai dove volevo arrivare né se lo scopo valeva quel prezzo: la distanza tra me e Annalisa e il dolore del mio corpo, privato del suo nutrimento.

Mangiavo infatti ancora meno di prima. Facevo colazione, saltavo il pranzo e prendevo uno yogurt verso metà pomeriggio. Arrivavo all'ora di cena con lo stomaco completamente bloccato. Ingoiavo quasi a forza verdure e frutta, assaggiavo un gelato e addentavo mezzo biscotto. Poi me ne tornavo in camera, ad ascoltare musica con gli auricolari, a scrivere messaggi di posta elettronica o a giocare con un videogame. E passavo dalla veglia al sonno quasi senza accorgermene, aspettando il mattino seguente per riprendere quell'orrendo tran tran.

Mami era disperata, e con lei i nonni. Erano incerti e confusi sul da farsi.

Prima cercarono di convincermi a parlare con uno psicologo, ma non gli diedi retta. In Bielorussia avevo dovuto raccontare i fatti miei a troppe persone estranee e non volevo ripetere l'esperienza in Italia. Nessuno sconosciuto avrebbe saputo cosa mi passava per la testa o elucubrato sulle mie intenzioni.

Poi tentarono con le buone. Annalisa, nonna Angela e nonno Gianni mi parlavano con il tono più buono del mondo. La loro voce era piena d'amore, ma il mio cuore era talmente duro che rimaneva del tutto insensibile. Mi pregavano di mangiare, di uscire, di tornare a giocare con i miei amici. E mi proponevano ogni genere di divertimento: il mare, una gita in campagna, il cinema, un concerto rock. Cucinavano ogni ben di Dio e tenevano le porte spalancate apposta, perché arrivassero alle mie narici quegli splendidi profumi. Ma io dicevo no a tutto e osservavo le lacrime scorrere sulle loro guance senza il minimo senso di colpa.

Infine provarono con le cattive. I nonni no, per la verità. Loro, umiliati e offesi, si rintanarono in un cantuccio della casa, impotenti. Aspettavano, sperando che il tempo mi guarisse e mi spingesse a ragionare. Ma Annalisa sì. Lei si lasciò prendere dal furore e scelse le cattive maniere. Pensava evidentemente che non ci fosse altro mezzo. Così un giorno mi tirò un ceffone. Forte e sonoro, echeggiò in tutta la stanza. «Mangia!» disse. E poi, visti i miei occhi freddi, fuggì in camera sua piangendo. Un altro giorno gridò: «Adesso chiamo l'ambulanza! Ti faremo nutrire a forza!». Di nuovo la guardai, sfidandola in silenzio. Sapevo che non l'avrebbe fatto. Se fossi finita in ospedale, sarebbe scoppiato il caos. Mi avrebbero rimandato in Bielorussia e lei non mi avrebbe più rivista. Così non prese il telefono in mano e non chiamò il medico. Sfinita, si chiuse in un mutismo più profondo del mio.

Io speravo che facesse l'unica cosa che veramente desideravo. Ma era difficile piegare una donna forte come Mami.

Lei pensava che dormissi, come facevo spesso al pomeriggio in quei giorni. Pensava che, chiusa nel mio mondo, non prestassi attenzione a quel che mi succedeva attorno. E sbagliava, perché i miei sensi erano vigili. Meno mangiavo, più dimagrivo e più mi sentivo sveglia e all'erta. Niente di quanto accadeva in casa mi sfuggiva. Per questo mi accorsi che Mami si tirava la porta silenziosamente alle spalle e usciva. La seguii. Non mi aveva preannunciato niente, il che voleva solo dire che non dovevo sapere cosa stava facendo. Non andava in ufficio, ne ero sicura. E non doveva incontrare nessuna amica. Il frigorifero era pieno e non avevamo bisogno di nulla. Inoltre era ancora vestita da casa, come se non dovesse allontanarsi troppo. Infatti scese giusto in giardino, dove l'aspettava un uomo che conoscevo bene: il presidente dell'associazione Noi per Chernobyl, che mi aveva portato in Italia per anni, fino a quando la mia storia aveva preso una strada autonoma. Si fermarono davanti al portone e io non feci nessuna fatica ad ascoltarli: dovevo solo tendere l'orecchio dalla finestra del pianerottolo, all'ammezzato.

«Ciao! Grazie per essere venuto.»

«Di niente. Ma perché non saliamo in casa?»

«Non voglio che Natasha ci senta.»

«Allora andiamo al bar. Ci sediamo e prendiamo un caffè. Così potremo parlare più comodi...»

«No. Non voglio allontanarmi troppo. Può avere bisogno di me. E poi non ti prendo molto tempo.»

L'uomo si strinse nelle spalle.

«Come vuoi. Anch'io sono di corsa. Di che si tratta?»

«Ho bisogno di un consiglio...» Mami fece una pausa, esitando, poi guardò il suo interlocutore dritto negli occhi: «Voglio tenere Natasha in Italia!».

«Sei matta?»

«Sì, sono matta.»

«Ti rendi conto del disastro che causerai?»

«Sì, me ne rendo conto.»

«Non credo» disse l'uomo, con tono aggressivo.

«Natasha è mia figlia e sta male! Sta male perché vuole rimanere con me e io...»

«Zitta!» il presidente dell'associazione le troncò la parola in bocca.

Fece due o tre passi davanti al portone, poi si piantò di fronte a Mami.

Era nervosissimo e stentava a calmarsi.

«Ascoltami bene. La sorte di tutti i bambini di Chernobyl dipende dal comportamento delle famiglie che li ospitano. Se anche uno solo di voi sgarra, il destino dei piccoli è segnato. Se tenessi Natasha qui con te, violeresti la legge italiana e soprattutto gli accordi con Minsk. Tutto il nostro lavoro si basa sulla fiducia reciproca. Distruggi questa fiducia e non ci rimane in mano niente. La Bielorussia chiuderebbe immediatamente le frontiere e nessun bambino verrebbe più in Italia. Vuoi uccidere la speranza in un futuro migliore di altri mille Igor, Ivan o Natalia?»

«Natasha non è una bambina di Chernobyl da un pezzo!»

«Lei è arrivata qui come bambina di Chernobyl e sempre rimarrà una bambina di Chernobyl. Se troverà la felicità in Italia lo dovrà alla nostra associazione. Ricordati che ci chiamiamo Noi per Chernobyl… Tu non hai diritto di farci questo!»

Mami parlò con voce tremante.

«Nati si sta lasciando andare. Cosa devo fare? Se non la tengo qui con me la perderò ugualmente. È mia figlia…»

«È la seconda volta che dici che è tua figlia. Ma Natasha non è tua figlia. Non è neanche tua figlia adottiva. E chissà se lo sarà mai.»

«Io la sento come carne della mia carne.»

L'uomo le mise una mano sulla spalla e si addolcì.

«Capisco cosa provi. Ci siamo passati tutti. Li amiamo come se fossero nostri. Ma non sono nostri e forse non lo saranno mai.»

«Cosa devo fare?»

«Non lo so. Ma non puoi tenere qui la ragazza.»

«E se la trattengo?»

Il presidente dell'associazione parlò con tono neutro.

«Io ti denuncio.»

Mami arretrò verso il portone.

«Mi denunci?»

«Sì, per rapimento.»

«Mi faresti questo?»

«Non ho niente contro di te, Annalisa. Ma devo proteggere tutti gli altri bambini e le loro famiglie. Sono migliaia e, in confronto, il tuo caso non conta nulla. È troppo piccolo. Pensaci!»

L'uomo non aspettò che Mami rispondesse. Le voltò le spalle e si avviò al cancello. Prima di salire in macchina, gridò ancora: «Dammi ascolto e non fare stupidaggini! Hai capito?». Poi mise in moto e se ne andò.

Mentre Annalisa lo guardava allontanarsi, io salii di corsa le scale, sconvolta per quel che avevo sentito. Mi chiusi in camera e affondai il viso nel cuscino. Non piangevo da settimane e in pochi minuti spesi tutte le lacrime che avevo in petto.

Mami risalì in casa facendo il massimo silenzio e quando aprì piano la mia porta mi trovò coricata e con gli occhi chiusi. Dormivo e mi lasciò tranquilla. Poi la sentii trafficare avanti e indietro per l'appartamento, come se non trovasse pace.

All'ora di cena entrai in cucina e chiesi: «Cosa mangiamo questa sera?».

Annalisa mi lanciò un'occhiata addolorata.

«Vuoi le solite verdure? Ho comprato dell'insalata belga magnifica...»

«No. Preferisco la pasta. Come la facciamo?»

Mami rimase interdetta, ma decise di cogliere la palla al balzo.

«In frigo c'è del pesto, preparato da tua nonna. Ti ricordi quanto è buono?»

«Certo... Però siediti. Faccio io. Tanto ci metto pochi minuti.»

Presi una pentola, la riempii d'acqua e la sistemai sul fuoco. Poi tirai fuori la vaschetta del pesto dal frigorifero, ne annusai il contenuto e verificai che fosse ancora buono. Il suo profumo era così forte da farmi girare la testa. Mi appoggiai al tavolo e chiusi gli occhi, cercando di dominarmi. Mi ripresi in fretta e sorrisi a Mami: allarmata, aveva allungato le braccia per sorreggermi. Tornai ai fornelli, misi una piccola padella sul fuoco e vi vuotai dentro la vaschetta. Infine scelsi la pasta: lunga, per il pesto, come mi avevano insegnato i nonni molto tempo prima. Ora dovevamo solo aspettare.

Quando ci mettemmo a tavola, servii e divisi la pasta in parti uguali: metà a me e metà a Mami. Infilai la forchetta nel piatto e vi avvolsi attorno gli spaghetti. Poi la misi in bocca. Ebbi solo un attimo di esitazione. Il mio cervello andava ancora una volta da un'altra parte. Ma quella sera fu il mio cuore a decidere. Masticai la pasta piano, riabituandomi lentamente al suo dolce sapore. E la mandai giù tutta, ritrovando quasi subito il piacere di quel piatto.

Annalisa mi guardò mangiare con gli occhi pieni di lacrime. Non sapeva a cosa attribuire il miracolo, ma non voleva interrompere la magia parlando. E stette zitta per tutta la cena, persino quando io addentai e mangiai per intero tre dolcetti alla ricotta. Solo alla fine, mentre sparecchiavamo e sistemavamo i piatti nella lavastoviglie, trovò la forza per chiedere una spiegazione.

«Perché questa sera sì?»

La fissai negli occhi.

«Perché hai detto che sono carne della tua carne.»

Mami impallidì.

«E perché mi hai chiamata figlia...»

«Hai ascoltato quello che dicevo al presidente...»

«Sì. Ed è stato meglio così.»

Annalisa mi tese le braccia ma subito le ritrasse, con una ritrosia insolita in lei. Si avvicinò alla finestra e la aprì. Alla debole luce della sera si accompagnava il profumo del mare, che arrivava fin là, in piena città.

«Tra dieci giorni devi partire.»

«Sì, Mami, lo so. Tornerò a Oshmiany.»

«E poi ci rivedremo?»

«Certo. Tornerò e, se necessario, partirò di nuovo. E poi verrò ancora e me ne andrò un'altra volta. Sarà così finché non ci permetteranno di stare insieme per sempre. Perché quel giorno arriverà, vero?»

«Sì, Nati» il suo tono adesso era fermo e più sicuro. «Quel giorno arriverà. E noi non ci arrenderemo mai. Io sono tua mamma e tu sei mia figlia. Nessuno ci impedirà di vivere insieme!»

5

Eravamo all'aeroporto, a metà mattina del giorno fissato per la partenza.

Nell'ultima settimana avevo ripreso a mangiare. Dapprima con prudenza, quasi con paura. Poi con convinzione, con sicurezza. E da ultimo con tutta la fame urlata dal mio corpo di quindicenne. Così, un poco per volta, avevo di nuovo percepito i miei sensi saziarsi del mondo caldo e bello che mi circondava. Era stato un rapido e stupefacente ritorno alla vita, che aveva riempito di felicità me stessa e le persone che mi volevano bene.

Ora ci trovavamo nella grande sala d'attesa dello scalo di Cagliari: io, Mami, nonna Angela e nonno Gianni. Si chiudeva un soggiorno lungo, assai più lungo del solito, pieno di avvenimenti e di emozioni, ed esitavamo a dirci addio. Soffrivo ad andarmene, ma avevo promesso a me stessa e ad Annalisa di non abbattermi più. Bisognava tenere duro. Parlavamo degli ultimi divertimenti, delle ultime gite insieme, dei prossimi appuntamenti con l'avvocato, di come tenerci sempre in contatto. E rimandavo il più possibile il passaggio dei cancelli della sicurezza. Perché poi non li avrei più rivisti e solo il volo in aereo mi avrebbe separata dal freddo e dal grigiore dell'autunno bielorusso. Seguivo con lo sguardo Mami e non la perdevo d'occhio un attimo, cercando di fissarmi ancora una volta nella memoria i tratti del suo bel volto. Oggi era più fiduciosa che mai e la sua positività mi scaldava il cuore. Sapevo che mi avrebbe aiutato moltissimo a resistere nei mesi successivi. E fu allora che proprio Mami si rivolse a uno sconosciuto, un passeggero che attendeva lì come noi.

«Ha bisogno? Vedo che mi guarda in continuazione...»

L'uomo, un italiano, sorrise e scosse la testa.

«Mi scusi! No, non mi serve niente. È che trovo curiosa questa coincidenza...»

Tese il braccio e indicò uno dei numerosi e grandi monitor che punteggiavano la sala d'attesa. Noi seguimmo il suo gesto e rimanemmo di sale: sullo schermo c'eravamo io e Mami. Erano immagini di repertorio e in pochi secondi vidi sfilare tutte le fasi della mia vita: bambina, ragazzina e adolescente. Sempre in compagnia di Annalisa e sempre in allegria. Riconobbi quelle foto. Erano i ritratti che Francesco aveva inserito nel sito Internet a sostegno della nostra campagna.

Ci avvicinammo al monitor con il batticuore, per sentire cosa diceva lo speaker. L'audio era stato levato, ma capimmo ugualmente di che si trattava leggendo la striscia di notizie alla base dell'immagine. Passò due o tre volte, prima che il servizio finisse, ed era una frase breve, che non dimenticherò mai. Diceva: «Roma. Sentenza della Corte costituzionale dà ragione ad Annalisa Dessalvi. Da oggi, i single possono adottare un bambino straniero». Solo questo, solo poche parole. Ma per noi significavano tutto.

«Oh, Mami...»

I suoi occhi erano pieni di lacrime, come i miei.

Sbalordite, quasi sotto shock per la sorpresa, ci abbracciamo stringendoci forte. E subito fummo sommerse dall'esultanza dei nonni.

«Ce l'abbiamo fatta, ce l'abbiamo fatta...»

Annalisa lo diceva singhiozzando e sfogando nel pianto tutta la tensione e le emozioni di quegli anni. E io non la lasciavo andare. La vita ci stava facendo un regalo enorme e inaspettato e noi due eravamo lì insieme a riceverlo. Era bellissimo, impagabile, talmente grande da compensarci di tutto il dolore sofferto in passato.

Così, mentre gli altri passeggeri e il personale di terra dell'aeroporto ci guardavano incuriositi, improvvisammo una selvaggia danza di gioia. Saltammo, gridammo e girammo intorno, pazzi di felicità. E solo quando cademmo sfiniti sulle poltrone, riflettemmo su cosa fare. «È già stabilito» disse Mami, sollevando il cellulare. «Francesco mi ha appena mandato un messaggio. Domani preparerà le nuove pratiche per l'adozione. E questa volta la legge sarà dalla nostra parte.»

Sospirai. Era vero. Ormai non avevamo più davanti alcun ostacolo. E ciò rendeva la mia partenza un po' amara. Sospirai di nuovo e Annalisa se ne accorse. Mi strinse ancora a sé.

«Non voglio andarmene!»

«Ci vediamo presto, tesoro! Non temere!»

Mi accarezzava e mi rassicurava, per rendere il distacco più dolce. E fu con il viatico dei suoi baci che lasciai la mia famiglia e mi diressi all'imbarco. Tornavo a Minsk. Ma questa volta sapevo che Minsk era solo una tappa. Il viaggio della mia vita aveva per meta finale l'Italia e l'amore di Mami.

IO SONO FINALMENTE LIBERA

CAGLIARI

Gennaio 2009

Solo oggi il mio viaggio finisce.

Dopo la sentenza della Corte costituzionale è passato molto altro tempo prima che il sogno mio e di Mami si avverasse. La legge, la burocrazia, gli uffici italiani e bielorussi ci hanno messo i bastoni tra le ruote. Ma è stato solo un rimandare, un lungo e fastidioso rimandare. Che abbiamo sopportato in silenzio, fedeli alla nostra promessa reciproca, finché tutto alla fine si è risolto per il meglio. La decisione più importante, quella definitiva, quella che non poteva essere ribaltata è stata infatti proprio quella presa dalla Corte costituzionale, dai giudici che Francesco una volta aveva definito «molto esperti». Loro, che erano di sicuro esperti e anche buoni, hanno detto che tutti i cittadini sono uguali e hanno gli stessi diritti. Per questo alla fine io e Mami abbiamo vinto.

Oggi sono qui, a Cagliari, e sono appena atterrata. Ieri ho compiuto diciotto anni e da ieri posso scegliere per la mia vita, a dispetto di tutti. La prima scelta è stata questa: venire in Italia per rimanerci. Amo la mia patria e amo i miei fratelli. Sarò sempre riconoscente al direttore Bežniki, che mi ha seguita con tanta comprensione e non ha mai perso la speranza che conquistassi un futuro migliore. Tornerò spesso a Oshmiany e incontrerò di nuovo Olga, Larissa e Katja. Rivedrò i luoghi in cui sono cresciuta e ho fatto esperienze importanti. Cercherò la mia madre naturale. Lo so che la cercherò, perché lei mi ha messo al mondo e io devo specchiarmi nel suo volto: solo se capirò chi è lei, capirò chi sono io.

Farò tutto questo, ma prima vivrò con mia mamma e con i miei nonni. Mami è mia mamma e io sono sua figlia. Così ci chiamiamo tra noi: "mamma" e "piccola bambina mia". Nessun'altra mi chiama in questo modo e nessun'altra può chiamare lei in quel modo. Tutto ciò basta a riempirci il cuore.

Mi avvicino ai poliziotti e consegno loro il passaporto. Scoprono che sono maggiorenne e che il passaporto è coperto da molti timbri. Ma non si danno la pena di controllarli tutti e non si accorgono che sono una persona speciale. Mi sorridono e mi chiedono se vengo in Italia per turismo o per lavoro. Io rispondo: «Sono italiana. E sono qui perché qui c'è la mia casa». Sorridono di nuovo senza capire bene e mi invitano a varcare il cancello. Oltre, vedo già il sole della Sardegna. Oltre, vedo già Mami che mi aspetta. Tra pochi secondi sarò tra le sue braccia, per sempre.

Io sono Natasha Dessalvi Vladimirovna Rytzko.

Io sono finalmente libera.

CHERNOBYL

Maggio 2010

«Ecco, più in là di questo punto non possiamo andare.»

Il tassista ucraino è nervoso.

Ferma la macchina davanti alla sbarra che blocca il passaggio e si volta verso di noi.

«Volete scendere?»

«Certo» rispondo.

«Fate come volete. Io vi aspetto qua. Ma sbrigatevi. Questo posto non mi piace per niente...»

«Un quarto d'ora, come d'accordo.»

«Va bene, va bene, ma spicciatevi...»

Io e Mami scendiamo e ci avviamo a piedi lungo la strada che costeggia l'area protetta. Siamo sole e non si vedono né automobili né persone. Nel silenzio totale risuona il richiamo degli uccelli. È come essere in campagna, anche se non siamo in campagna.

Abbiamo chiesto e ottenuto un permesso speciale dalle autorità di Kiev per venire fin qua. A questa zona possono accedere solo scienziati e personale tecnico, tutti addetti al controllo della centrale. I civili come noi non sono ammessi, ma i buoni uffici dell'ambasciatore italiano in Ucraina hanno fatto il miracolo: abbiamo pagato a peso d'oro il permesso e ora ci siamo.

Aggiriamo una macchia d'alberi e improvvisamente ce la troviamo davanti. Mami ha un sussulto.

«Guarda!»

Eccola, la centrale nucleare di Chernobyl. Ed ecco quello che tutti chiamano "il sarcofago", il sudario di cemento armato che nasconde il fuoco eterno degli atomi. Un brivido mi corre lungo la schiena.

«È molto più grande di quanto pensavo.»

«Ed è anche molto più minacciosa.»

«Mi fa paura, Mami!»

«Fa paura anche a me…»

Rimaniamo lì, in silenzio, a meditare su quel che è stato.

Ripenso a Marija Brovkina, la mia maestra di ginnastica, e al giorno in cui la trovai negli spogliatoi, piegata su se stessa. Lei non c'è più da tanto, uccisa dal mostro che ora mi sovrasta.

Penso agli Yalunovič. Io ho abitato nella loro casa, dopo che l'avevano abbandonata. E per uno strano scherzo del destino ho vissuto a lungo con Larissa, la mia amica, la loro figlia. Anche Sergej e Svetlana Yalunovič, i genitori di Larissa, sono stati uccisi dalla centrale. Si sono amati alla sua ombra e dalla sua ombra sono stati schiacciati.

Infine torno a Olga, la mia compagna più amata. La vita è talmente strana che i suoi colpi arrivano spesso dalla parte più inaspettata. Così è successo anche a lei e alla sua famiglia. Chernobyl non l'hanno mai vista, ma Chernobyl ha determinato il loro destino.

Mami mi prende per mano.

Forse pensieri simili attraversano anche la sua mente.

«È cominciato tutto qua» dice semplicemente.

«Sì, è cominciato tutto qua.»

Le lacrime mi scorrono sulle guance.

Chernobyl significa morte. Ma dalla morte per me è venuta la vita.

Dal dolore nasce anche la gioia. Nessuno sa come avviene, ma avviene.

Io a Chernobyl devo tutto.

Mami mi stringe a sé, con calore.

«Andiamo. È ora che torniamo a casa.»